집중하는 뇌는
왜 운동을 원하는가

뇌 효율을 200% 높이는 운동의 힘

집중하는 뇌는
왜 운동을 원하는가

안데르스 한센 지음 | 이수경 옮김

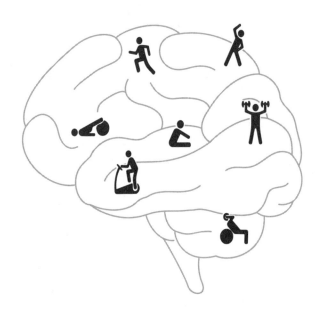

한국경제신문

오늘날 앉아서만 생활하는 삶은
온갖 물질적 편리함에도 불구하고
우리에게 불안과 불만족을 가져다주었다.

칼 세이건(Carl Sagan), 천문학자

우리의 뇌를 업그레이드하는 도구

양손을 살짝 주먹 쥐어보자. 그런 다음 주먹 쥔 두 손을 나란히 붙여보라. 그것이 당신의 뇌 크기다. 성인의 뇌 무게는 대용량 우유한 통과 비슷하다. 그렇게 작은 기관에 당신이 이제껏 느끼고 경험한 모든 것이 들어 있다. 당신의 모든 성격 특성과 지금까지 배운 모든 것도 거기에 들어 있다. 기억도 마찬가지다. 세 살 때 가족과 다녀온 여름휴가의 어렴풋한 추억, 처음 학교에 들어갔을 때의 설렘과 긴장감, 친구와 진로 문제로 치열하게 고민했던 10대 시절, 성인이 된 이후의 기억까지 모두 이 물컹하고 작은 덩어리에 저장돼 있다.

세상에서 가장 복잡한 구조물이면서 에너지 소비량은 전구 하나와 비슷한 이 뇌가 흥미롭지 않다면 대체 세상의 무엇이 흥미로울까? 다른 신체 기관들의 작동 방식이 밝혀진 지는 꽤 되었지만 뇌는 지금까지도 완전히 밝혀지지 않은 수수께끼로 남아 있다. 그러나 새롭게 개발된 연구 도구들 덕분에 최근 수십 년 사이 우리는 뇌에 관해 놀랄 만큼 많은 것을 알게 되었고 뇌의 작동 방식을 세세한 부분까지 파악하기 시작했다. 이제는 뇌가 단순히 신체 기관일 뿐만 아니라 바로 '우리 자신'이라는 사실에 물음표를 다는 사람은 거의 없다.

그러나 뇌과학을 통해 인간의 특성을 생물학적 렌즈로 들여다볼 수 있게 되었다고 해서 우리의 운명이 절대 변하지 않고 고정되어 있다는 의미는 아니다. 지금까지 밝혀진 바에 따르면 뇌는 아동기뿐 아니라 성인이 된 후에도 변화한다. 새로운 뇌세포가 계속 생성되고 세포 간 연결이 형성되었다가 사라진다. 우리가 하는 모든 행동과 생각은 뇌를 조금씩 변화시킨다. 비유하자면 뇌는 완성된 도자기가 아니라 빚기 전의 점토와도 같다.

그렇다면 이 '점토'를 빚는 방법은 무엇일까? 바로 몸을 움직이는 것이다. 신체 활동을 하면 기분이 나아지는 것은 물론이고 집중력과 기억력, 창의성, 스트레스 저항력도 좋아진다. 정보를 더 빠르게 처리할 수 있고(따라서 더 빠르게 생각할 수 있고) 필요한 순간에 지적 자원을 활용하는 능력도 향상된다. 혼란스러운 와중에 집중력을 발휘하고 온갖 생각이 머릿속을 질주할 때 침착함을 유지하게 해주는 추가적인 '정신적 기어'를 얻게 된다. 실제로 신체 활동은 지적 능력을 높여주는 것으로 보인다.

고개가 갸우뚱거려지는가? 우리는 강한 팔을 갖고 싶으면 다리가 아니라 팔 운동을 한다. 그렇다면 뇌도 마찬가지 아닐까? 뇌기능을 강화하려면 십자말풀이나 기억력 훈련 같은 뇌 훈련을 해야 하지 않을까? 그렇지 않다. 연구에 따르면 기억력 훈련이나 스도쿠, 십자말풀이는 규칙적인 운동만큼 뇌의 기능을 높이지는 못한다. 놀랍게도 뇌는 신체 운동에서 이로움을 가장 크게 얻는 기관으로 보인다.

지금부터 운동이 뇌에 어떤 놀라운 영향을 미치는지, 그 이유가 무엇인지 설명할 것이다. 어떤 경우에는 효과가 곧장 나타난다. 예컨대 산책이나 달리기를 끝낸 직후에 기분이 좋아지는 현상이 그렇다. 그러나 정말 효과를 보려면 적어도 1년 이상 규칙적인 운동을 해야 한다.

이 책에서는 연구를 통해 밝혀진 신체 활동의 효과와 정신적 이점을 얻으려면 구체적으로 어떻게 해야 하는지 살펴볼 것이다. 결론부터 말하자면 운동은 우리의 뇌와 정신을 업그레이드한다. 이 책을 읽고 손에서 내려놓는 순간 운동을 시작하게 되길 그리고 정신적으로 한 단계 도약하는 여정이 되길 바란다!

1장

뇌는 언제든
달라질 수 있다

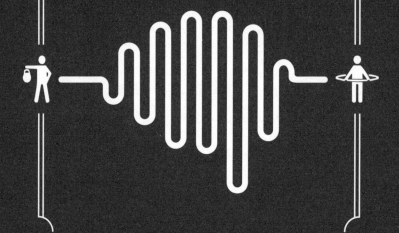

신체의 가장 중요한 역할은
뇌를 데리고 다니는 일이다.

토머스 에디슨, 발명가

지금부터 타임머신을 타고 과거로, 무려 기원전 1만 년으로 간다고 상상해보자. 철컹거리며 기계가 움직이는가 싶더니 눈 깜짝할 새에 엄청난 세월을 건너뛰어 과거의 지구에 도착한다. 당신은 긴장한 표정으로 캡슐에서 걸어 나가 주위를 둘러본다. 캡슐은 무성한 원시림 한가운데에 놓여 있고, 저 한쪽에 짐승 가죽을 몸에 두른 사람들이 놀란 표정으로 당신을 쳐다보고 있다.

그들의 첫인상은 어떤가? 짐승을 사냥하거나 열매를 따 먹을 줄이나 알지, 고등한 사고력은 눈곱만큼도 없는 원시적인 '동굴 거주인'이라는 생각부터 드는가? 그런 인상을 받기 쉬울 테지만 사실 그들은 당신과 굉장히 비슷하다. 물론 사용하는 언어도 다르고 삶의 경험도 다르지만 구조적으로 꽤 비슷하다는 말이다. 그들은 당신과 같은 인지 능력과 감정을 갖고 있다. 사실 인간은 지난 1만 2,000년 동안 그다지 크게 변하지 않았다.

하지만 우리의 생활 방식은 지난 100년 사이에만도 엄청나게 변했다. 1만 2,000년 전과 현재를 비교해보면 그저 '달라졌다'라는 말로는 턱없이 부족할 만큼 어마어마한 차이가 난다. 우리는 물질적 풍요를 누리면서 옛 조상이 절대 상상도 못 했을 기술과 도구들을 사용한다. 사회적 환경도 천지 차이다. 아마 우리가 일주일 동안 새로 만나는 사람의 수는 과거 조상들이 평생 새로 만난 사람의 수와 맞먹을 것이다.

우리와 그들의 생활에는 또 다른 중요한 차이가 있다. 조상들은 우리보다 훨씬 많이 몸을 움직였다. 역사적 관점에서 보면 1만여 년 전에만 그런 게 아니다. 수백만 년 동안 인류는 지금의 우리보다 훨씬 많이 움직이며 살았다. 이유는 간단하다. 인류 역사의 대부분 기간에 먹을 것을 구하고 쉴 곳을 찾고 생존하려면 끊임없이 신체 활동을 해야 했기 때문이다. 따라서 우리의 신체와 뇌는 움직임에 적합하도록 진화했다.

실은 1만 2,000년은 고사하고 100년도 엄청나게 긴 세월처럼 느껴질지 모른다. 그러나 생물학적 관점에서 보면 100년은 찰나에 불과하다. 대개 어떤 종(種)이든 진화적으로 큰 변화가 일어나려면 훨씬 긴 시간이 필요하며 이는 인간도 마찬가지다.

우리의 뇌는 100년 동안이든, 1만 2,000년 동안이든 별로 변하지 않았다. 우리의 생활 방식은 엄청나게 변했고 그로 인해 우리에게 맞게 설계된 삶에서 점점 멀어졌지만, 우리의 뇌는 오래전 수렵채집인들이 살던 사바나 초원에서 여전히 살고 있다. 이는 신체 활동과의 관련성 면에서 볼 때 특히 더 그렇다. 이제는 식량을 구하러 사냥할 필요도 없고 온라인에서 클릭 몇 번이면 음식을 주문할 수 있지만 여전히 우리의 뇌는 옛 조상과 좀 더 비슷하게 생활할 때, 즉 몸을 움직일 때 더 효과적으로 작동한다.

🧠 나이 든 뇌도 젊어질 수 있을까

그동안 접했던 수많은 연구 중 가장 인상적인 것을 고르라고 한다면 나는 60세 피험자 약 100명의 뇌를 자기공명영상(Magnetic Resonance Imaging, MRI)으로 검사한 내용을 꼽을 것이다(MRI는 뇌 연구자들에겐 기적과도 같은 기술이다. 이 도구는 인류에게 또 다른 세계를 열어주었다. 오늘날 우리는 MRI 덕분에 '뚜껑을 연 것처럼' 두개골 안을 들여다볼 수 있다. 우리가 생각하거나 다양한 작업을 수행할 때 뇌가 어떻게 활동하는지 신체적 손상의 위험 없이 실시간으로 관찰할 수 있다). 이 연구 결과는 의학과 건강에 대한 내 관점을 바꿔놓았을 뿐 아니라 내 인생관에도 큰 영향을 미쳤다.

이 연구의 목적은 노화가 뇌에 미치는 영향을 알아보는 것이었다. 피부나 심장, 폐와 마찬가지로 뇌 역시 시간이 흐르면 늙기 때문이다. 그런데 뇌의 노화는 어떻게 진행될까? 우리는 노화 과정에 영향을 전혀 미칠 수 없고 그저 받아들여야 할까, 아니면 규칙적인 신체 활동을 통해 어떤 식으로든 노화 과정을 변화시킬 수 있을까? 연구진은 후자가 가능할지도 모른다고 추측했다. 쳇바퀴를 뛴 쥐들에게서 뛰지 않은 쥐들보다 뇌의 노화가 더 느리게 진행되는 경향을 관찰했기 때문이다.

연구진은 60세 피험자들을 두 그룹으로 나눴다. 그리고 첫 번째 그룹은 1년 동안 일주일에 두세 번 규칙적으로 걷기 운동을 하게 했다. 두 번째 그룹의 사람들은 첫 번째 그룹만큼 자주 모이기는 했지만 심박수를 높이지 않는 편한 운동을 하게 했다. 연구진은 실험 시작 전에 두 그룹의 뇌를 MRI로 촬영하고 1년 후에 다시 촬영했다. 그리고 MRI 촬영은 피험자의 뇌 활동을 관찰하기 위해 이들이 심리 검사를 수행하는 동안 진행되었다. 실험 결과 뇌의 여러 부위가 활성화되었으며 측두엽 영역들이 전두엽 및 후두엽 영역들과 긴밀히 협력하면서 복잡한 네트워크를 이루는 것으로 나타났다.

하지만 무엇보다 놀라운 것은 그런 결과 자체가 아니라 두 피험자 그룹의 확연한 차이였다. 걷기 운동을 한 그룹은 1년 사이에 신체 건강 상태가 더 좋아진 것은 물론이고 뇌의 기능도 향상되었다. MRI 결과는 이들의 대뇌의 엽과 엽 사이 연결이 강화되었음을, 특히 측두엽과 전두엽 및 후두엽 사이의 연결이 강해졌음을 보여주었다. 즉 뇌의 여러 부분이 서로 효과적으로 통합되었으며, 이는 한마디로 뇌 전체가 더 효율적으로 작동한다는 의미였다. 이들이 했던 걷기 운동이 어떤 식으로든 뇌의 연결 패턴에 긍정적 영향을 미친 것으로 보였다.

60세 피험자들과 그보다 젊은 사람들의 검사 데이터를 비교해보니 그 결과가 명확히 드러났다. 즉 규칙적으로 걷기 운동을 한 그룹의 뇌는 운동하지 않은 그룹의 뇌보다 더 젊었다. 그들의 뇌는 1년 동안 노화가 진행되지 않은 듯했다. 오히려 생물학적으로 더 강해진 것으로 보였으며 특히 전두엽과 측두엽 사이의 연결이 두드러졌다. 이는 대체로 노화의 영향을 가장 크게 받는 뇌 부분

집중하는 뇌는 왜 운동을 원하는가

이다. 이 부분의 기능이 향상되었다는 것은 노화 프로세스가 멈췄음을 의미했다.

MRI 검사 결과도 인상적이었지만 그보다 더 중요한 것은 규칙적인 걷기 운동이 현실에서 느낄 수 있는 실질적 변화를 가져왔다는 점이다. 심리 검사 결과를 분석해보니 걷기 운동을 한 그룹은 실행 기능(executive function) 또는 실행 통제(executive control)라고 불리는 인지 기능들이 향상되어 있었다. 이는 주도적으로 행동을 시작하고 계획을 세우고 주의력을 조절하는 능력에 해당한다. 한마디로, 이 연구는 신체 활동을 많이 하는 사람의 뇌가 더 효과적으로 작동한다는 사실뿐만 아니라 나아가 노화가 중단되거나 반전되어 더 젊은 뇌로 변화할 수 있음을 보여준다.

지금까지 읽은 내용을 잠시 생각해보자. 이런 사실을 알고도 당장 운동을 시작해야겠다는 마음이 들지 않는다면, 세상 그 무엇도 당신의 엉덩이를 소파에서 떼어낼 순 없을 것이다. 달리기를 하면 체력이 좋아지고 웨이트트레이닝을 하면 근육을 늘릴 수 있다는 사실은 누구나 안다. 하지만 운동이 뇌도 변화시킨다는 사실은 당신도 몰랐을 것이다. 이는 현대 의학 기술로 측정 가능한 변화인 동시에 최적의 인지 기능을 위해서도 대단히 중요한 변화다.

이제 그 변화에 대해 더 자세히 살펴볼 것이다. 하지만 먼저 뇌가 작동하는 방식을 알아보자. 그런 다음 더 효과적으로 작동하는 뇌를 만드는 법을 살펴볼 것이다.

🧠 오늘의 뇌는 어제의 뇌와 다르다

뇌는 우리가 생각하는 것보다 훨씬 더 유연하다. 두개골 안에 있는 이 물질이 유전적으로 미리 프로그램된 기능을 갖춘 일종의 고성능 컴퓨터이며 특정한 방식으로 움직이도록 정해져 있다고 생각한다면 오산이다. 뇌는 그보다 훨씬 더 복잡한 존재다.

뇌에는 약 1,000억 개의 신경세포가 있고 각 신경세포는 수천 또는 수만 개의 다른 신경세포와 연결될 수 있다. 뇌에서 만들어질 수 있는 연결 수가 적어도 100조 개는 된다는 얘기다. 이는 우리 은하나 우주의 다른 은하에 있는 별의 개수보다 1,000배 더 많은 숫자다. 누구나 두개골 안에 각자의 우주를 갖고 있다고 하면 뉴에이지 운동 같은 것이 떠오를지 모르지만, 아무리 봐도 '우리 안의 우주'보다 뇌를 설명하는 더 나은 표현은 없을 것 같다.

다른 세포들처럼 뇌세포 역시 오래된 세포는 사멸하고 새로운 세포가 계속 생성된다. 끊임없이 세포 간 연결이 형성되고 사용하지 않는 연결은 끊어진다. 연결 강도는 뇌가 자신의 구조를 어떻게 재설계하느냐에 따라 달라진다. 그렇기에 뇌는 끊임없이 변하는 고도로 복잡한 생태계라고 할 수 있다. 어릴 때 또는 새로운 것을 배울 때만 변하는 것이 아니라 평생 계속 변한다. 모든 감각과 모든 생각이 뇌에 흔적을 남기고 당신을 조금씩 변화시킨다. 오늘의 뇌는 어제의 뇌와 똑같지 않다. 한마디로 뇌는 늘 진행 중인 작품이다.

뇌 성능의 핵심, 기능적 네트워크

뇌세포량이나 뇌 크기가 뇌의 성능을 결정한다고 믿는 이들이 있다. 하지만 그렇지 않다. 알베르트 아인슈타인을 생각해보라. 그의 뇌는 평범한 사람보다 더 크지도 무겁지도 않았다. 아인슈타인의 뇌는 1,230그램이었다. 남성 뇌의 평균 무게가 1,350그램이고 여성의 뇌는 1,250그램이라는 점을 생각해보면 그의 뇌는 오히려 일반인보다 가벼운 편이었다.

오랫동안 나는 뇌의 능력을 좌우하는 것이 뇌세포 간 연결의 수라고 믿었다. 하지만 이 역시 틀린 생각이다. 두 살짜리 아이는 성인보다 뇌세포 사이의 연결이 훨씬 더 많다. 이 연결의 양은 아이가 자라면서 감소하는데, 이 프로세스를 '시냅스 가지치기(synaptic pruning)'라고 한다. 2세부터 청소년기까지 날마다 최대 200억 개의 연결이 사라지는 것으로 추정된다. 뇌가 사용하지 않는 연결을 없애 자주 사용하는 연결이 더 원활해지도록 자신을 정비하는 것이다. 이를 신경학적 용어로 표현하면 이렇다. '함께 활성화되는 뉴런은 서로 연결된다.'

뇌의 성능을 좌우하는 것이 뇌세포 수도 아니고 연결의 수도 아니라면 대체 무엇일까? 그 답을 알아보기 전에 다음을 생각해보자. 우리가 특정한 활동을 할 때(자전거를 타거나, 책을 읽거나, 저녁 메뉴를 생각할 때) 뇌는 기능적 네트워크(functional network)라는 일종의 프로그램을 이용한다. 즉 수영할 때, 자전거를 탈 때, 서명할 때 각기 다른 프로그램이 작동한다. 우리가 하는 모든 활동은 이

> **모든 감각과 모든 생각이 뇌에 흔적을 남기고
> 당신을 조금씩 변화시킨다.**

런 네트워크에 의존하며 이들 네트워크는 뇌세포들이 서로 연결되어 만들어진다. 그리고 하나의 프로그램은 다양한 뇌 영역의 세포들을 통합할 수 있다. 이 프로그램이 최적으로 작동하려면(수영하거나, 자전거를 타거나, 서류에 서명하려면) 여러 뇌 영역이 긴밀하게 상호 연결되어야 한다.

반복과 연습은 뇌의 연결을 강화한다

예를 들어 피아노로 간단한 곡을 연주하는 법을 배운다고 하자. 그러려면 뇌의 서로 다른 영역이 협력해야 한다. 먼저 피아노 건반을 눈으로 봐야 한다. 이때 눈으로 들어온 시각 정보는 시신경을 통해 후두엽의 일차 시각피질로 전달된다. 그와 동시에 뇌의 운동피질이 손과 손가락의 움직임을 조절한다. 청각피질은 소리 정보를 처리해 측두엽과 두정엽의 연합 영역(association area)으로 보낸다. 이 정보는 의식과 고차원적 뇌 기능을 담당하는 전두엽에 도달하고, 그러면 당신은 자신이 연주하는 내용을 인식하면서 음이 틀렸을 때 수정할 수 있다. 간단한 곡을 연주하는 데도 이 모든 활동이 필요하다!

모든 시각 중추 및 청각 중추 영역과 운동피질, 두정엽과 전두엽이 협력해 피아노 연주를 위한 프로그램을 만든다. 그리고 연습을 꾸준히, 많이 할수록 실력이 늘고 뇌의 프로그램이 더 효율적으로 작동한다. 처음에는 한 소절을 연주하는 데도 아주 큰 노력이 필요하다. 프로그램이 비효율적이고 서툴러서 뇌의 각 부분이 당면한 작업에 최대한 몰두해야 하기 때문이다. 그러다 보면 피아노 연주가 힘들게 느껴지고, 그럼에도 해내려면 집중력을 한껏 쏟아야 한다.

하지만 오랜 시간 꾸준히 연습하면 차츰 쉬워진다. 심지어 나중에는 딴생각을 하면서도 연주할 수 있게 된다. 그 곡을 연주하기 위해 뇌가 사용하는 프로그램이 효율적으로 정보를 전달하기 때문이다. 네트워크 내에서 신호가 반복적으로 전달되면 뇌세포 간 연결이 강해진다. 즉 함께 활성화되는 뉴런이 서로 연결된다. 그 결과 연주에 필요한 정신적 노력은 점점 줄어들고 나중에는 깊이 생각하지 않고도 수월하게 해낼 수 있다.

곡 연주에 사용되는 프로그램은 다양한 뇌 영역의 세포를 활성화하므로, 프로그램이 원활하게 작동하려면 해당 영역들이 긴밀하게 연결되어야 한다. 컴퓨터에 비유하면 쉽게 이해될 것이다. 컴퓨터가 제대로 돌아가려면 여러 부품이 연결되어야 하듯이 뇌도 마찬가지다. 부품 각각의 성능이 아무리 뛰어나다고 해도 제대로 연결되지 않으면 컴퓨터는 구동하지 않는다.

따라서 최고 성능을 발휘하는 뇌는 뇌세포나 세포 간 연결이 많은 뇌가 아니다. 전두엽, 두정엽 등 다양한 영역이 서로 긴밀하게 연결되어 효과적인 프로그램 작동에 필요한 모든 상황을 갖춘 뇌가 최고의 성능을 발휘한다. 앞에서 말했듯이 신체 활동은 여러 뇌 부위의 연결을 강화한다. 이런 연결성은 몸을 움직이는 것이 뇌에 미치는 수많은 긍정적 영향의 기본 토대다. 그 긍정적 영향이 무엇인지는 앞으로 차차 설명할 것이다.

어릴 때는 누구나 언어 천재다

아동기를 거치는 동안 뇌세포 간 연결에 가지치기가 일어나면서 평생 돌이킬 수 없는 결과가 남는다. 스웨덴에서 태어난 아기는 모두 스웨덴어 억양이 전혀 없는 유창한 일본어를 익히기 위한 필수 조건을 갖추고 있다. 일상적으로 일본어를 말하는 환경에서 양육되기만 한다면 말이다. 하지만 성인이 된 뒤 일본어를 배우면 아무리 연습해도 스웨덴어 억양이 전혀 없이 구사하기는 거의 불가능하다.

음성 언어를 구성하는 특정 소리들은 어른이 된 뒤에 똑같이 따라 하기가 대단히 어렵다. 우리에게서 필수 조건이 사라지는 탓이다. 그런 특정 소리를 듣는 경험을 하지 못하면 그 소리를 처리하는 뇌세포 간 연결이 어린 시절에 사라지기 시작한다. 이 연결이 없어지면 신경학적으로 볼 때 해당 언어를 원어민과 똑같은 억양으로 말하는 능력을 평생 갖기 힘들다. 그렇기에 언어 습득은 어릴 때 환경이 매우 중요하다. 어릴 때는 우리 모두가 언어 천재다.

뇌의 연결은 우리의 삶을 반영한다

뇌의 여러 영역이 다양한 강도로 연결된다는 말이 조금 생소하게 들릴지도 모르겠다. 하지만 연구에 따르면 바로 그 때문에 사람마다 인지 능력이 다른 것일 수 있다. 최근 들어 이 분야에서 흥미로운 사실이 많이 밝혀졌다.

한 예로, 피험자 수백 명을 대상으로 시행한 뇌 검사에서 긍정적 특성을 지닌 사람들은 뇌의 여러 부위가 서로 긴밀하게 연결돼 있음이 드러났다. 이때 기준이 된 긍정적 특성은 훌륭한 기억력과 집중력, 높은 교육 수준, 음주와 흡연을 경계하는 태도 등이었다. 그리고 분노 조절을 잘 못하거나 술과 약물을 남용하는 경향 등 부정적 특성을 지닌 사람들에게서는 반대의 패턴이 관찰되었다. 즉 여러 뇌 영역의 연결성이 떨어졌다.

많은 긍정적 특성이 뇌에 동일한 흔적을 남기고 부정적 특성은 그와 반대되는 흔적을 남긴다는 사실은, 뇌 내 연결 패턴의 질을 나타내는 '긍정-부정 축'에서 우리의 위치가 우리가 어떤 생활을 하느냐에 따라 달라질 수 있음을 암시한다. 이 연구를 수행한 과학자들은 개인의 뇌세포 간 연결 상태를 관찰하면 그가 어떤 삶을 사는지 대략 알 수 있다고 본다. 그런데 좋은 기억력이나 높은 학력, 중독성 물질에 대한 경계심 이외에 긍정-부정 축에서 긍정쪽에 가까움을 나타내는 또 다른 신호는 없을까? 있다. 바로 건강한 신체다.

뇌세포 간 연결 상태를 관찰하면
그가 어떤 삶을 사는지 대략 알 수 있다.

뇌 상태는 태생이 아닌 습관에 좌우된다

이런 연구 결과가 섣부른 잣대로 개인을 판단하는 접근법이거나 엘리트주의적 관점이라는 생각이 들지도 모른다. '긍정-부정 축' 운운하는 것이 사람을 수준별로 등급을 매기는 것처럼 느껴질 테니 말이다. 그런 인상을 받을 수 있다는 걸 충분히 이해한다. 그러나 그렇게만 여기면 중요한 포인트를 놓치는 것이다. 뇌의 연결 패턴 또는 긍정-부정 축의 위치에 주로 영향을 미치는 것은 우리의 타고난 특성이 아니다. 생활 습관이다.

일상에서 하는 선택을 통해 우리는 뇌의 운영 방식을 보다 근본적으로 변화시킬 수 있다. 뇌는 우리의 생각과 행동을 결정하지만 우리의 생각과 행동도 뇌가 작동하는 방식을 바꿀 수 있다. 뇌를 운영하는 주인은 우리 자신이다. 이런 관점에서 볼 때 뇌 내 연결을 늘리기 위해 가장 중요한 것은 규칙적인 운동이다. 건강한 몸 상태는 긍정-부정 축에서 긍정적인 눈금 값을 만들어낸다.

🧠 스스로 변화하는 뇌

'어렸을 때 악기를 배웠어야 했는데. 이젠 너무 늦었어.' 누구나 한 번쯤은 이런 생각을 했을 것이다. 실제로 어릴 때는 뇌가 대단히 유연해서 언어든 운동이든 모든 것을 빨리 수월하게 익힌다. 그런데 아이의 뇌가 그처럼 짧은 시간에 많은 것을, 그것도 수월하게 학습하는 이유는 무엇일까? 아이는 자신이 태어난 세상에 적응하고 살아가는 법을 빠르게 익혀야 한다. 그래서 아이의 뇌에서는 뇌세포 사이에 연결을 형성하는 활동과 연결을 끊는 활동(즉 가지치기)이 대단히 왕성하게 일어난다. 이 프로세스의 속도는 성인이 된 뒤에는 결코 다시 경험할 수 없다.

그러나 뇌는 스스로 변화하는 능력, 즉 신경가소성(neuroplasticity)이 있다. 성인이 되면 뇌의 유연성이 아이만큼 크지는 않을지라도 완전히 사라지는 것은 아니다. 심지어 80세 노인의 뇌도 변할 수 있다. 성인의 뇌가 얼마나 변화할 수 있는지 알려주는 사례로, 미셸 맥(Michelle Mack)의 경우를 살펴보자. 미셸은 미국의 42세 여성으로, 인간의 뇌가 지닌 능력에 대한 기존의 생각을 완전히 바꿔놓은 인물이다.

뇌가 반쪽뿐인 여성

미셸 맥은 1973년 11월 미국 버지니아주에서 태어났다. 그녀의 부모는 딸을 낳고 몇 주도 채 안 되어 뭔가 잘못됐음을 깨달았다.

미셸이 안정적으로 한곳을 바라볼 줄 모르고 시선이 불안정했으며 팔다리 움직임도 정상적이지 않았기 때문이다. 특히 오른쪽 팔다리가 부자연스러웠다.

미셸의 부모는 여러 병원을 돌아다니며 딸의 눈을 검사했고 뇌성마비 검사도 했다. 하지만 뇌성마비는 아니었다. 그들이 만난 신경과 전문의 누구도 미셸이 보이는 증상의 원인을 설명하지 못했다. 뇌 엑스레이 촬영도 마찬가지였다. 1970년대 초에는 컴퓨터 단층 촬영(CT)이나 MRI 같은 기술이 아직 개발 초기 단계였다.

미셸은 세 살이 되어도 걸음마를 떼지 못했고 말도 거의 못 했다. 그 무렵 주치의가 미셸의 첫 검사 이후 의료 진단 기술이 상당히 발전했다면서 다시 엑스레이 촬영을 권유했다. 1977년 미셸은 CT 촬영을 실시했고 미셸의 부모는 물론 의사도 결과를 보고 충격에 빠졌다. 미셸은 왼쪽 뇌가 아예 없었다. 그동안 반쪽짜리 뇌로 살고 있었던 것이다. 아마도 태아일 때 문제가 있었던 것 같았다.

어쩌면 태어나기 전 엄마 뱃속에서 뇌졸중을 겪었을지 모른다는 소견이 제시되었다. 또 다른 가능성은 좌측 경동맥이 막혀서 뇌의 왼쪽 반구로 혈액이 흐르지 못했을지도 모른다는 것이었다. 누구도 정확한 답은 알 수 없었지만 한 가지는 분명했다. 미셸의 왼쪽 뇌 90퍼센트 이상이 존재하지 않는다는 사실 말이다.

흔히 왼쪽 뇌는 분석적이고 이성적인 사고와 수학적, 언어적 능력을 담당하고 오른쪽 뇌는 예술적 기질 및 창의성과 관련된다

집중하는 뇌는 왜 운동을 원하는가

고 알려져 있다. 이제 우리는 이렇게 나누는 것이 지나친 단순화라는 것을 알지만 완전히 틀린 이야기는 아니다. 왼쪽 뇌가 맡는 기능을 고려해보면 미셸의 여러 증상이 이해된다. 말을 제대로 하지 못하는 것은 뇌에서 언어를 담당하는 부위가 없기 때문일 수 있다. 또 왼쪽 뇌는 오른쪽 신체의 움직임을 조절하므로(그 반대도 마찬가지다) 오른쪽 팔다리를 움직이는 데 문제를 겪는 것이다.

그러나 정작 놀라운 것은 미셸이 왼쪽 뇌가 없는 채로 태어났다는 사실이 아니라 그 후에 일어난 일이다. 그녀가 자신에게 없던 능력을 학습하기 시작한 것이다. 의사들조차 전혀 상상하지 못한 속도로 말이다. 그녀는 걷고 말하고 읽는 법을 익혔고 또래들보다 느리기는 했지만 다른 면에서도 대체로 정상적인 발달을 보였다. 현재 미셸은 여러모로 볼 때 정상적인 삶을 살고 있으며 시간제 아르바이트도 한다. 언어 기능을 담당하는 왼쪽 뇌가 없음에도 단어를 구사하는 능력 역시 남들과 크게 다르지 않다. 오른쪽 팔다리의 움직임은 여전히 불편하지만 걷는 데는 아무 문제가 없다.

여러 검사 결과 미셸은 추상적 사고에 약간 어려움을 겪는 것으로 드러났다. 하지만 대신 경이로운 기억력을 타고났다. 그녀에게는 대단히 특별한 능력이 있다. 무작위로 고른 날짜의 요일을 즉시 알아맞히는 것이다. 예컨대 2010년 3월 18일이 무슨 요일이냐고 물어보면 '목요일'이라고 금세 대답한다.

미셸의 오른쪽 뇌는 원래 왼쪽 뇌가 처리했어야 하는 많은 작업을 떠맡았다. 과거의 여러 연구 결과를 보면 이는 작은 규모로는 가능한 일이다. 하지만 존재하지 않는 반구의 능력을 나머지 반구가 대신할 만큼 대대적인 뇌의 구조 조정이 가능하다고 생각한 사람은 거의 없었다. 그런 기존의 인식과 달리 그녀의 뇌에서는 회로 재설정이 대단히 광범위하게 일어나서 실제로 오른쪽 뇌가 다소 바쁘게 돌아가는 듯 보인다.

사실 미셸은 시공간 지남력(visuospatial orientation, 거리와 공간적 방향을 판단하는 능력)에 문제가 있다. 시공간 지남력은 통상 오른쪽 뇌(미셸은 이 부분을 갖고 있다)에서 담당하는데, 그녀는 오른쪽 뇌가 원래 역할에 더해 왼쪽 뇌의 역할까지 소화하다 보니 그 기능을 완벽히 해내기가 버거운 것으로 보인다.

미셸이 특정한 날짜의 요일을 즉시 맞히는 것 또한 우연한 현상이 아닐 것이다. 우리 뇌의 두 반구는 마치 서로에게 얀테의 법칙(Law of Jante, 스칸디나비아 국가들에서 중시하는 일종의 생활 규범으로 겸손함과 평등주의적 태도를 강조한다–옮긴이)을 일깨우려는 것처럼 작동한다. 한쪽 반구가 다른 쪽 반구의 부족한 부분을 채워주기도 하지만 특정한 영역에서 다른 쪽 반구가 지나치게 강해지면 그것을 억제하는 역할도 하는 것이다. 이는 뇌의 균형 있는 발달을 위해서다.

따라서 우리는 일부 영역에서 극단적으로 뛰어나고 다른 영역의 능력은 심각하게 형편없는 것이 아니라 여러 영역에서 두루 적당한 수준의 능력을 갖고 있다고 할 수 있다. 만일 양 반구가 서로 소통하지 못하면 균형이 무너져 특정 능력이 종종 다른 능력을 훼손하면서까지 지나치게 발달할 수도 있다.

생활 습관이 뇌 발달을 좌우한다

우리의 삶을 결정하는 것이 유전자냐, 환경이냐 하는 논쟁은 극단적인 견해와 좀 더 설득력 있는 견해를 오가며 끊임없이 이어져왔다. 현재 우리는 유전적 구성이나 환경 요인 중 어느 하나가 우리의 운명을 결정하는 것이 아니라 그 둘이 함께 영향을 미친다는 것을 안다. 실제로 유전자와 환경은 긴밀히 연관되어 있다. 즉 환경은 대단히 복잡한 생물학적 메커니즘을 통해 우리의 유전자인 DNA에 영향을 미친다.

뇌가 어떻게 발달하고 당신이 어떤 인간이 될지가 유전적 구성만으로 결정되지 않는다는 사실은 몇 가지 수치만 생각해봐도 알 수 있다. 인간의 유전자 수는 약 2만 3,000개다. 그리고 뇌세포는 약 1,000억 개이며 이들 사이에 약 100조 개의 연결이 형성된다. 2만 3,000개의 유전자가 100조 개의 연결을 마음대로 지배할 수는 없을 것이다. 한마디로 뇌는 너무나 복잡해서, 평생 그 발달을 책임지도록 미리 설정된 유전 프로그램으로 통제할 수 있는 존재가 아니다.

유전자는 뇌세포가 형성되고 소멸하는 과정, 서로 연결되고 끊어지는 과정을 위한 기본 배경을 제공할 뿐이다. 그 과정이 구체적으로 어떻게 진행되는지, 당신이 어떤 성격 특성과 정신 능력을 지니는지에 영향을 미치는 건 삶의 경험이다. 다시 말해 당신의 환경, 특히 생활 습관이 큰 영향을 미친다.

물론 이 책에서 주로 다루는 생활 습관 요인, 즉 운동이 뇌 발달을 좌우하는 유일한 요인은 아니다. 그러나 연구에 따르면 운동은 뇌 발달에 결정적 역할을 하며 대다수 사람이 생각하는 것보다 훨씬 중요하다.

인간 구글

킴 픽(Kim Peek)은 뇌 양쪽의 균형이 깨진 상태에서 특정 능력이 지나치게 발달한 또 다른 사례다. 픽은 영화 〈레인 맨〉에서 더스틴 호프먼이 연기한 레이먼드 배빗의 실제 모델이기도 하다. 그는 좌뇌와 우뇌를 연결하는 중요한 역할을 하는 신경섬유 다발인 뇌량(corpus callosum)이 손상된 채 태어났고 이 때문에 양쪽 뇌의 연결이 불완전했다. 그는 네 살이 되어서야 걷기 시작했다. 그가 심각한 정신 장애를 지녔다고 판단한 의사들은 부모에게 아들을 보호 시설로 보내라고 권유했다.

하지만 미셸처럼 픽은 그 누구도 예상하지 못한 발달을 보여주었다. 그는 다섯 살 무렵 책을 읽기 시작했는데 다 읽은 책은 반드시 거꾸로 꽂아놓았다. 집 안에 거꾸로 꽂힌 책의 수가 무서운 속도로 늘어나는 것을 보며 부모는 놀라움을 금치 못했다. 또한 그는 왼쪽 눈으로는 왼쪽 페이지를, 오른쪽 눈으로는 오른쪽 페이지를 훑으면서 양쪽 페이지를 동시에 읽었다. 한 페이지를 읽는 데

10초 정도밖에 걸리지 않았고 한 시간이면 책 한 권을 완독했다. 가장 좋아하는 일은 도서관에 가는 것이었으며 거기서 하루에 여덟 권씩 읽곤 했다.

그가 인간의 능력이라고는 믿기지 않을 정도로 엄청난 기억력을 지녔다는 사실도 드러나기 시작했다. 픽은 자신이 읽은 약 1만 2,000권의 모든 내용을 기억했다. 셰익스피어부터 영국 왕실 관련 정보에 이르기까지 상상할 수 없는 양의 온갖 정보와 지식이 그의 머릿속에 있었다. 심지어 우편번호부도 통째로 외웠다. 말 그대로 '인간 구글'이 따로 없었다.

미셸과 마찬가지로 픽 역시 특정 날짜의 요일을 즉시 알아맞혔다. 해당 날짜가 몇십 년 후든, 몇십 년 전이든 말이다. 사람들은 픽에게 자신의 생일을 말해주고 요일을 물어보곤 했다. 그러면 픽은 "당신은 일요일에 태어났습니다"라고 즉시 정확한 답을 말하는 것은 물론이고 "여든 살이 되는 날은 금요일이군요"라는 말까지 덧붙였다.

이런 비범한 능력 때문에 픽은 사람들 사이에서 '킴퓨터 (Kimputer)' 또는 '메가서번트(megasavant)'라고 불렸다[뇌에 장애가 있거나 지능이 일반인보다 떨어지지만 특정 분야에서 매우 뛰어난 능력을 보이는 현상을 서번트 증후군(savant syndrome)이라고 한다-옮긴이]. 하지만 그에게 일상적인 삶은 쉽지 않았다. 사회성이 매우 떨어졌고 혼자 옷을 입기도 힘들었다. 기억력은 뛰어났지만 IQ는 평균보다 낮은 수준이었다.

신경과학자들이 그를 연구하고 싶다고 말할 때마다 픽은 늘 흔쾌히 시간을 내주었다. 픽의 특별한 사례는 뇌의 기억력 작동 방식에 관한 중요한 실마리를 제공했다. 현재 학계에서는 그의 뇌에서 양쪽 반구가 연결되지 않아 서로 균형을 맞추지 못했기 때문에 이례적으로 뛰어난 기억력을 갖게 된 것이라고 보고 있다.

🧠 뇌의 프로그램은 수정할 수 있다

킴 픽과 미셸 맥의 사례는 차이점도 있지만 유사점도 있다. 미셸의 경우 양쪽 뇌의 연결이 불완전한 것이 아니라 뇌의 절반 자체가 없었다. 하지만 한쪽 뇌가 없는 경우도 양쪽 뇌의 연결에 문제가 생긴 경우와 동일한 결과를 낳는 것으로 보인다. 특정 기능이 통제 불가능하게 발달해서 이례적으로 뛰어난 능력이 생기는 것이다. 이 두 사람은 뇌가 자신을 재조직하는 뛰어난 능력인 신경가소성을 보여주는 훌륭한 예다. 뇌의 구조와 작동 방식이 바뀔 수 있다는 사실에는 의심의 여지가 없다. 이는 두 사람뿐만 아니라 우리 모두에게 해당하는 얘기다.

그런데 운동이 뇌에 미치는 영향을 알려주겠다는 책에서 이런 이야기를 왜 이토록 길게 소개하는 것일까? 이유는 간단하다. 뇌가 '바뀔 수 있다'는 사실을 우리가 인식하는 것이 중요하기 때문이다. 실제로 이 사실을 알지 못하는 사람들이 꽤 많다. 그렇다면 무엇이 뇌를 변화시킬 수 있을까? 이 질문은 결국 신체 활동과 운동이라는 주제로 이어진다.

완성된 도자기가 아닌 점토에 가까운 뇌

신경가소성에 관한 연구에 따르면 뇌를 변화시키는 데, 즉 신경가소성을 높이는 데 신체 활동만큼 효과적인 건 거의 없다. 게다가 긴 시간 동안 신체 활동을 할 필요도 없는 것으로 보인다. 신체 활동은 20~30분만 해도 신경가소성에 영향을 미치기에 충분하다.

신체 활동을 통해 뇌가 유연해지는 메커니즘 중 하나는 감마아미노부티르산(gamma-aminobutyric acid, GABA)이라는 물질과 관련된다. GABA는 일종의 브레이크처럼 작동해 뇌 활동을 억제하고 변화가 일어나지 않게 한다. 하지만 운동을 하면 GABA의 영향력이 약해진다. 변화를 막는 GABA의 영향력이 운동으로 사라지고 뇌는 더 유연해져 자신을 재조직하기 쉬운 상태가 된다.

뇌를 도자기가 아니라 점토라고 보면 쉽게 이해된다. GABA 활동성의 변화가 이 뇌라는 점토를 더 부드럽고 변하기 쉬운 상태로 만드는 것이다. 운동하는 사람의 뇌는 아이의 뇌와 비슷해지는데, 그 과정에 GABA가 관련된다.

뇌가 얼마든지 변할 수 있다는 사실 그리고 운동이 뇌의 프로그램을 변경하고 효율성을 높이므로 그 변화에서 중요한 역할을 한다는 사실을 이제는 확실히 알았을 것이다. 신체 활동은 여러 영역에 변화를 가져온다. 특히 우리의 정신 능력에 큰 영향을 미치는데, 다음 장부터는 운동이 스트레스와 정신 건강에 미치는 영향을 알아볼 것이다. 오늘날 많은 현대인을 괴롭히는 문제인 스트레스와 불안의 메커니즘을 살펴보자.

우리는 정말 뇌의 10퍼센트만 사용할까

혹시 인간이 뇌의 10퍼센트만 사용한다는 통념을 아직도 믿고 있는가? 이제 그 믿음은 내다 버리길 바란다. 물론 당신이 방금 앞의 한 문장을 읽는 동안 뇌의 10퍼센트만 쓸 수도 있다. 또 자전거를 타면서 뇌의 10퍼센트만 쓰는 것도 불가능한 일은 아니다(물론 문장을 읽을 때 사용한 것과 똑같은 10퍼센트는 아닐 수도 있지만 말이다). 하지만 우리는 뇌 전체를 다 사용한다. 어떤 활동을 하느냐에 따라 사용하는 부위들은 다르지만 말이다.

뇌에서 전기적 활성이 끊임없이 일어나고 포도당 및 산소(뇌의 주요 연료다)가 계속 사용된다는 사실은 이제 널리 알려져 있다. 이는 뇌가 항상 활동하고 있음을 의미한다. 건강한 뇌는 어느 한 부분도 할 일 없이 놀고 있지 않다. 뇌는 절대로 자기 능력의 90퍼센트를 가만히 쉬도록 놔두지 않는다. 여러 다양한 기능을 재배치하는 뇌의 놀라운 능력을 고려할 때(미셸 맥을 떠올려보라) 뇌는 가만히 있는 영역을 발견하면 바로 어떻게든 활용하려 들 것이다.

뇌의 에너지 소비량만 봐도 '10퍼센트 사용설'이 근거 없음을 알 수 있다. 뇌는 무게가 전체 체중의 고작 2퍼센트밖에 안 되지만 몸 전체가 쓰는 에너지의 무려 약 20퍼센트를 소비한다. 1킬로그램당 에너지 소비량이 신체 나머지 부분의 10배 이상이라는 뜻이다.

진화적 관점에서 볼 때 이처럼 에너지 소비량이 많은 기관이 불필요했다면 지금처럼 커졌을 리가 없다. 뇌가 크면 그만큼 많이 먹어야 하고, 그러면 식량을 구하기 위해 더 많은 시간과 에너지를 소비해야 한다. 만일 정말로 뇌의 90퍼센트가 사용되지 않는다면 그처럼 소비한 시간과 에너지는 크나큰 자원 낭비였을 것이다. 그리고 그렇게 에너지를 낭비하는 비효율적인 뇌를 가진 종은 진화 과정에서 다른 종에게 밀려 도태되었을 게 분명하다.

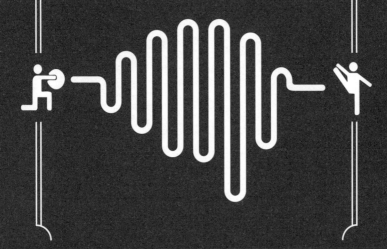

2장

불안과 스트레스를
다루는 법

스트레스를 받으면 뇌는
스트레스 호르몬을 다량 분비한다.
이 과정이 수개월 혹은 수년간 지속되면 신체가
망가지고 신경과민에 빠질 수 있다.

대니얼 골먼(Daniel Goleman), 심리학자

"아침에 눈뜰 때부터 스트레스를 받기 시작합니다. 아니, 사실은 그전부터예요. 스트레스 때문에 밤중에도 자다가 깨곤 하니까요. 뇌가 24시간 내내 정신없이 돌아가는 것 같아요. 종일 이런저런 일을 생각하고, 저녁이 되면 이유 없는 불안감에 시달립니다.

저는 기업 변호사로 일하고 있는데요. 직업은 마음에 들지만 제 삶의 시간을 너무 많이 잡아먹어서 힘들어요. 일 말고도 신경 써야 할 게 많거든요. 아이가 둘이 있고 아직 어린데, 어린이집에 데리러 가는 시간을 못 지킬 때가 많아서 늘 미안해요. 그뿐 아니라 미리 계획을 세워둬야 할 다른 일도 많아요. 온갖 일과 책임이 만들어내는 끝없는 순환 고리에 갇힌 기분이에요. 하지만 직장과 집에서 신경 쓸 일이 아무리 많아도 스트레스만 심하지 않다면 다 잘 해낼 수 있을 것 같아요. 극심한 스트레스 탓에 저 자신이 멈춰버린 기분이에요.

최근 스트레스가 심해졌어요. 아니면 스트레스 관리 능력이 예전보다 떨어진 건지도요. 건망증이 심해져서 자꾸 깜박깜박해요. 한번은 식당에 노트북을 놔두고 온 적도 있어요. 사무실에 들어와서야 깨닫고 부랴부랴 식당으로 달려갔는데 다행히 그 자리에 있었죠. 전에는 이런 일이 한 번도 없었는데 말이에요.

얼마 전에는 만원 버스에 탔는데 갑자기 숨쉬기가 힘들고 극심한 불안이 밀려와 거의 공황발작을 일으킬 뻔했어요. 결국 목적지에서 몇 정거장 전에 내려 걸어갔습니다. 생전 처음 겪어본 일이었어요."

정신과 외래 환자 진료실에서 만난 37세 남성의 이야기다. 그는 최근의 기분 상태를 차분히 설명했다. 처음에는 약간 불안해하며 조심스러운 태도를 보였지만 결국 마음을 열고 문제를 털어놓았다. 그는 지난 몇 년간 스트레스가 점점 심해졌다고 했다. 수면장애도 찾아왔고 사소한 일에도 짜증이 나기 시작했다. 그리고 자신이 겪는 고통을 주변에 숨기고 있었다. 사랑하는 아내와 두 자녀가 있고 좋은 집에 살면서 남부럽지 않은 직업까지 가졌는데 대체 왜 그렇게 고통에 시달릴까? 누가 봐도 행복하고 성공한 삶이었지만 분명 뭔가 문제가 있었다.

한 시간쯤 대화를 나눈 후, 나는 그에게 상당히 오랜 기간 강한 스트레스를 받은 것 같고 스트레스 때문에 그런 증상들(건망증, 수면장애, 공황발작)이 나타났을 가능성이 크다고 설명했다. 이런 환자에게는 항우울제를 처방하기도 하지만 그는 약을 먹고 싶지 않다면서 다른 방법이 없느냐고 물었다. 나는 상담 치료도 대체로 효과가 있으며 달리기를 시작하는 것도 좋다고 말해줬다. 그는 의아한 표정으로 되물었다.

"약물과 상담은 이해가 돼요. 하지만 달리기라뇨? 달리기가 어떻게 스트레스에 도움이 된다는 겁니까?"

이런 문제를 겪는 것은 비단 이 남성만이 아니다. 미국심리학회(American Psychological Association)에 따르면 미국 성인의 72퍼센트가 강한 스트레스 시기를 반복적으로 경험하고 42퍼센트가 그로 인한 불면증에 시달린다. 이 남성처럼 그들 대부분은 약물 복용과 상담 치료가 극심한 스트레스를 관리하는 방법이란 걸 잘 안다. 그리고 가장 효과적인 치료법이 이 책의 주제인 운동이라는 사실을 모른다. 연구에 따르면 실제로 운동은 스트레스를 치료하고 예방하는 데 상당한 효과가 있는 것으로 드러났다. 이제 왜 운동이 스트레스와 불안에서 탈출하는 효과적인 방법인지에 대해 살펴보자.

🧠 때로는 스트레스도 필요하다?

스트레스에 대처하기 위해 가장 먼저 해야 할 일은 스트레스가 무엇이며 어떤 기능을 하는지 이해하는 것이다. 우리의 몸에는 HPA 축(HPA-axis)이라는 것이 있다. HPA 축은 신체의 세 부분 사이에서 작동하는 긴밀한 상호작용 체계다. 가령 뇌가 위협으로 판단되는 뭔가('당신을 향해 소리치는 타인')를 감지하면 뇌의 시상하부(hypothalamus, HPA의 'H')에서 뇌하수체(pituitary gland, 'P')로 신호를 보낸다. 이에 반응한 뇌하수체는 호르몬을 분비하고 이것이 혈류를 타고 부신(adrenal glands, 'A')에 도달한다. 그러면 부신은 코르티솔(cortisol)이라는 스트레스 호르몬을 분비하며 이는 심장을 더 빠르고 강하게 뛰게 한다. 이 모든 과정은 순식간에 일어난다. 소리치는 타인을 감지하고 코르티솔 분비량이 많아져 심박수가 증가하기까지는 1초 남짓 걸린다.

이런 상황을 상상해보자. 당신은 지금 직장 동료들이 지켜보는 가운데 서 있다. 오랫동안 열심히 준비한 프로젝트를 프레젠테이션하는 순간이다. 심장 박동이 점점 빨라지고 방금 물을 마셨는데도 입이 바싹바싹 마른다. 자료를 든 손이 미세하게 떨리는 걸 누가 알아챌까 봐 걱정된다. 이때 당신 몸 안의 HPA 축은 이미 돌아가기 시작해 코르티솔 수치가 올라가고 있다. 이를 당신의 몸은 커다란 위험을 마주한 것과 같은 의미로 해석한다. 앞에 있는 동료들이 당신의 목숨을 위협하는 존재가 아님에도 말이다. 수백만 년 동안 진화하며 형성된 강력한 생물학적 메커니즘이 작동하는 탓이다.

당신의 신체는 곧 '투쟁-도피 모드'로 들어선다. 물론 여기서 '투쟁'이란 동료들의 물리적 공격에 맞서 싸우는 것이 아니라 동료들 앞에서 프레젠테이션을 잘 완수하는 것을 뜻하지만 말이다. 그러나 순수하게 생물학적 관점에서 보면 당신의 신체는 분명히 싸울 준비를 하고 있다.

코르티솔 분비가 증가하면 뇌와 신체가 고도의 경계 상태가 된다. 생존을 위해 싸우거나 도망칠 준비를 해야 하므로 근육에 더 많은 혈액이 필요하고 따라서 심장이 더 빠르고 강하게 뛴다. 즉 심박수가 증가한다. 뇌는 집중력이 올라가고 주변의 아주 작은 변화에도 민감해진다. 당신은 청중석에서 기침 소리만 들려도 빛의 속도로 반응하게 된다.

따라서 스트레스에는 나름의 기능이 있다. 우리를 더 기민하게 만들고 집중력을 높인다. 이는 대체로 필요하고 좋은 기능이지만 어떤 이들은 스트레스 반응이 지나치게 강해지기도 한다. 그러면 집중력이 올라가는 대신 오히려 판단력이 흐려진다. 통제력을 상실했다는 기분에 빠지고 극심한 불안과 고통을 경험한다. 이런 경우 HPA 축은 통제 불능 상태가 되는 것으로 보인다.

스트레스 반응을 작동시키는 엔진, 편도체

여기서 잠깐 뒤로 돌아가 스트레스가 시작되는 곳이 어디인지 살펴보자. 당신을 지켜보는 동료들이 위험 요인일지 모른다는 '경고'를 보내는 것은 HPA 축이 아니라 이를 구동시키는 엔진인 편도체(amygdala)다.

편도체는 크기가 아몬드만 하고 측두엽 안쪽에 위치한다. 뇌의 왼쪽과 오른쪽 반구에 각각 하나씩 두 개가 있다. 편도체는 오랜 진화 기간에 보존된 뇌 부위이며 인간 이외에 다른 많은 포유동물도 갖고 있다. 그처럼 오랜 세월 존재해온 이유는 우리의 생존에 대단히 중요하기 때문이다. 위험을 감지하고 신호를 보내는 효과적인 경보 시스템이 존재하면 얼른 도망칠 수 있으므로 당연히 생존 확률이 높아진다. 바로 그 역할을 하는 것이 편도체다.

편도체는 스트레스 경보를 활성화하는 생물학적 상호작용에서 독특한 특성을 드러낸다. 즉 스트레스 대응 기능을 작동시킬 뿐 아니라 이에 영향을 받기도 한다. 조금 복잡하게 느껴지는가? 쉽게 설명하면 이렇다. 편도체가 위험을 감지하고 경보를 울리면 체내 코르티솔 분비가 증가하고, 이렇게 증가한 코르티솔은 다시 편도체를 '훨씬 더 강하게' 활성화한다. 일종의 악순환이 시작되는 것이다.

만일 편도체가 HPA 축을 통제 불가능할 정도로 활성화하면 공황발작이 일어난다. 공황발작은 우리를 고통스럽게 할 뿐만 아니라 우리의 생존에도 도움이 안 된다. 비이성적 행동을 초래하기 때문이다. 우리의 옛 조상들은 사바나 초원에서 맹수와 마주쳤을 때 공황에 빠지면 살아남기 힘들었다. 위험 앞에서도 침착함을 유지하면서 명료하게 생각할 줄 알아야 생존 확률이 높아지는 것은 당연한 일이었다.

우리 몸에는 스트레스 반응을 가라앉히기 위한 여러 브레이크 페달이 내장돼 있다. 스트레스 반응이 걷잡을 수 없이 강해져 공황발작에 빠지는 일을 막는 것이다. 그중 하나가 해마(hippocampus)다. 기억 중추인 해마는 기억만 담당하는 게 아니라 우리가 감정적으로 과잉 반응하지 않도록 조절하는 일종의 브레이크 역할도 한다. 해마는 스트레스 반응 촉발자인 편도체에 대해 균형추 역할을 하면서 스트레스 반응을 억제한다. 이런 활동은 단지 스트레스 상황뿐 아니라 평상시에도 끊임없이 뇌 안에서 일어난다. 편도체와 해마는 서로를 반대 방향으로 끌어당기면서 항상 균형을 이루는데, 편도체가 차를 전속력으로 몰려고 하면 해마가 브레이크를 밟는 식이다.

뇌의 스트레스 브레이크, 해마

다시 앞서의 프레젠테이션 상황을 떠올려보자. 당신은 프레젠테이션을 무사히 마치고 한숨을 돌린다. 다행히 동료들은 당신이 긴장했다는 사실을 알아채지 못한 것 같다. 머릿속을 폭풍처럼 휩쓸고 지나간 불안과 스트레스를 눈치챈 사람이 아무도 없는 듯하다. 이제 당신의 몸에서는 스트레스 호르몬이 줄어든다. 위험 요인이 사라졌다고 판단한 뇌와 신체가 경계 태세를 푼다. 편도체의 활동이 잦아들고 코르티솔 수치가 떨어진다. 신체가 무기를 내려놓고 뒤로 물러나는 것이다. 스트레스가 사라지고 당신은 안정감을 느낀다.

스트레스 상황에서 벗어나자마자 코르티솔 수치가 떨어지는 것은 매우 중요하다. 중요한 상황에서는 코르티솔이 신속하게 다량 분비되어야 하지만(싸우거나 도망치려면 에너지가 많이 필요하므로), 높은 코르티솔 수치가 장기간 유지되면 바람직하지 않다. 체내에 코르티솔이 지나치게 많아지면 해마에 독이 된다. 과다한 코르티솔에 노출되면 해마 세포가 파괴되기 때문이다. 수개월 또는 수년 동안 코르티솔이 과도하게 분비되면 해마의 크기가 줄어드는 것으로 알려져 있다.

당연히 이는 좋은 소식이 아니다. 해마가 줄어들면 기억력에 문제가 생길 수 있다. 해마는 뇌의 기억 중추이고, 이번 장 초반에 소개한 환자처럼 장기간 심한 스트레스를 겪은 사람은 대개 단기 기억력이 떨어지는 것을 경험한다. 어떤 이들은 말할 때 적절한 단어를 찾기 힘들어하고, 어떤 이들은 금방 다녀온 장소를 잊어버린다. 후자의 현상이 발생하는 것은 해마가 공간지각 능력에도 관여하기 때문이다.

스트레스는 더 큰 스트레스를 부른다

해마가 줄어들 때 기억력 손상보다 더 나쁜 결과는 스트레스 반응을 저지하는 브레이크 기능이 약해진다는 점이다. 편도체가 과도하게 작동하면 해마의 스트레스 브레이크가 마모된다. 그리고 해마가 편도체의 영향을 더는 억제할 수 없게 되면 스트레스 반응이 통제 불능으로 강해지기 시작한다. '브레이크 페달'인 해마가 줄어들어 편도체를 진정시키는 힘이 약해지는 동안 '가속 페달'인 편도체가 마음껏 속도를 올리는 것이다. 이렇게 되면 악순환이 시작돼 스트레스가 더 많은 스트레스를 불러온다.

이것이 바로 장기적으로 스트레스를 겪는 사람의 몸에서 일어나는 일이다. 이 경우 말 그대로 뇌 기능이 고장 날 수 있다. 심한 스트레스와 불안을 겪는 사람들의 뇌를 검사한 결과 해마 크기가 평균보다 약간 작다는 사실이 드러났다. 이는 늘어난 코르티솔 때문에 해마가 서서히 손상됐기 때문으로 추정된다.

🧠 건강한 몸은 스트레스에도 강하다

스트레스를 잘 관리하고 싶다면 코르티솔이 뇌에 미치는 영향을 줄여야 한다는 데는 이론의 여지가 없다. 바로 이 지점에서 운동이 중요한 역할을 한다. 우리가 달리기를 하거나 자전거를 타는 동안에는 코르티솔 수치가 올라간다. 강한 신체 활동 자체는 몸에 스트레스 요인이기 때문이다. 몸을 제대로 움직이려면 근육에 더 많은 에너지와 산소가 필요하고, 따라서 혈류를 증가시키기 위해 심장이 더 빠르고 강하게 뛴다. 심박과 혈압이 상승한다. 이때 코르티솔이 분비되는 것은 정상일 뿐 아니라 신체 활동을 위해 반드시 필요하다.

하지만 운동이 끝나면 신체에 그 같은 스트레스 반응이 필요하지 않으므로 코르티솔 분비가 줄어든다. 이때 코르티솔 수치는 운동을 시작하기 전보다 더 낮은 수준으로 떨어진다. 만일 규칙적으로 달리기를 하면 달리기를 할 때마다 코르티솔의 증가 폭이 줄어들고 달리기가 끝났을 때 코르티솔의 감소 폭이 커진다.

그런데 흥미로운 점은 이것이다. 꾸준히 규칙적으로 운동할 경우 운동이 아닌 다른 이유로 스트레스 상황에 놓일 때도 코르티솔의 증가 폭이 줄어든다. 즉 몸이 건강해지면 신체의 스트레스 반응 기능이 향상된다. 스트레스의 원인이 운동이든 회사 일이든 상관없이 말이다. 한마디로 운동은 스트레스에 과도하게 반응하지 않는 몸을 만들어준다.

대체로 그 효과는 분명하게 나타난다. 어쩌면 당신도 고강도 운동을 꾸준히 했을 때 스트레스에 덜 민감해지는 것을 느꼈을지 모른다. 일터에서 잔뜩 긴장한 채 바쁜 하루를 보냈더라도 나중에 돌이켜보면 스트레스를 별로 받지 않았다는 걸 깨닫는다. 이는 단순히 "운동을 해서 전반적으로 기분이 좋아졌다" 같은 말로는 설명할 수 없다. 이는 운동을 통해 신체가 스트레스를 견디는 능력이 강화된 결과다.

🧠 해마를 위한 최고의 약

몬트리올 이미지 스트레스 검사(Montreal Imaging Stress Test, MIST)는 우리가 스트레스에 반응하는 방식을 보여준다. 이 검사는 컴퓨터가 생성한 문제들을 제한 시간 내에 푸는 것으로, 피험자는 암산 문제를 풀어 화면에 답을 표시해야 한다. 그리고 각 문제를 푼 직후에 자신의 답이 맞았는지 틀렸는지 알 수 있다.

검사 시작 전에 피험자는 다른 피험자들이 평균적으로 문제의 80~90퍼센트를 맞힌다는 설명을 듣는다. 그리고 검사가 시작되면 컴퓨터는 실제로 피험자의 답이 맞았는지 틀렸는지와 상관없이 20~45퍼센트만 정답이라고 화면에 표시한다. 검사를 진행하는 동안 피험자는 자신의 점수가 평균보다 훨씬 낮다는 사실을 알게 된다. 당연히 짜증이 날 수밖에 없다. 사실 그것이 이 검사의 목적이다. 피험자가 화가 난 나머지 검사를 중단하고 가버리는 경우도 심심찮게 있다.

이렇게 피험자들이 스트레스를 받으면 혈압과 코르티솔 수치가 올라간다. 이 검사는 일부러 이런 상황을 조성하는 것이다. 즉 MIST에서 관찰하려는 것은 사람들의 암산 실력이 아니라 스트레스 반응이다. 그렇다면 지금 여기서 이 짜증 나는 검사를 제시한 이유가 뭘까? 바로 이 검사가 운동이 스트레스에 미치는 놀라운 영향을 보여주기 때문이다.

연구팀은 건강한 피험자 그룹에 30분 동안 자전거를 타게 한 뒤 검사를 시행했다. 다른 피험자 그룹은 심박수를 높이지 않는 편한 운동을 하고 검사를 했다. 그랬더니 자전거를 탄 그룹은 검사에 참여한 후 코르티솔 수치가 더 낮았다. 몸 안에서 다른 그룹만큼 강한 스트레스 반응이 일어나지 않은 것이다. 피험자의 평소 체력이 좋든 나쁘든 결과는 마찬가지였다. 운동은 신체적 조건과 상관없이 스트레스 반응을 가라앉힌다.

자전거를 탄 피험자 그룹은 해마(스트레스 반응을 저지하는 브레이크 역할을 하는 부위)의 활동도 더 활발했다. HPA 축도 전체적으로 더 진정되어 있었다. 운동은 해마에게 선물과도 같은 존재인 것이 분명하다. 몸을 움직이는 것보다 해마에게 더 유익한 일은 없는 것으로 보인다. 5장에서 살펴보겠지만, 규칙적인 운동은 심지어 해마에 새로운 세포를 생성시키기도 한다.

죽음의 호르몬, 코르티솔

코르티솔은 '죽음의 호르몬'이라는 별명을 갖고 있다. 혈중의 높은 코르티솔 농도는 무엇보다 해마를 손상시키기 때문이다. 하지만 이는 좀 가혹한 별명이다. 코르티솔은 뇌에 해만 끼치는 호르몬이 아니다. 문제는 우리 몸의 스트레스 반응 시스템이 오늘날처럼 높은 스트레스가 오래 지속되는 생활 방식에 대처할 수 있도록 진화하지 않았다는 사실에 있다.

먼 옛날 사바나 초원에 살던 조상들은 대개 단기적으로 강렬한 스트레스를 경험했다. 그들은 위험한 상황이 오면 맞서 싸우거나 도망치는 것 중 하나를 택해야 했다. 침을 흘리는 맹수 앞에서 가만히 있으면 안 되었다. 그런 상황에서는 싸우든지, 도망가든지 해야 하므로 코르티솔이 신체 에너지를 끌어올렸다.

오늘날 우리는 맹수에게 잡아먹힐 걱정을 할 필요가 없다. 하지만 마감일이나 청구서, 집수리 같은 문제는 스트레스를 부르며 이런 스트레스는 단기적이 아니라 장기적인 성격을 띤다. 높은 대출 이자를 걱정하거나 아이를 어린이집에 데리러 가는 일 때문에 스트레스를 받으면 우리 몸에서는 배고픈 사자를 맞닥뜨렸을 때와 똑같은 반응이 일어난다. 물론 사자를 만났을 때 반응의 강도가 더 강하지만, 사자에게서 도망치면 스트레스는 즉시 사라진다. 반면에 대출금 걱정은 말 그대로 당신을 죽이지는 않지만, 계속해서 높은 코르티솔 농도를 만들어내고 이는 결국 뇌 기능을 떨어뜨린다.

집중하는 뇌는 왜 운동을 원하는가

불안을 다스리는 전두엽의 기능

지금까지 살펴봤듯이 해마는 스트레스 반응을 제어하는 브레이크이며 운동은 이 브레이크의 기능을 강화한다.

그런데 해마만 그런 역할을 하는 것이 아니다. 이마 안쪽에 있는 전두엽도 스트레스 반응을 억제할 수 있다. 전두엽, 특히 전두엽의 앞부분인 전전두엽 피질(prefrontal cortex)은 고차원적 인지 기능을 담당한다. 즉 충동을 억제하고 추상적, 분석적으로 사고하는 능력에 관여한다. 또한 전두엽은 스트레스 상황에서 감정적으로 과도하게 반응하거나 비이성적으로 행동하는 것을 막는 중요한 역할을 한다.

비행기가 난기류를 만나 갑자기 흔들리기 시작할 때 '헉, 비행기가 추락하나 봐!'라는 생각이 스친다고 하자. 그러면 편도체가 순식간에 활성화되어 신체에 경고음을 울린다. 우리 몸은 투쟁-도피 모드로 돌입해 심장 박동이 빨라지고 불안감이 급증한다. 심지어 공황발작에 빠지기도 한다. 이럴 때 전두엽이 이성적 사고로 불안감을 잠재우는 역할을 한다. '난기류를 만난 것뿐이야. 전에도 겪어봤는데 별일 없었잖아. 지금도 비행기가 추락할 일은 없을 거야.'

비단 스트레스 상황뿐 아니라 일상에서도 편도체와 전두엽은 계속 줄다리기를 한다. 편도체와 해마 사이에 균형이 존재하듯 편도체와 전두엽도 마찬가지이며, 그 균형 정도는 사람마다 다를 수 있다. 일부 사람이 불안감을 더 쉽게 느끼는 것은 상당 부분 편도

**몸이 건강해지면 신체의 스트레스 반응 기능이 향상된다.
운동은 스트레스에 과도하게 반응하지 않는 몸을 만들어준다.**

체 때문이다. 즉 그럴 만한 이유가 없을 때도 편도체가 활성화되면서 경보를 울리고 전두엽이 그것을 억제하지 못하는 탓이다. 따라서 그런 사람은 어떤 상황에서든 위험과 잠재적 재앙을 느끼고 늘 스트레스와 불길한 예감에 휩싸여 살아간다.

'생각하는 뇌'를 강화하려면

스트레스는 해마에만 문제를 일으키지 않는다. 전두엽에도 같은 영향을 미치는 것으로 보인다. 실제로 성격적으로 불안 강도가 높은 사람의 뇌를 보면 전두엽의 크기가 더 작다. 이는 엎친 데 덮친 격이나 마찬가지다. 스트레스가 오래 지속될수록 뇌에서는 악순환이 일어나고 브레이크 기능도 더 떨어지니 말이다. 만성 스트레스를 겪는 사람에게는 해마와 전두엽의 기능이 꼭 필요한데, 스트레스가 오래 지속된 탓에 이것들이 제대로 작동하지 않는다면 문제가 아닐 수 없다.

편도체가 툭하면 경보를 울리는데 전두엽이 이를 자제시켜 균형을 맞추지 못하면 사소한 일에도 과잉 반응하게 된다. 예를 들면 종종 이런 식으로 생각하는 것이다. '아침에 부장님이 내 인사를 받고는 무뚝뚝하게 대답했어. 나를 싫어하는 것 같아. 내가 뭔가 잘못한 게 분명해. 아마 난 곧 잘리겠지.' 만일 전두엽이 적절하게 개입했다면 더 이성적으로 판단했을 것이다. '오늘 아침에 부장님이 좀 무뚝뚝했어. 하지만 누구나 그럴 때가 있잖아? 어쩌면 밤에 잠을 제대로 못 자서 그런지도 모르지.'

전두엽이 더 활발하게 움직이면 우리는 더 차분해지고 스트레스를 덜 받는다. 그리고 편도체가 만든 불안감을 극복하기가 더 쉬워진다. 연구에 따르면 전두엽을 자기장으로 자극해 뇌세포 활동을 증가시키면 전반적인 스트레스 반응을 진정시킬 수 있는 것으로 나타났다.

한마디로 스트레스를 잠재우고 싶다면 '생각하는 뇌'인 전두엽을 강화하는 일이 매우 중요하다. 이 책의 주제가 운동이 뇌에 미치는 영향이므로 당신은 이 책이 강조하려는 포인트를 이미 알아챘을 것이다. 맞다. 운동은 전두엽과 해마의 기능을 강화한다. 사실 이 둘은 운동에서 가장 큰 이로움을 얻는 뇌 영역이다.

근육뿐 아니라 전두엽도 키운다

그렇다면 운동으로 전두엽의 기능이 강해지는 원리는 무엇일까? 한둘이 아니다. 운동을 시작하자마자 전두엽은 더 많은 혈액을 받아 더 효과적으로 움직인다. 몸을 움직이면 뇌의 혈류가 늘어나기 때문이다. 운동을 꾸준히 하면 전두엽에 새로운 혈관이 형성돼 혈액과 산소의 공급이 향상되는 한편 노폐물도 더 잘 제거된다.

운동으로 혈류가 증가하고 새로운 혈관만 형성되는 것이 아니다. 규칙적인 운동은 전두엽과 편도체의 연결을 더 긴밀하게 하고, 그러면 전두엽이 편도체를 더 효과적으로 통제할 수 있다. 선생님이 멀리 다른 장소에서 감독할 때보다 교실 안에 있을 때 아이들을 더 효과적으로 관리할 수 있는 것과 마찬가지다.

그뿐만 아니라 규칙적인 운동을 하면 전두엽이 장기적인 발달을 보인다. 이는 단순한 짐작이 아니라 검증된 연구 결과이며 뇌과학 분야 종사자들도 깜짝 놀란 내용이다. '한 시간 걷기 운동'을 하는 건강한 성인들의 전두엽 크기를 일정한 시간 간격을 두고 측정했더니 대뇌 바깥층을 감싼 대뇌피질(cerebral cortex)이 늘어나는 것이 관찰됐다. 단지 걷기만 해도 전두엽이 커질 수 있다는 것이다!

운동하면 근육이 발달한다는 사실은 당신도 당연히 알 것이다. 하지만 다른 동물과 인간을 구분 짓는 정교한 뇌 부위도 발달한다는 사실은 몰랐을 것이다. 그런데 여기에는 조건이 하나 있다. 운동을 며칠쯤 하다 그만두지 말고 꾸준히 계속해야 한다는 점이다! 하루아침에 전두엽이 편도체를 더 효과적으로 통제할 수 있는 상태로 변하는 일은 없다. 수개월이 걸릴 수도 있다. 설령 운동으로 곧장 스트레스가 풀렸다 해도 멈추지 말고 운동을 꾸준히 해야 한다.

전반적인 건강과 스트레스 내성에 미치는 효과를 온전히 경험하려면 적어도 두세 달 이상은 꾸준히 운동해야 한다. 하지만 운

집중하는 뇌는 왜 운동을 원하는가

동의 이로움은 그것 말고도 많다. 뇌의 스트레스 반응 활동이 약해지면 단순히 스트레스에 더 잘 대처하게 되는 것 말고 다른 결과도 낳기 때문이다. 연구에 따르면 스트레스 반응 시스템인 HPA 축의 활동이 줄어들면 자신감도 올라간다고 한다. 자신감은 스트레스 및 불안과 특히 밀접하게 연관된 특성이다.

약물과 알코올의 중독 메커니즘

알다시피 스트레스와 불안을 빠르게 잠재우는 여러 약이 있다. 몇 가지는 당신도 이름을 들어봤을지 모른다. 디아제팜(Diazepam), 옥사제팜(Oxazepam), 로히프놀(Rohypnol), 자낙스(Xanax) 등. 이런 약의 문제는 효과가 없다는 게 아니다. 복용하면 대개 스트레스와 불안이 금세 가라앉는다. 오히려 효과가 몹시 뛰어나다는 점이 문제다.

우리의 뇌는 스트레스를 완화할 방법을 열심히 찾도록 프로그램되어 있다. 따라서 불안에서 즉시 구해주고 안정감을 주는 약물은 뇌로서는 대단히 유혹적이다. 문제는 약물을 한번 복용하고 나면 뇌가 또 달라고 아우성을 친다는 것이다. 게다가 뇌는 빠르게 적응하는 경향이 있어서, 약물 치료를 짧은 기간만 받아도 뇌의 화학적 프로세스가 바뀔 수 있다. 그러면 처음에 효과가 있던 양으로는 충분하지 않게 된다. 같은 효과를 얻기 위해 나중에는 복용량을 늘려야 하고 그러다 보면 중독될 위험이 생긴다.

위에서 말한 약물들 외에 스트레스와 불안을 효과적으로 날려

주는 또 다른 물질이 있다. 이 물질은 특히 의존성이 생길 위험이 큰데, 바로 알코올이다. 알코올은 대단히 신속하게 스트레스 반응을 잠재운다. 사실 스트레스와 불안을 덜어주는 힘에 관한 한 알코올에 필적할 만한 물질이 별로 없다. 스트레스가 크거나 불안할 때 술에 의지해본 적이 있는 사람이라면 누구든 내 말에 고개를 끄덕일 것이다. 한두 잔 들이키다 보면 온갖 근심과 걱정이 싹 사라지지 않던가.

알코올과 항불안제는 대단히 유사한 효과를 내기 때문에 많은 항불안제가 마른 주정 증후군(dry drunk syndrome, 우울, 분노, 무기력 등 알코올중독자가 음주를 중단했을 때 나타나는 금단 현상-옮긴이)을 초래한다. 알코올과 항불안제의 공통점은 둘 다 GABA(감마아미노부티르산)를 목표물로 삼는다는 점이다.

스트레스라는 불을 진화하는 소화기

GABA는 아미노산의 일종으로 뇌세포 활동을 억제하는 소화기 역할을 하면서 뇌를 진정시킨다. 뇌의 활동이 가라앉으면 스트레스를 받는 느낌도 사라진다. 따라서 GABA의 활동은 빠르고 효과적으로 스트레스를 완화한다. 술을 마시거나 항우울제를 복용할 때처럼 말이다.

흥미로운 점은 알코올이나 약물뿐 아니라 신체의 움직임, 즉 운동도 GABA를 활성화한다는 사실이다. 걷기도 좋지만 가장 큰 효과를 내는 것은 달리기나 자전거 타기처럼 강도가 높은 운동이다. 지속적인 운동은 특히 대뇌피질 아래쪽에 있는 뇌 영역에서 GABA의 활동을 끌어올린다. 이곳은 많은 경우 스트레스 반응이 시작되는 영역이므로, 여기서 GABA의 활동이 증가한다는 것은 곧 운동이 스트레스의 근원지를 공격할 수 있다는 의미다.

'유모 뉴런' GABA

GABA는 운동이 뇌에 미치는 영향에서 역설적인 현상을 만들어 낸다. 5장에서 살펴보겠지만, 운동은 새로운 뇌세포의 생성을 촉진하는데 이렇게 생겨난 세포는 어린아이와 비슷하다. 즉 굉장히 활동성이 높다. 세 살짜리 아이를 한자리에 가만히 앉아 있게 하기는 불가능에 가깝다. 새로 생긴 어린 뇌세포도 마찬가지다. 신생 세포는 끊임없이 활동하면서 주변의 특별한 자극이 없어도 다른 세포에 자꾸만 신호를 보낸다.

어떻게 보면 아이 같은 귀여운 행동으로 느껴질 수도 있겠지만, 사실 스트레스 예방의 관점에서 보면 쉽게 흥분하는 뇌세포는 별로 반가운 존재가 아니다. 불안감을 만들어낼 수 있기 때문이다. 심한 스트레스와 불안을 겪는 사람에게는 마음대로 날뛰지 않는 차분한 뇌세포가 필요하다.

그런데 놀라운 점은 이것이다. 운동을 하면 활동성 높은 새로운 세포들이 생겨나 스트레스와 불안이 더 커질 것 같지만 오히려 심리적 안정이 찾아온다. 이는 운동으로 만들어지는 새로운 세포 중 일부가 GABA 세포이기 때문인 것으로 보인다. GABA 세포가 신생 세포의 과도한 활동을 억제하는 것이다.

대중 과학 문헌에서는 이 GABA 세포를 가리켜 '유모 뉴런 (nanny neuron)'이라 부르기도 한다. 다른 어린 뇌세포를 달래서 진정시키는 역할을 하기 때문이다. 유모 뉴런이 세포들을 진정시키는 덕분에 뇌는 전체적으로 안정을 되찾는다. 유모 뉴런은 운동할 때 생겨나 뇌의 활동을(따라서 스트레스 반응도) 효과적으로 억제한다. 그렇다면 이 유모 뉴런은 어디에서 생길까? 동물 실험 결과 유모 뉴런은 주로 해마에서 생성되는 것으로 드러났다. 앞서 설명했다시피 해마는 감정 조절과 불안 통제에서 중요한 역할을 하는 부위다. 그리고 운동은 스트레스 및 불안과 관련된 해마의 기능을 강화한다.

스트레스의 해부학

전두엽과 편도체는 여러 신경 경로를 통해 물리적으로 연결돼 있다. 이 경로로 정보 전달이 잘 이뤄질수록 전두엽이 편도체에 대한 브레이크 역할을 더 잘하게 되어 스트레스와 불안을 효과적으로 다스릴 수 있다.

이들 신경 경로는 스트레스와 불안의 진정한 해부학적 구조이며, 이성적으로 생각하는 뇌와 일명 '파충류 뇌'를 물리적으로 이어주는 역할을 한다. 우리가 불안이나 스트레스 문제를 얼마나 심하게 겪느냐는 이들 신경 경로의 두께와 관련이 있는 것으로 보인다. 신경 경로가 두꺼우면 서로 다른 뇌 영역 사이에 신호가 더 잘 전달된다. 그리고 이는 전두엽이 더 효과적으로 편도체를 통제할 수 있다는 의미다.

실제로 현대 의학 기술에서는 신경 경로의 두께를 측정할 수 있다. 전두엽과 편도체를 잇는 중요한 경로 중 하나인 갈고리다발(Uncinate Fasciculus, UF)은 길이가 4~5센티미터다. 범불안장애(Generalized Anxiety Disorder, GAD)를 앓는 사람들의 뇌를 검사했을 때 이 갈고리다발에서 신호 전달의 효율성이 떨어지는 것이 관찰되었다. 십중팔구 그들은 전두엽이 편도체에 대한 브레이크 역할을 제대로 하지 못하기 때문에 그와 같은 불안과 스트레스를 겪는 것이다.

🧠 근육이 많을수록 스트레스를 덜 받을까

한 실험에서 과학자들이 선천적으로 근육이 잘 발달한 유전자 변형 쥐를 만들었다. 이 쥐들은 스트레스를 별로 받지 않는 것처럼 보였는데, 강한 빛이나 소음으로 불안을 느끼게 하려고 여러 번 시도했지만 별 동요를 보이지 않았다. 근육 안의 무엇이 쥐를 스트레스에서 보호해준 것일까? 근육에는 스트레스로 인해 생겨나는 키누레닌(kynurenine)이라는 대사산물을 중화하는 물질이 존재한다.

스트레스 대사산물인 키누레닌은 뇌에 해로울 수 있지만 근육의 도움을 받으면 중화되어 뇌에 영향을 미치지 못한다. 쥐들이 스트레스를 받지 않은 것은 이런 프로세스 때문이었을 가능성이 크다. 이처럼 스트레스 대사산물을 중화하는 똑같은 메커니즘이 인간의 근육에도 존재한다. 즉 근육이 유해한 스트레스 물질을 제거하는 일종의 처리장 역할을 할 수 있다는 얘기다. 간이 독성 물질을 해독해 피를 정화하는 것처럼 근육은 유해 물질을 처리해 뇌를 보호하는 것이다.

근육이 중요한 스트레스 물질을 중화할 수 있다면 근육을 단련할 때 스트레스에 더 잘 대처할 것으로 추정할 수 있다. 근육이 많은 쥐가 스트레스 저항력이 컸듯이 여러 연구가 그런 결론을 뒷받침하기는 하지만, 인간의 경우 근육의 영향력이 얼마나 클지는 아직 확실한 답이 나와 있지 않다.

유산소 운동과 근력 운동을 함께 하라

근육을 발달시킨 쥐의 실험이 흥미로운 또 다른 이유가 있다. 근력 운동 자체가 스트레스와 싸우는 데 도움이 될 수 있음을 보여준 초기 사례이기 때문이다. 지금까지 과학자들은 유산소 운동의 효과에만 주목했지만 위 연구는 '스트레스를 물리치는 근육'의 가능성을 보여주었다.

그렇다면 스트레스 저항력을 키우기 위해서는 근력 운동만 해도 된다는 결론을 내려도 될까? 절대 그렇지 않다. 근육은 물론 도움이 되지만 어느 한쪽에 치우치지 않고 다양한 종류의 신체 활동을 하는 것이 좋다. 근력 운동과 심혈관 강화 운동을 함께 해야 훨씬 좋은 효과를 얻을 수 있다.

우리는 왜 걱정하고 불안해할까

우리의 신체에 스트레스 및 불안 메커니즘이 내장된 것은 생존 확률을 높이기 위해서다. 하지만 오늘날 인간은 역사상 어느 때보다 생존하기 쉬운 시대를 살고 있다. 우리는 위험한 맹수를 마주치거나, 식량을 구하지 못하거나, 눈비로 잠잘 곳이 사라질 것을 걱정할 필요가 없다. 그런데도 매일 스트레스와 불안에 시달린다. 우리는 늘 평온하고 안정감을 느껴야 하지 않을까? 그런데 왜 그렇지 못할까?

과거로 눈을 돌려보면 답을 알 수 있다. 먼 옛날 사바나 초원에 살던 두 그룹의 조상을 떠올려보자. 한 그룹은 느긋하게 만사태평이라 걱정이 없고 그저 모든 게 잘될 거라고 믿는다. 급한 일이라곤 없고 툭하면 "내일 하면 되지, 뭐" 하는 식이다. 그런가 하면 다른 그룹은 늘 불안해하고 걱정이 많다. "먹을 게 충분한가? 날씨가 험악해지면 어떡하지? 사냥할 얼룩말이나 영양이 없어지면 어떡하지? 혹시 모르니까 식량 저장고를 더 채워놓아야겠어."

둘 중 어느 그룹이 더 오래 살 확률이 높을까? 당연히 불안과 걱정을 달고 사는 두 번째 그룹이다. 불안과 스트레스는 인간이 앞일의 대비책을 세우는 데 큰 역할을 했고 따라서 생존 확률을 높였다.

우리가 스트레스와 불안에 빠지는 것은 자연의 고약한 장난이 아니다. 그것은 조상들이 하루하루 살아갈 수 있게 해준 생존 메커니즘이었다. 이 메커니즘은 현대의 삶과는 잘 맞지 않지만 좋든 싫든 여전히 우리 안에 남아 있다.

또한 이는 운동이 스트레스와 불안을 잠재우는 데 효과적인 이유를 설명해준다. 조상들에게 신체 활동이란 사냥으로 먹을 것을 확보하거나 위험에서 도망치는 것을 의미했다. 즉 생존을 돕는 행동이었다. 그러므로 우리가 러닝머신 위를 뛰면 뇌는 이를 생존 확률을 높이는 활동이라고 해석하고 스트레스와 불안을 가라앉힌다.

좀 더 철학적인 관점으로 보자면 불안은 인간의 지능이 초래한 직접적 결과물이라고 할 수 있다. 우리는 앞으로 '일어날지도 모르는' 일을 생각하면서 미래의 대비책을 세우기 때문에 피하고 싶은 시나리오를 떠올리며 걱정한다. 이는 다른 동물과 달리 인간만이 지닌 독특한 특성이다.

우리가 다음 주에 일터에서 '일어날 수도 있는' 나쁜 일을 상상하기 시작하면 당장 스트레스 반응이 촉발된다. 지금 눈앞에 닥친 실제 위험이 아님에도 말이다. 하지만 우리는 위험을 예상할 줄 알기에 대비책도 세울 수 있다. 불안은 인간이 똑똑한 탓에 치러야 하는 대가다.

🧠 불안을 해소하는 운동의 힘

이쯤 되면 스트레스와 불안을 겪는 사람에게 운동이 특효약인 이유가 이해될 것이다. 운동은 여러 측면에서 문제를 공략한다! 운동을 하면 코르티솔 수치가 떨어지고 그다음 번에 운동할 때는 덜 상승한다. 스트레스 반응을 제어하는 브레이크인 해마와 전두엽이 강해져 불안감을 작동시키는 엔진인 편도체의 활동을 더 효과적으로 억제하기 때문이다. 또한 유모 뉴런이 늘어나 GABA의 브레이크 역할이 강화되고, 스트레스 물질을 중화하는 근육도 늘어난다. 그리고 이 모든 일은 동시에 일어난다.

사실 이들 메커니즘을 따로 분리해 각각의 기여도를 수치화하기는 어렵다. 불안 감소의 얼마만큼이 코르티솔 수치가 감소했기 때문이고 얼마만큼이 GABA 때문인지 파악하기는 힘들다는 얘기다. 하지만 어쨌든 이 모든 메커니즘이 가져오는 최종 결과를 보면 운동이 스트레스의 강력한 해독제라는 사실은 분명하다. 어쩌면 최고의 특효약이라 해도 과언이 아니다.

10대들이 불안에 시달리는 이유

최근 몇 년 동안 스트레스와 불안 때문에 정신과를 찾는 10대의 수가 꾸준히 증가했다. 생물학적 관점에서 보면 청소년기의 불안은 특별한 현상이 아니다. 전두엽과 전전두엽 피질 등 스트레스와 불안을 다스리는 뇌 부위는 가장 늦게 발달하기 때문이다. 10대

운동이 스트레스의 강력한 해독제라는 사실은 분명하다.
어쩌면 최고의 특효약이라 해도 과언이 아니다.

때는 이 부위가 아직 완전히 성숙한 상태가 아니며 25세 전후가
돼야 성장이 완성된다. 반면 편도체처럼 스트레스를 만들어내는
부위는 대개 17세쯤이면 완전히 발달한다. 불안을 억제하는 부위
는 미처 준비가 안 된 상태에서 불안을 만들어내는 부위가 풀가
동되는 셈이다. 그러니 10대들이 기복이 심하고 충동적이며 자주
불안해하는 것도 놀라운 일은 아니다.

하지만 운동은 이런 10대의 스트레스와 불안을 다스리는 데도
큰 효과를 낼 수 있다. 칠레에서 한 연구팀이 수도 산티아고의 취
약 지역에 사는 건강한 중학생 200명을 대상으로 연구를 진행했
다. 당시 칠레에서는 당뇨병과 심혈관 질환 등 서구형 생활 습관에
서 비롯된 질병이 늘고 있었는데, 연구팀은 생활 습관의 변화로 그
런 추세를 반전시킬 수 있을지 알아보고자 했다. 또 규칙적인 운동
이 청소년의 행복감과 자신감에 영향을 미치는지도 관찰했다.

10주간의 프로그램이 끝난 뒤 검사해보니, 운동한 청소년들은
신체 건강이 향상됐을 뿐만 아니라 자신감과 행복감도 올라가 있
었다. 특히 흥미로운 사실은 스트레스와 불안 수준이 크게 낮아진
것이었다. 그들은 정서적으로 훨씬 차분해지고 불안감이 줄었으
며 자신감이 커졌다.

공격적, 냉소적 성향도 완화된다

한 연구팀이 일부 사람들이 심근경색을 겪는 이유 및 스트레스와의 관련성을 알아보기 위해 3,000명 이상의 핀란드 남성을 대상으로 생활 습관에 대한 설문조사를 했다. 결과를 분석해보니 일주일에 적어도 2회 운동을 하는 사람은 스트레스와 불안 문제를 덜 겪었다. 이는 칠레 연구팀이 목격한 것과 같은 패턴이었다. 또 운동하는 사람은 공격적 성향과 삶에 대한 냉소적 시각도 덜했다.

그렇다면 이것이 운동이 스트레스와 불안을 낮춰준다는 '확실한 증거'일까? 그렇지는 않다. 운동이 핀란드 남성들의 스트레스와 불안을 줄여줬다고 확실히 말할 순 없다. 어쩌면 애초에 불안을 덜 느끼는 사람이 운동을 더 많이 한 것인지도 모르니까 말이다. 핀란드와 칠레의 연구 결과만 보고 성급한 결론을 내려서는 안 된다. 그러나 이 두 연구와 그동안 수행된 다른 많은 연구를 함께 살펴보면 꽤 명확한 결론이 도출된다. 즉 운동은 젊을 때는 물론이고 나이 들어서까지 평생에 걸쳐 스트레스와 불안에 커다란 영향을 미친다.

🧠 우리 몸의 스트레스 시스템, 편도체

지금까지 살펴본 내용대로라면 스트레스가 무조건 안 좋다고 생각하기 쉽지만 그렇게 간단한 문제가 아니다. 오히려 스트레스는 우리의 신체와 정신이 제대로 기능하는 데 꼭 필요하기도 하다. 스트레스를 더 효과적으로 다루는 방법을 아는 것도 중요하지만 그전에 먼저 스트레스가 얼마나 중요하며 어떤 역할을 하는지 알 필요가 있다.

뭔가가 얼마나 중요한지 깨닫는 방법 하나는 그것을 없애보는 것이다. 만일 스트레스 반응 시스템을 없앤다면 어떤 일이 일어날까? 이를 알아보기 위해 과학자들은 원숭이에게서 편도체를 제거했다. 그리고 편도체가 없는 원숭이는 공포를 느끼는 능력이 사라졌을 것으로 보고 이를 확인하기 위해 대다수 사람과 동물이 극도로 두려워하는 대상을 투입했다. 바로 뱀이었다.

인간과 마찬가지로 대개 원숭이도 본능적으로 뱀을 몹시 두려워한다. 하지만 편도체를 제거한 원숭이에게서는 뱀을 무서워하는 낌새가 보이지 않았다. 오히려 반대였다. 원숭이들은 뱀을 피하기는커녕 호기심을 보이면서 다가가 마치 장난감 다루듯 집어서 흔들며 놀았다.

두려움을 느끼지 못하는 여자

원숭이들은 눈앞의 위험에 전혀 아랑곳하지 않는 듯했다. 그런데 이는 편도체가 없어져 두려움을 느끼지 못했기 때문일까? 아니면 자신이 처한 상황을 제대로 이해하지 못해서였을까? 편도체 제거 수술 탓에 뇌가 손상돼 자신의 상황과 행동을 이해하지 못하게 된 걸까? 원숭이는 뱀이 위험하지 않다고 생각한 것일까? 당연히 원숭이한테 그 상황을 어떻게 느끼고 생각했는지 물어보고 답을 들을 순 없다. 편도체가 없는 사람을 연구하는 편이 훨씬 수월할 테지만 그런 사람은 극히 드물다.

그러던 중 과학자들은 편도체와 스트레스 반응을 더 자세히 연구할 좋은 기회를 발견했다. 희귀한 유전 질환인 우르바흐-비테병(Urbach-Wiethe disease)을 앓는 44세 여성을 알게 된 것이다. 1920년대에 처음 발견된 이래로 보고 사례가 총 400건도 안 되는 매우 희귀한 병이다. 이 병에 걸리면 측두엽(편도체가 있는 곳) 등의 뇌 부위가 파괴된다. 이유는 정확히 알 수 없지만 측두엽이 특히 취약하다. 이 여성의 경우 편도체만 손상을 입은 상태였다.

우르바흐-비테 병을 앓고 있음에도 지능은 정상이었던 이 여성은 실험에 기꺼이 참여했다. 편도체의 부재가 그녀가 느끼는 두려움에 영향을 미치는지 알아보는 실험이었다. 연구팀은 원숭이를 뱀에 노출시킨 것처럼 그녀를 파충류 숍에 데려가 뱀에게 보이는 반응을 관찰했다. 또 거미에게 어떻게 반응하는지도 관찰했다. 현장에 가기 전에 이 여성은 자신이 뱀과 거미를 싫어한다고 밝힌 터였다.

하지만 그녀는 커다란 뱀 여러 마리가 들어 있는 유리 상자로 곧장 다가갔다. 만져볼 수 있도록 직원이 뱀을 밖으로 꺼내자 그녀는 조금도 망설이지 않고 뱀을 어루만졌다. 뱀이 물 수 있다는 경고를 들었음에도 말이다. 연구팀은 그녀에게 느낀 두려움을 0~10점으로 매겨달라고 요청했다. 0은 '전혀 두렵지 않음', 10은

'매우 두려움'이었다. 물려 죽을지도 모르는 커다란 파충류에 대해 그녀가 매긴 점수는 2점이었다.

털이 북슬북슬한 커다란 타란툴라 앞에서도 비슷했다. 그녀는 타란툴라에 무방비로 노출되었는데도 이 독거미를 너무나도 만져보고 싶어 했다. 데리고 한참을 놀다가 직원이 개입해 저지하고 나서야 거미를 내려놓았다. 직원은 그녀가 거미에 물릴 위험이 있으므로 더는 안전하지 않다고 판단한 것이다. 그녀는 이 거미가 특히 공격적이고 위험하다는 사실에 전혀 개의치 않는 듯했다. 그녀가 독거미를 무덤덤하게 만지는 모습은 뱀을 가지고 놀던 원숭이와 다르지 않았다.

그녀의 이런 무모함이 편도체가 손상됐기 때문이라고 단정하고 싶어진다. 하지만 그런 결론을 내리기 전에 다른 이유가 있는 것은 아닌지 신중하게 생각해봐야 한다. 혹시 동물(설령 대부분 사람이 극도로 두려워하는 동물이라도)에 대한 두려움만 없어진 것은 아닐까? 또 다른 대상 앞에서는 두려움을 느낄 수도 있지 않을까?

그래서 연구팀은 이번에는 〈샤이닝〉, 〈링〉, 〈블레어 위치〉 같은 공포영화의 무서운 장면을 그 여성에게 보여줬다. 일반적으로 오싹한 두려움을 불러일으키는 장면임을 확인하기 위해 먼저 다른 피험자들에게 보여주고 무서움 정도를 1~10으로 점수를 매기게 했다. 대부분 장면이 6~7점을 받았다.

하지만 같은 영상을 그 여성에게 보여줬을 때는 반응이 딴판이었다. 그녀는 0점을 매겼다. 오히려 희한하게도 영화에 흥미를 느졌다. 심지어 나중에 빌려서 끝까지 제대로 봐야겠다면서 영화 중 하나의 제목을 물어보기도 했다.

무서운 동물과 공포영화를 보여준 실험 이후 연구팀은 그녀를 몇 년 동안 추적 관찰했다. 그 결과 한 가지는 분명했다. 그녀는 편도체가 손상된 후 두려움을 전혀 느끼지 않는 것으로 보였다. 하지만 다른 감정들은 그대로였다. 즉 보통 사람처럼 상황에 따라 행복해하거나 기뻐하거나 슬퍼했다.

사실 연구팀은 공포영화를 보여줄 때도 그녀가 다른 감정들은 보통 사람처럼 느낀다는 신호를 감지했다. 두려움 이외에 다른 감정도 자극하기 위해 오싹한 장면과 코미디나 드라마의 장면을 섞어서 보여줬는데, 그녀는 이것들을 볼 때는 정상적으로 반응한 것이다. 즉 코미디 장면을 보면서는 웃음을 터뜨렸고 버려진 아이가 나오는 장면을 볼 때는 슬퍼했다. 정상적인 편도체가 없다고 해서 완전히 무감각해지고 아예 감정이 없어지는 건 아니었다. 단지 두려움만 못 느낄 뿐이었다.

얼핏 생각하면 부럽기까지 하다! 뭔가를 두려워할 필요가 없다고, 불안감 없이 태평하게 삶의 모든 것을 마주할 수 있다고 상상해보라. 하지만 그렇게 간단한 문제가 아니다. 두려움을 못 느끼는 그녀의 특성에는 심각한 영향이 뒤따랐다. 종종 자신을 위험한 상황에 몰아넣곤 한 것이다. 심지어 칼과 총으로 위협하는 강도를 만난 적도 있었다.

보통 사람이라면 이런 경험에서 극도의 두려움을 느끼고, 더욱 더 조심하면서 강도를 만난 장소에 다시 가지 않으려고 할 것이다. 하지만 그녀는 그 사건을 금세 잊어버렸고 행동 습관도 전혀 바꾸지 않았다. 마약과 폭력으로 물든 경제적 취약 지역에 사는데도 밤늦게 위험한 동네를 돌아다니곤 했다. 그녀는 안전하지 않은 지역에 살면서도 위험한 상황을 피하는 방법을 전혀 모르는 사람 같았다.

외부 위험만 감지하는 편도체

그렇다면 이 여성은 두려움에서 완벽히 자유로웠을까? 그렇지 않다. 연구팀은 그녀를 극도의 공포에 빠트리는 뭔가를 마침내 발견했다. 바로 호흡 곤란이었다. 숨이 가빠지거나 질식할 것 같은 느낌 말이다. 이산화탄소 흡입은 이제껏 그녀가 느끼지 못한 공포감을 불러일으켰다.

충분한 공기를 들이마시지 못하면 체내 이산화탄소 농도가 빠르게 증가한다. 그리고 뇌는 산소 부족이 아니라 이산화탄소 증가에 신속하게 반응한다. 이산화탄소 흡입을 질식사할 위험이 닥친 것으로 해석하기 때문이다. 이는 다른 어떤 종류의 두려움보다도 인간 내부에 깊이 뿌리박힌 공포감일 것이다. 이산화탄소를 들이마시면 우리는 곧장 극심한 공황에 빠지게 되어 있다.

바로 그런 현상이 이 여성에게 일어났다. 평생 처음으로 극심한 공포를 느낀 나머지 그녀는 소리를 지르고 몸을 떨면서 숨을 헐떡거렸다. 편도체가 없음에도 뇌가 그녀에게 목숨이 위험하다는 신호를 보낸 것이다. 나중에 연구팀이 그 경험에 대해 묻자 그녀는 그때의 공포감이 살면서 느낀 가장 강렬한 감정이었고 생전 처음 느껴보는 기분이었다고 대답했다. 그렇다면 왜 뱀과 거미, 공포영화 앞에서는 무덤덤했으면서 질식사할 위험 앞에서는 강한 두려움을 느꼈을까?

한 가지 가능한 설명은 편도체가 외부 위험(예컨대 뱀의 접근, 무기로 우리를 위협하는 타인 등)은 감지하지만 체내에서 발생하는 내부 위험을 감지하지는 않는다는 것이다. 외부에서 일어난 사건의 경우 뇌에서 해석이 이뤄지고 그에 따라 우리가 두려움을 느낀다. '내 앞에 칼을 들고 서 있는 저 사람은 위험해' 하는 식으로 말이다. 반면 질식할 것 같은 느낌은 해석이나 설명 자체가 필요 없다. 그 두려움은 우리의 본능 깊숙한 곳에 자리 잡고 있기 때문이다.

편도체가 뇌를 납치할 때

이런 사례는 스트레스 반응이 뇌를 장악하는 힘을 지녔음을 보여준다. 또 편도체가 위험을 알리는 경보기 역할을 하며 스트레스 반응을 촉발하는 엔진이라는 점도 잘 보여준다. 편도체의 힘은 대단히 강력해서, 장기적 결과를 생각할 겨를을 주지 않은 채 신체를 순식간에 행동 모드로 전환할 수 있다. 긴박한 위험 상황에서는 신중한 숙고를 담당하는 뇌의 브레이크 페달(예컨대 해마와 전두엽)이 제대로 힘을 발휘하지 못한다. 한마디로 편도체에 압도당하는 것이다.

먼 옛날 사바나에 살던 인류에게는 편도체의 강력한 힘이 꼭 필요했다. 맹수와 마주쳤을 때 빛의 속도로 반응하고 결정을 내리는 일이 너무나도 중요했기 때문이다. '저 녀석과 싸워야 할까, 아니면 재빨리 도망치는 게 나을까?' 이런 상황에서는 이것저것 따지며 오랫동안 생각할 수가 없다. 그러다가는 너무 늦어지기 때문이다. 대신 편도체가 지휘권을 잡고 뇌의 나머지 부분보다 우위에 서야 재빨리 행동할 수 있다. 적을 공격하든, 최대한 빨리 도망치든 해야 살아남는다.

현대 사회에서는 이런 메커니즘이 별로 필요하지 않다. 생사가 걸려 있어 순간적인 판단이 필요한 위급한 상황을 거의 만나지 않기 때문이다. 대신 오늘날은 별로 위험하지 않은 상황에서도 편도체가 활성화한 뒤 감정적 과잉 반응이 일어날 가능성이 있다.

1990년대 중반 미국의 심리학자 대니얼 골먼은 '편도체의 납치(amygdala hijack)'라는 표현을 사용했다. 이는 특정 상황에서 편도체가 과잉 활성화되어 날뛰는 탓에 그 상황이 실제보다 훨씬 더 위험하게 느껴지고, 그 결과 과도한 감정 반응이 일어나는 것을 말한다. 즉 편도체가 뇌를 납치해서 장악해버리면 당사자는 투쟁-도피 모드가 되어 더는 이성적으로 대처하지 못한다.

편도체의 납치가 일어날 때 과도한 감정 반응만 나타나는 것이 아니다. 순식간에 일이 벌어져 나중에 후회할 행동도 한다. 골먼은 편도체의 납치가 일어난 대표적 예로 권투선수 마이크 타이슨이 경기 도중 에반더 홀리필드의 귀를 물어뜯은 일을 들었다. 그

일은 순식간에 일어났고, 나중에 타이슨이 땅을 치며 후회하고도 남을 일이었다. 명예가 땅바닥에 떨어진 것은 물론이거니와 벌금과 변호사 비용으로 수백만 달러를 써야 했으니 말이다.

🧠 스트레스 저항력을 키워라

편도체와 스트레스 반응이 얼마나 강력한지 생각해보면 삶에서 스트레스를 완전히 없앨 수 없는 이유가 이해된다. 스트레스 반응은 우리 뇌에 너무나 깊이 새겨진 메커니즘이다. 스트레스를 주는 대상이나 상황을 최대한 피하려고 노력할 순 있다. 하지만 스트레스를 '전혀' 안 받고 싶다면 산속에 들어가 혼자 살아야 할 것이다! 하지만 그러면 이번에는 혼자라는 사실 때문에 스트레스를 받을 것이다.

어차피 삶에서 스트레스를 완전히 없앨 수 없다면 스트레스 저항력을 높이는 것이 훨씬 현명한 길이다. 운동이 바로 그 역할을 할 수 있다. 운동은 스트레스를 없애지는 못하지만 스트레스에 더 잘 대응할 수 있게 도와준다. 규칙적으로 운동하면 뇌의 브레이크 페달이 강해지기 때문에 쉽게 투쟁-도피 모드가 되는 일이 줄어든다.

직장에서 마감일을 맞추지 못해 상사에게 깨지게 되었다고 가정해보자. 만일 신체적으로 건강하다면 공황 상태(심박수와 혈압이

**일하는 시간을 한 시간 줄이고 대신
한 시간 동안 운동을 해보라.
그러면 생산성이 올라 하루의 나머지 시간에
더 많은 일을 할 수 있다.**

올라가고 이성적 판단이 흐려진다)에 빠질 가능성이 줄어든다. 운동은
그런 상황에 잘 대처하고 신체적으로나 심리적으로 과잉 반응하
지 않을 가능성을 높인다.

너무 바쁘고 스트레스도 심해서 규칙적으로 운동할 시간을 낼
수가 없다고 느끼는가? 그렇다면 더욱더 운동이 필요하다! 바빠
서 운동할 시간이 없다는 사람에게 이 말을 꼭 해주고 싶다. 운동
하면 기분이 좋아지고 스트레스가 줄어드는 것은 물론이고 업무
성과 측면에서도 득이 된다고 말이다. 일하는 시간을 한 시간 줄
이고 대신 한 시간 동안 운동을 해보라. 그러면 생산성이 올라 하
루의 나머지 시간에 더 많은 일을 할 수 있다. 적어도 내가 직접
경험한 바에 따르면 그렇다.

스트레스 호르몬과 비만의 관계

혹시 아직도 운동이 훌륭한 스트레스 관리법이라는 확신이 들지
않는가? 그렇다면 마지막 비장의 카드를 꺼내야겠다. 대개 사람
들은 건강해지거나 기분이 좋아지려고 또는 스트레스에 더 잘 대
처하려고 달리기를 시작하거나 헬스장 회원권을 끊지 않는다. 가

장 큰 동기는 거울 속 자신의 모습이다! 사람들은 무엇보다도 살을 빼거나 탄탄한 몸을 만들고 싶어서 운동하는 경우가 많다. 그런 이들에게 좋은 소식이 있다. 운동으로 스트레스 저항력이 올라가면 그 결과가 체중계와 거울 속 자신의 모습에도 고스란히 나타난다는 사실이다.

그 이유는 이렇다. 스트레스 호르몬인 코르티솔은 몸이 지방을 태우지 못하게 막는다. 그래서 체내 코르티솔 수치가 높으면 복부 지방이 늘어난다. 게다가 식욕이 늘어나는데, 특히 고칼로리 음식을 더 찾게 된다. 즉 심한 스트레스를 받아 코르티솔 수치가 계속 높게 유지되면 뱃살이 늘어나고 단것이 자꾸 당긴다. 하지만 운동으로 스트레스 수준을 관리하면 코르티솔 수치가 낮아진다. 낮은 코르티솔 수치는 식욕과 지방 저장량을 줄이고 지방 연소를 늘리므로 일정 시간이 지나면 당신의 뱃살과 체중계 숫자에 뚜렷한 변화가 나타날 것이다.

🧠 존재하지 않는 위험, '불안'을 다스리는 법

아마 당신도 살면서 한 번쯤은 불안을 경험해봤을 것이다. 하지만 불안의 실체를 제대로 알지는 못했을 가능성이 크다. 불안이 뭔지 설명해달라는 환자에게 보통 나는 이렇게 말해준다. 두려움에 압도당하거나 마음이 진정되지 않는 기분, 뭔가 잘못됐다는 느낌,

초조해서 어찌할 바를 모르는 기분이라고 말이다.

스트레스와 불안을 구분하기 쉽지 않을 때가 많다. 하지만 대체로 이렇게 구분할 수 있다. 스트레스는 현재 경험하고 있는 위협에 대한 반응이다. 반면 불안은 현재 눈앞에 있지 않은 위협, 즉 이미 일어났거나 앞으로 일어날 가능성이 있는 일과 관련된 반응이다.

직장에서 실수해서 상사에게 혼날 때 느끼는 것은 스트레스다. 이후 일주일이 흘렀고 직장에 있지 않은데도 그 일 때문에 심리적 불편함과 긴장감이 느껴진다면 이는 불안이다. 스트레스는 일시적이지만 불안은 오래 지속된다. 이 둘을 일으키는 것은 기본적으로 같은 스트레스 반응(HPA 축의 활성화)이다.

불안은 질병일까, 아니면 나름의 역할이 있을까? 생물학적 관점에서 보면 불안은 위협이 아님에도 위협으로 인식하는 경험에 뒤따르는 두려움이다. 좀처럼 사라지지 않는 이 기분의 강도는 매우 다양하다. 스트레스처럼 불안도 대단히 범위가 넓어서 그저 약간 심리적 불편감을 느끼는 것부터 극심한 공황에 빠지는 것까지 양상이 다양하다.

불안은 공황발작의 경우처럼 강렬하게 발현됐다 사라지기도 하고, 범불안장애의 경우처럼 오랫동안 조용히 내면에서 끓어오르기도 한다. 또한 불안은 외상성 기억 탓에 촉발될 수도 있고(외상 후 스트레스 장애, PTSD) 사회적 환경에서 초래될 수도 있다(사회공포증). 공식적으로 분류된 불안장애는 몇 종류뿐이지만 실제로는 매우 다양한 형태로 나타난다.

그런데 불안은 정말 위험한 것일까? 공황발작으로 강렬한 불안을 경험한 많은 사람이 그렇다고 믿는다. 어떤 이들은 곧 죽을 것 같은 두려움을 느낀다. 또 많은 사람이 그런 극심한 고통을 겪는 것이 자신뿐이라고 생각한다. 하지만 전부 틀린 생각이다. 물론 불안은 결코 즐거운 경험이 아니지만 위험한 것도, 희귀한 현상도 아니다. 불안에 휩싸인 순간에는 마치 심장이 멈춰버릴 것처럼 느껴져도 실제로 그런 일은 없다. 또 자신만 그런 고통을 겪는다는 생각도 착각이다. 불안은 그 정도는 달라도 대부분 사람이 경험하는 흔한 증상이다. 때로 일부 사람에게 유달리 강렬하게 찾아올 뿐이다.

과민한 편도체를 가진 사람들

불안장애를 겪는 사람은 실재적 위험이 없는데도 경보 신호를 울리며 쉽게 활성화되는 과민한 편도체를 갖고 있다. 이들은 의식적 인지 없이도 툭하면 잠재적 위험을 감지한다.

한 연구에서 연구팀은 피험자들에게 화난 얼굴과 무표정한 얼굴의 사진을 0.02초 동안 보여주었다. 피험자들은 기껏해야 사람 얼굴임을 알아봤고 표정까지 읽기는 불가능했다. 그러나 불안장애를 앓는 사람은 사진이 순식간에 지나가서 표정이 안 보였는데도 피험자들과 다른 반응을 보였다.

연구팀은 피험자들이 화난 얼굴 사진을 볼 때 MRI로 뇌를 촬영했는데, 불안장애가 있는 사람의 편도체는 더 쉽게 활성화되는 것으로 나타났다. 게다가 불안장애가 심할수록 편도체가 활성화되는 속도가 더 빨랐다. 사진 속의 표정을 의식적으로 인지하지 못했는데도 말이다! 강한 불안감을 겪는 사람의 편도체는 여차하면 곧장 위험 경보를 울려 신체의 스트레스 반응을 활성화할 준비가 항상 돼 있는 것이다. 하지만 위협으로 해석될 여지가 없는 무표정한 얼굴의 경우에는 건강한 사람과 불안장애를 앓는 사람의 편도체 반응에 별 차이가 없었다.

운동이냐, 휴식이냐

운동이 스트레스에 미치는 영향을 보여주는 연구 결과를 보면 어른, 아이 할 것 없이 누구나 어떤 운동이든 일단 운동을 해야 한다. 물론 그렇다고 해서 휴식이나 명상, 마음챙김 수련, 요가 같은 정적인 활동이 무가치하다는 뜻이 아니다. 그런 활동도 우리의 몸과 마음에 당연히 이롭다.

하지만 그 모든 활동에서 운동을 뺀다면 스트레스와 불안을 관리하는 최고의 방법을 놓치는 셈이다.

만일 운동과 가만히 앉아 있는 휴식 중 하나를 골라야 한다면 운동이 언제나 더 나은 선택이다. 세상 모든 사람이 신체 활동을 늘린다면(꼭 마라톤 같은 힘든 운동이 아니어도 좋다) 현대인의 스트레스 수준이 엄청나게 달라질 것이다. 정신과를 찾는 사람의 수도 줄어들고,

스트레스에 시달리든 아니든 대부분 사람의 정신 건강이 훨씬 더 좋아질 것이다.

운동으로 날뛰는 편도체 가라앉히기

스트레스와 불안을 구별하기 어려울 때가 많다. 어쨌거나 스트레스든 불안이든 둘 다 같은 시스템(HPA 축과 편도체)이 만들어내기 때문이다. 앞서 살펴봤듯이 운동은 스트레스를 줄여주는 놀라운 효과가 있다. 바로 그렇기에 불안을 다스리는 데도 특효약이다.

한 실험에서 불안장애가 있는 미국 학생들에게 2주 동안 일주일에 2~3회씩 20분간 운동을 하게 했다. 걷기를 할지, 달리기를 할지는 학생들이 제비뽑기로 정했다(둘 다 엄청나게 힘든 운동은 아니다). 그러자 걷기와 달리기 그룹 모두 불안 수준이 낮아졌다. 운동 직후 불안감이 줄어들었을 뿐만 아니라 이후 24시간 동안 불안감이 낮게 유지되었고 그 효과가 일주일 내내 지속됐다. 둘 중 불안 수준이 더 많이 떨어진 쪽은 달리기 그룹이었다. 불안을 완화하고 싶다면 강도가 센 운동이 더 효과적인 것으로 보인다.

사실 생각해보면 놀라운 결과는 아니다. 불안은 뇌의 스트레스 반응의 과활성화와 위험이 없는데도 경보를 울리는 편도체 탓에 생겨난다. 운동은 불안에 제동을 거는 뇌의 브레이크 페달을 강화하므로, 브레이크에 해당하는 전두엽과 해마가 더 효과적으로 편도체를 진정시켜서 불안을 막아주는 것이다.

불안장애는 학습된 행동 문제다

목숨을 위협받는 상황에 놓이면 누구나 당연히 극도의 불안을 느낄 것이다. 하지만 지하철을 탈 때 모두가 그런 감정을 경험하지는 않는다. 내 환자 중 한 명은 지하철에서 심한 공황발작을 일으켰다. 심장 박동이 빨라지고 숨쉬기조차 힘들었다. 공포감이 너무나 강렬해서 꼭 죽는 줄만 알았다고 한다. 이런 경험을 하면 다시 지하철을 타기가 두려워지기 마련이다. 이 환자도 그랬다. 그래서 공황발작을 겪은 이후로는 버스만 타고 다녔다. 이는 지하철이 위험하지 않다는 사실을 그녀가 몰랐기 때문이 아니라 뇌가 상황을 잘못 해석했기 때문이다. 그 사건을 잘못 해석한 메커니즘이 너무 강력해서 그녀의 '생각하는 뇌'를 제압해버린 것이다.

앞에서도 봤지만 편도체는 일단 날뛰기 시작하면 뇌를 순식간에 장악할 수 있다. 게다가 우리가 위험한 상황을 확실히 기억하게 하는 재주도 뛰어나다. 만일 지하철에서 공황발작을 겪으면 그 일은 매우 선명한 기억으로 저장된다. 생존의 관점에서 이는 아주 타당한 현상이다. 우리는 불쾌하거나 위험한 뭔가를 확실히 기억하도록 프로그램되어 있다. 그래야 나중에 그것을 피할 수 있으니 말이다. 진화의 관점에서 보면 숲속의 예쁜 장소 다섯 곳을 기억하는 일보다 늑대에게 공격당했던 장소를 기억하는 일이 훨씬 더 중요하다. 따라서 부정적인 기억이 더 중요하게 처리되어 저장되는 것이다.

두려움과 연결된 기억은 대단히 선명한 탓에 공황발작 같은 불안장애를 치료할 때 방해물이 될 수 있다. 지하철에서 공황발작을 한번 겪고 나면 지하철역 입구만 봐도 편도체가 화들짝 놀라 HPA 축과 스트레스 반응이 활성화될 수 있다. 마침내 두려움을 극복하고 용기를 내 지하철을 다시 탄다고 해도, 아무렇지 않게 그 행동을 할 수 있기까지는 오랜 시간이 걸리기도 한다. 고통스러운 기억은 힘이 몹시 세서, 과거에 지하철을 탔을 때 공황발작도 일어나지 않고 아무렇지 않았던 경험을 전부 무시해버린다.

이런 점을 고려하면 불안장애는 일종의 학습된 행동 문제로 볼 수 있다. 뇌는 위험하지 않은 무언가는 기억하지 않지만 위험한 것은 선명하게 기억하도록 프로그램되어 있다. 그렇다면 어떻게 해야 불안으로부터 자유로워질 수 있을까?

그 답은 서서히 새로운 기억을 만들어 축적하는 것이다. 예컨대 지하철이 위험하지 않다는 것을 자꾸 경험해서 새로운 기억을 만든다. 이것은 인지행동치료(Cognitive Behavioral Therapy, CBT)의 한 방법으로, 환자가 불안을 유발하는 대상을 조금씩 계속 접함으로써 위험하지 않다는 사실을 재학습하는 것이다. 이로써 기억 속의 대상은 점차 불안을 촉발하는 매개체가 아니라 뇌가 위험하지 않다고 인식하는 뭔가가 된다.

심박수 증가가 꼭 불안을 뜻하지는 않는다

운동이 불안 치료에 효과적인 또 다른 이유가 있다. 강도 높은 불안을 느끼면 심박수와 혈압이 높아진다. 심장이 더 빠르고 강하게 뛰면서 몸은 투쟁-도피 모드로 들어가 앞으로 닥칠지 모르는 부정적 상황에 대비한다. 하지만 심장은 달리기할 때도 평소보다 더 빠르고 강하게 뛴다. 운동이 뭔가 위험하고 불쾌한 상황이 아님에도 말이다. 오히려 달리기가 끝나면 상쾌하고 안정된 기분이 찾아오며 몸속에 엔도르핀과 도파민이 증가한다. 따라서 운동은 증가한 심박수와 혈압이 불안과 공황을 의미하는 것이 아니라 그런 신체적 변화 뒤에 긍정적 기분이 뒤따른다는 사실을 뇌에게 가르친다.

이런 점은 앞서 언급한 실험에서 걷기 또는 달리기를 한 미국 학생들에게서도 관찰되었다. 달리기를 한 학생들은 평소에 심박수가 높아져도 더는 불안해하지 않았다. 과거에는 심장이 뛰기 시작하면 곧 공황발작이 일어난다는 의미로 생각했지만, 달리기를 시작한 후 몸이 적응하면서 심박수 증가가 위험 신호가 아니라 오히려 긍정적인 무언가일 수 있다고 여기게 된 것이다.

반면 걷기 그룹에서는 이런 효과가 관찰되지 않았다. 여전히 이들의 뇌는 높아진 심박수가 위험을 뜻한다고 잘못 해석했다. 이런 결과는 불안장애를 극복하려면 단순히 걷기보다 더 강도 높은 운동을 해야 함을 보여준다.

과거에는 심각한 불안 증상이 있는 사람은 신체 활동을 피해야 한다고 믿었다. 현재는 이것이 얼토당토않은 생각임이 밝혀졌다. 그러나 이것만은 꼭 말해두고 싶다. 공황발작을 겪은 적이 있는 사람이라면 운동을 조금씩 시작해야 한다. 갑자기 격렬한 운동을 하면 신체가 위험이 임박한 것으로 잘못 해석해 공황발작을 일으킬 수 있기 때문이다. 따라서 쉬운 운동부터 시작한 후 서서히 강도를 높여가는 것이 좋다.

운동은 스트레스와 정반대 효과를 낸다

스트레스와 운동에 관한 연구를 살펴보면 한 가지 분명한 패턴이 드러난다. 스트레스와 운동이 뇌에 정반대 영향을 미치는 것으로 보인다는 점이다. 강한 스트레스(높은 코르티솔 수치)는 뇌세포가 서로 소통하고 연결되는 것을 방해하지만 운동은 뇌의 연결을 돕는다. 또 스트레스는 뇌의 변화 능력, 즉 신경가소성을 감소시키지만 운동은 높인다. 강한 스트레스는 단기 기억이 장기 기억으로 전환되는 것을 방해하지만 운동은 그 과정을 원활하게 한다. 어떤 측면에서 보더라도 스트레스와 운동은 정반대 효과를 낸다.

운동으로 공황발작을 예방하다

의학 연구를 돕기 위해 큰 용기를 낸 피험자 12명을 소개한다. 이들은 CCK4[콜레시스토키닌 테트라펩티드(cholecystokinin tetrapeptide) 4]라는 물질을 주사 맞는 데 동의했다. CCK4에는 끔찍한 부작용이 있는데 호흡 곤란과 심박수 증가를 동반하는 공황발작을 일으킬 수 있다. 발작이 너무 심해서 어떤 사람은 곧 죽을 것 같다고 느끼기도 한다. 피험자 12명 중 여섯 명에게도 공황발작이 일어났다. 식은땀을 흘리고 숨을 제대로 쉬지 못했으며 강렬한 공포에 사로잡혔다. 전에는 공황발작을 한 번도 겪은 적이 없음에도 말이다.

연구팀은 이 실험을 다시 했다(놀랍게도 같은 피험자들이 기꺼이 다시 참여했다). 하지만 이번에는 다른 점이 있었다. 피험자들이 CCK4를 주입받기 전에 30분 동안 강도 높은 운동을(최대 운동 강도의 70퍼센트 수준으로) 했다. 그러자 놀라운 일이 일어났다. 단 한 명만 공황발작을 일으킨 것이다. 운동이 즉각적인 효과를 내서 공황발작을 일으킬 가능성을 낮춘 것이 분명했다.

공황발작을 유도하는 물질을 주사 맞는다는 건 상당히 큰 용기가 필요한 일이다. 하지만 훨씬 더 큰 용기를 낸 피험자들도 있었다. 이들은 과거에 공황발작을 겪어봐서 얼마나 고통스러운지 아는데도 기꺼이 실험에 참여했다. 이들은 앞의 건강한 그룹이 주사 맞은 용량의 절반만 주입받았음에도 12명 중 아홉 명이 공황발작을 일으켰다. 하지만 운동하고 나서 주사를 맞자 공황발작 발생 수가 줄어들었다. 12명 중 네 명만 공황발작을 일으켰을 뿐 아니라 과거보다 강도가 더 약하다고 느꼈다.

운동은 공황발작 경험이 있는 사람과 없는 사람 모두에게 발작을 예방하는 효과가 있다. 운동이 그런 심각한 불안장애에도 효과가 있다면 오늘날 많은 사람이 겪는 평범한 불안에도 당연히 도움이 될 것이다.

스트레스와 불안을 없애줄 처방전

스트레스와 불안에서 벗어나기 위한 최고의 운동 방법은 무엇일까? 연구에 따르면 스트레스를 낮추고 불안을 예방하기 위해 얼마만큼의 강도로 얼마나 오래 운동해야 하는지 알려주는 프로그램은 없다. 운동할 때의 신체 반응은 사람마다 다르므로 이를 체계적으로 비교하기는 힘들다. 하지만 모두에게 적용할 수 있는 단 하나의 프로그램은 없어도 과학적 연구에 근거한 몇 가지 구체적인 팁이 있으니 실천해보길 바란다.

처음에는 심혈관 강화 운동에 집중하라. 스트레스 완화에는 웨이트 트레이닝보다 유산소 운동이 더 효과적이다. 한 번에 적어도 20분씩은 하라. 체력이 허락한다면 30~45분으로 늘려라.

운동을 습관으로 만들어라. 운동은 꾸준히 해야 효과가 크다. 뇌의 스트레스 브레이크인 해마와 전두엽이 강해지는 데는 시간이 걸리기 때문이다.

심박수를 높이는 운동을 적어도 일주일에 두세 번은 하라. 그러면 심박수 증가가 두려워할 일이 아니라 긍정적 변화를 가져오는 현상이라는 사실을 신체가 학습한다. 이는 심각한 불안장애와 공황발작을 겪는 사람에게 특히 더 중요하다.

일주일에 한 번은 피로감을 느낄 정도까지 운동하라. 인터벌 트레이닝(interval training, 고강도 운동과 저강도 운동 또는 고강도 운동과 휴식을 번갈아 하는 것-옮긴이)도 좋은 방법이다. 하지만 공황발작이나 다른 심각한 불안장애를 겪은 적이 있다면 처음부터 무리하지 말고 조금씩 강도를 높여야 한다. 처음부터 너무 격렬하게 하면 신체의 불안 반응을 촉발할 수 있다.

어떤 이유로든 심박수를 높이는 운동을 할 수 없는 상황이라면 일단 걷기부터 시작하라. 강도 높은 운동만큼은 아니어도 걷기 역시 불안을 잠재우는 효과가 있다.

3장

현대인의 질병,
주의산만

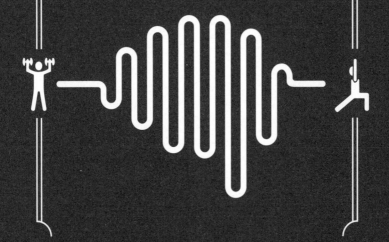

정신을 강하게 하는 것은
휴식이 아니라 운동이다.

알렉산더 포프(Alexander Pope), 고전주의 시인 때때로 무언가에 집중하기가 어렵다고 느끼는가? 하지만 당신만 그런 것이 아니다. 온갖 정보가 넘쳐나고 휴대전화와 컴퓨터가 우리의 관심을 차지하려고 다투는 요즘 세상에서는 산만해지지 않고 뭔가에 집중하기가 거의 불가능하다. 시간이 흐르는 것조차 느끼지 못할 만큼 한 가지 일에 완전히 몰두하는 경험은 매우 드물다. 적어도 나는 그렇다. 심지어 그런 경험은 사치처럼 느껴지기까지 한다.

약해진 집중력을 되살리는 일은 이제 대중의 관심을 받는 큰 사업이 되었다. 집중력을 높여주겠다는 자기계발서와 건강 보조식품, 민간요법이 쏟아져 나온다. 하지만 대부분은 효과가 제대로 검증되지도 않았다. 사실 집중력에 도움이 될 뿐 아니라 엄청난 변화를 가져오는 해결책은 따로 있다. 바로 운동이다. 하지만 놀랍게도 운동을 하면 집중력이 올라간다는 사실 그리고 운동하는 동안 뇌에서 일어나는 일을 알게 된 것은 불과 몇 년도 되지 않았다.

선택적 주의력과 ADHD

어떤 일이 집중력을 높이는지 아닌지 판단하려면 집중력을 측정할 수 있어야 한다. 그런 측정은 어떻게 해야 할까? 그냥 해당 개인에게 집중이 잘 되느냐고 물어보면 될까? 과학에서는 더 객관적인 측정법이 필요하다. 그중 하나인 에릭센 플랭커 테스트(Eriksen Flanker test)는 화면에 나타난 화살표 다섯 개를 이용한 연습 문제로 구성돼 있다.

이 테스트는 연습 문제에서 가운데에 있는 화살표가 어느 방향을 가리키는지 최대한 빨리 답해야 한다. 모든 화살표가 같은 방향을 가리킬 때는(《《《《》) 답하기가 쉽다. 하지만 때로는 가운데 화살표만 나머지 네 개와 다른 방향을 가리키는데(》》《》》) 이때는 가운데 화살표를 제외한 나머지 화살표를 무시할 수 있어야 한다.

테스트 진행 속도는 꽤 빨라서 화살표 그림은 단 2초 동안만 피험자에게 보인다. 그래서 특정한 부분에만 재빨리 집중하고 나머지 정보(이 경우 나머지 화살표들)는 무시하기 위해 뇌는 불필요한 정보를 차단해야 한다. 이것을 '선택적 주의력(selective attention)'이라고 한다.

꽤 평범해 보이지만 사실 이 테스트는 주변 환경에 방해받지 않고 한 가지에 집중하는 능력을 정확히 측정할 수 있다. 선택적 주의력은 집중력의 중요한 일부로 요즘 같은 세상에서 꼭 필요한 능력이기도 하다. 직장에서의 상황을 상상해보자. 당신이 컴퓨터 앞에 앉아 작업하고 있는데 동료 두 명이 옆에서 계속 떠들고 또 다른 한 명은 프린터로 뭔가를 뽑고 있다. 휴대전화에서는 메시지와 이메일이 올 때마다 알림음이 울린다. 당신은 이런 와중에 일을 끝마쳐야 하므로, 주변의 온갖 잡음에 휘둘리지 않고 집중해야 한다. 에릭센 플랭커 테스트에서 측정하는 것이 바로 이와 같은 선택적 주의력이다.

한 연구에서 운동이 선택적 주의력과 집중력에 영향을 미칠 수 있다는 사실이 드러났다. 이 연구팀은 참가자들에게 에릭센 플랭커 테스트를 진행하는 한편 신체 건강 수준도 검사했다. 그러자 건강한 사람의 테스트 결과가 더 좋았다(즉 선택적 주의력이 더 뛰어났다). 게다가 테스트 도중 참가자의 뇌를 MRI로 촬영했는데, 건강한 사람은 두정엽(parietal lobe)과 전두엽의 영역들(집중력을 발휘하고 유지하는 데 꼭 필요하다)이 더 활발하게 움직이는 것으로 나타났다. 즉 집중력에 중요한 뇌 부위가 더 강하게 활성화된 것이다.

그렇다 해도 이 결과를 과하게 해석해서는 안 된다. 높은 선택적 주의력이 신체적 건강 덕분이라고 확실히 단정할 순 없기 때문이다. 원래 집중력이 좋은 사람이 운동을 즐기는 경향이 있어서 더 건강할 수도 있다. 따라서 새로운 피험자 집단, 즉 운동으로 신체 건강을 개선한 사람들을 관찰할 필요가 있었다. 그래야 운동이 선택적 주의력을 강화하는지 알아볼 수 있다.

연구팀은 피험자를 두 그룹으로 나눴다. 한 그룹은 일주일에 세 번 모여서 45분 동안 러닝머신에서 걷기를 했고, 다른 그룹은 저강도 스트레칭 운동을 했다. 후자의 그룹 역시 걷기 그룹과 똑같은 횟수로 모여 45분씩 스트레칭을 했다. 중요한 차이가 있다면 이들은 심박수가 올라가지 않았다는 것이다.

6개월 후 이들은 에릭센 플랭커 테스트에 다시 참여했다. 연구팀은 어느 그룹의 결과가 향상됐는지, 피험자들의 뇌에 주목할 만한 변화가 생겼는지 확인했다. 아니나 다를까, 분명한 변화가 있었다! 걷기 그룹은 선택적 주의력이 좋아져 테스트 점수가 과거보다 높았을 뿐 아니라 선택적 주의력을 담당하는 전두엽과 두정엽 영역들의 활동성도 강해져 있었다. 이런 효과는 스트레칭 그룹에는 나타나지 않았고 걷기 그룹에서만 관찰되었다. 복잡한 고강도 운동을 한 것도 아니고 그저 6개월 동안 규칙적으로 걸었을 뿐인데 집중력도 좋아지고 뇌에 뚜렷한 변화까지 생긴 것이다.

이유가 무엇일까? 한 가지 가능한 설명은 이것이다. 걷기 운동이 전두엽 뇌세포들 사이의 연결을 늘려서, 지적 노동량이 늘어날 때 뇌가 추가적인 능력을 발휘하기가 더 쉬워진 것이다. 마치 자동차의 기어를 올리는 것처럼 주변에 많은 방해 요소가 있어도 뇌가 추가적인 '집중력 기어'를 이용해 인지적 과제를 원활히 처리하는 것이다. 그러면 중요하지 않은 정보를 더 능숙하게 걸러낼 수 있다. 연구팀은 최종 결과에 근거해 "운동을 하면 뇌의 효율성과 가소성이 올라가고 적응력도 향상된다"라고 밝혔다.

그런데 운동은 어떻게 그런 효과를 내는 것일까? 집중력을 높이려면 어떤 운동을 해야 좋을까? 위 연구의 피험자들은 걷기 운

집중하는 뇌는 왜 운동을 원하는가

동을 했다. 하지만 달리기나 자전거 타기, 수영이 더 효과적일 수 있지 않을까? 그리고 얼마나 오래 해야 할까? 그 답을 찾기 위해 집중력 자체가 문제의 핵심인 질환에 운동이 미치는 영향에 관한 연구를 살펴보자. 최근 급속히 증가하는 질환이며 정도는 달라도 우리 누구나 이 증상을 조금씩은 갖고 있다. 바로 주의력 결핍 과잉행동 장애(Attention Deficit/Hyperactivity Disorder, ADHD)다.

ADHD라는 유행병

구글에 들어가 ADHD를 검색하면 5,300만 개의 결과가 나온다 (2024년 11월 검색 결과는 8억 개 이상-옮긴이). ADHD는 현재 가장 널리 알려졌으며 자주 입에 오르내리는 의학적 문제가 되었다. 또 단기간에 가장 증가한 질환이기도 하다.

2000년대가 시작된 직후 〈타임〉은 너무 많은 아동이 ADHD 치료제를 처방받고 있다고 경고하면서 '우리는 아이들을 약에 중독시키고 있는가?'라는 논쟁적인 제목의 기사를 실었다. 당시 미국의 아동 및 청소년 4~5퍼센트가 ADHD 진단을 받았다. 시간이 더 흐른 뒤의 상황을 보면 이 수치는 별것 아닌 것처럼 느껴진다. 십수 년 뒤 ADHD 진단을 받은 미국의 아동 및 청소년 비율은 12퍼센트(600만 명 이상)에 이르는 것으로 추산됐다. 증가세가 너무 폭발적이어서 미국에서는 한동안 ADHD 약을 구하기가 어려울 정도였다. 수요가 너무 많아서 제약회사들의 공급량이 따라가지 못한 것이다.

모두 ADHD 스펙트럼의 어딘가에 있다

집중력, 충동성, 과잉행동, 이렇게 세 영역에 문제가 있다고 추정될 때 ADHD 진단이 내려진다. 좀처럼 가만히 앉아 있지 못하고 여기저기 돌아다니며, 수업 내용에 도통 집중하지 못하고 다른 온갖 것에 관심을 쏟는 아이가 있다고 하자. 게다가 툭하면 충동적으로 행동한다. 이 아이는 분명히 집중력에 문제가 있고 충동적이며 과잉행동을 보인다. 즉 ADHD의 세 가지 진단 기준을 모두 충족한다. 그런데 이 아이와 반드시 똑같은 특성을 보여야만 ADHD라고 진단할 수 있을까?

우리 누구나 때로 집중하는 데 어려움을 겪지만 그렇다고 무조건 ADHD인 것은 아니다. 집중력은 수면, 스트레스, 하루 중 시간대, 주변 환경 등 다양한 요소의 영향을 받는다. 게다가 장기적으로 볼 때 시기에 따라 집중력이 달라지기도 한다. 충동성과 과잉행동도 마찬가지다. 그렇다면 흔히 경험하는 집중력 문제와 ADHD를 어떻게 구분해야 할까? 사실 그 경계선을 정하기는 쉽지 않다.

ADHD는 혈액 검사나 엑스레이 촬영으로 진단할 수 없으며 기준 항목 목록의 조건들을 충족해야 한다. 집중력과 충동 제어, 과잉행동과 관련된 문제가 일상생활에 영향을 미쳐야 한다. 학교생활에 문제가 있다는 것만으로는 진단을 내리기엔 불충분하다. 학업 환경이 좋지 않아서 문제를 겪는 것일 수도 있기 때문이다. 또 집이나 학교, 일터에서 기준 항목 목록의 문제들이 뚜렷하게 나타나야 한다. 그리고 문제가 아동기부터 분명히 나타나야 한다. ADHD는 감염병처럼 외부 요인 때문에 걸리는 질환이 아니라 평생 지속되는 문제다.

무엇보다 ADHD 진단을 내리려면 집중력과 충동 제어에 심각한 문제가 있어야 한다. 이는 정확히 무슨 뜻일까? 집중력에 문제가 있지만 대학교를 무사히 졸업했다면 ADHD가 아니라는 의미일까? 또다시 같은 얘기를 반복하자면 이런 질문에 단답형으로 명확하게 대답하기는 힘들다. 다른 많은 병과 달리 ADHD는 칼로 자르듯 명확히 정의하기 힘든 질환이다. 예를 들어 HIV(인간면역결핍바이러스)와 ADHD 둘 다 의학적 진단명이라는 사실만 놓고 비교해보면 'HIV가 약간 있다'라는 것은 말이 안 되지만(HIV에 걸렸거나 아니거나 둘 중 하나다) 'ADHD가 약간 있다'라고는 말할 수 있다.

ADHD는 흑백을 가리듯 이분법적으로 판단하는 질환이 아니다. 사람들에게 나타나는 매우 다양한 특성이 관련되므로, ADHD가 있는 사람과 없는 사람을 분명하게 가르기 어렵다. 우리는 누구나 넓은 ADHD 스펙트럼의 어딘가에 위치하며 각자 정도는 달라도 ADHD에 해당하는 특성이 있다. 누군가는 다른 사람보다 그 특성이 더 많을 뿐이다.

🧠 뇌를 움직이는 엔진, 보상 시스템

ADHD 증상에는 오늘날 많은 사람이 겪는 문제가 포함되어 있다. 그렇다면 꼭 ADHD 진단을 충족하지는 않더라도 집중력에 문제를 겪는 이들에게 약 복용 말고 도움이 될 방법은 없을까? 물론 있다. 그리고 그중 하나가 운동이다. 신체 활동과 집중력의 연결 고리는 뜻밖의 지점에서 시작된다. 맛있는 음식을 먹거나 친구들과 놀거나 직장에서 인정받을 때 우리의 기분을 좋게 만들어주는 곳으로, 바로 뇌의 보상 체계다.

보상 체계의 힘은 대단히 강력해서 우리를 특정 행동으로 유도하는 엔진 같은 역할을 한다. 뇌에는 보상에 관여하는 여러 중요한 영역이 있는데, 그중에서도 측좌핵(nucleus accumbens)은 '보상 중추'라고 불릴 만큼 중요한 곳이다. 측좌핵은 콩알 크기만 한 뇌세포 집단으로 뇌의 많은 영역과 연결돼 있다. 이곳이 우리가 '보상', 즉 쾌감을 얻는 곳이다.

측좌핵은 우리의 행동을 유도한다. 뇌세포들 사이에 신호를 전달하는 메신저 역할을 하는 물질을 '신경전달물질(neurotransmitter)'이라고 하는데 그중 대표적인 것이 도파민이다. 특정한 행동을 하면, 예컨대 맛있는 음식을 먹거나 사람들과 교류하거나 신체 활동을 하거나 섹스를 하면 측좌핵에서 도파민이 증가한다. 도파민이 급증하면 기분이 좋아지고, 따라서 뇌가 그 행동을 반복하라고 부추겨 그 행동을 또 하고 싶어진다.

그런데 왜 뇌는 우리가 음식을 먹거나 사람들과 사귀거나 신체 활동을 하거나 섹스를 하기를 바랄까? 이유는 간단하다. 진화의 관점에서 볼 때 생존 확률, 즉 유전자를 후대에 물려줄 확률을 높이는 행동이기 때문이다. 삶에서 순수하게 생물학적인 욕구가 있다면 이는 살아남아 유전자를 후대에 물려주려는(즉 자식을 낳으려는) 욕구이며, 뇌는 이 욕구를 모든 행동의 기준으로 삼도록 프로그램되어 있다. 죽지 않으려면 음식을 먹어야 한다. 인간 같은 사회적 동물이 생존하려면 타인과의 교류가 꼭 필요하다. 섹스는 출산을 통해 유전자를 후대에 전달할 가능성을 높인다.

그렇다면 운동은 어떨까? 왜 운동하면 도파민이 증가해 기분이 좋아질까? 아마도 우리 조상들의 신체 활동이란 대개 사냥하거나 새로운 정착지를 찾는 일이었기 때문일 것이다. 이런 활동은 생존에 도움이 되므로 뇌가 쾌감이라는 보상을 제공했다. 우리와 달리 조상들은 여가 활동이나 체중 조절을 위해서가 아니라 생존 확률을 높이기 위해 신체 활동을 했다. 바로 이런 이유로 신체 활동은 오늘날의 우리에게도 이롭다.

보상이 없으면 집중도 없다

측좌핵은 즐거운 기분이라는 보상을 줌으로써 우리가 생존해서 유전자를 물려줄 확률을 높이는 행동을 하도록 유도한다. 그런데 보상 체계는 쾌감만 주는 것이 아니라 집중하는 능력에서도 중요한 역할을 한다. 측좌핵은 평소에 활동을 안 하다가 음식을 먹거나 섹스하거나 복권에 당첨됐을 때만 작동하는 게 아니다. 항상 활동하면서 우리가 현재 하는 행동을 계속할지 말지에 대해 뇌의 나머지 부분에 피드백을 준다.

예를 들어 당신이 거실에서 텔레비전을 보고 있다고 하자. 만일 텔레비전 프로그램이 측좌핵을 충분히 자극하지 못하면(즉 도파민이 증가하지 않으면) 당신은 주의력을 돌려 도파민을 얻을 다른 대상을 찾을 것이다. 어쩌면 휴대전화를 집어 들지도 모른다. 그런데 도파민을 얻기 위해 한 군데 집중하지 못하고 계속 주변을 훑으며 흥미로운 걸 찾고 있으면 이를 지켜본 사람들에게 들떠 있고 산만한 사람이라는 인상을 줄 것이다.

뇌의 보상 체계는 사람마다 다른 것으로 알려져 있다. 어떤 사람은 태어날 때부터 이 시스템이 섬세하게 조율돼 있지만 어떤 사람은 잘 기능하지 못한다. 심각한 집중력 문제가 있는 사람은 그렇지 않은 사람과 보상 체계의 작동 양상이 다른데, 대부분 사람의 도파민 수치를 높이는 자극이 이들에게는 충분한 자극이 되지 않는다.

이들의 보상 체계는 더 강한 자극을 받아야 활성화되며 이는 중대한 결과를 초래한다. 평소에 늘 보상 체계의 활동성이 저조하면 집중하는 대상을 자꾸 바꾸고 더 큰 쾌감을 줄 뭔가를 계속 찾게 된다. 강하고 즉각적인 만족을 주는 것만 추구하면서 장기적으로 자신에게 이로운 것에는 눈을 돌리지 않는다. 또 장기적인 목표를 세우고 실천하는 데 어려움을 겪으며 주의력을 분산시키는

**과거 조상들은 여가 활동이나 체중 조절을 위해서가 아니라
생존 확률을 높이기 위해 신체 활동을 했다.
바로 이런 이유로 신체 활동은 오늘날의 우리에게도 이롭다.**

크고 작은 요인에 쉽게 영향을 받는다. 이들은 부주의하고 충동적이며 때로는 과잉행동도 보인다.

집중력 문제를 겪는 많은 사람이 나름의 다양한 전략을 활용한다. 생활 방식을 체계적으로 정리하거나 하루 일과표를 정해놓고 지키려 애쓰는 것 등이다. 주의력을 흐트러트리는 방해물이 나타날 때 그런 규칙적인 일과는 집중력 유지를 도와줄 수 있다.

집중력에 심각한 문제가 있는 사람(예를 들면 ADHD가 있는 사람)은 보통 사람이라면 보상이 될 수 있는 뭔가를 접해도 측좌핵이 별로 활성화되지 않는다. 이들의 보상 중추를 활성화하려면 더 강한 자극이 필요한 것으로 보인다.

보상 중추에 수용체가 부족할 때

최근 들어 사람들의 보상 중추에 차이가 있는 이유를 분자 수준에서 설명할 수 있게 됐다. 도파민이 힘을 발휘해 우리의 기분을 좋게 하려면 뇌세포 표면에 있는 수용체와 결합해야 한다. 그래야 이것이 뇌세포 반응을 촉발해 우리가 쾌감을 느끼게 된다. 하지만 도파민과 결합할 수용체가 없으면 아무 일도 일어나지 않고 당연히 쾌감 반응도 생기지 않는다.

흥미롭게도 ADHD 환자들은 보상 중추에 도파민 수용체가 더 적은 것으로 보인다. 즉 이들의 보상 체계는 성능이 좋지 않고 제대로 반응하려면 더 큰 보상이 필요하다는 의미다.

애초에 보상 중추가 활성화되려면 더 강한 자극이 필요한 뇌를 가진 사람이 있다는 얘기다. 보상 중추가 정상인 사람에게는 주의력을 유지할 만큼 충분히 흥미로운 것도(업무든, 텔레비전 프로그램이든, 수업 내용이든) 이들에게는 충분하지 않다. 보상 중추가 제대로 활성화되지 않는 것이다. 이런 사람은 금세 지루함을 느끼고 무의식적으로 다른 자극을 찾아 나서며 쉽게 집중력을 잃는다. 일할 때나 수업을 들을 때 집중하기가 불가능하다.

다시 말하지만 우리는 모두 ADHD 스펙트럼의 어딘가에 있다. 우리의 보상 체계는 완벽하게 정상적으로 작동하지는 않지만 그렇다고 기능이 완전히 형편없지도 않다. 우리 대부분은 그 중간 어딘가에 있다.

'잘못된 결정 내리기' 세계 챔피언

"만일 잘못된 결정 내리기 세계 챔피언이라는 게 있다면 아마 제가 그 자리에 올랐을 겁니다. 훗날의 결과 따위는 생각하지도 않고 늘 지금 당장 만족을 주는 선택만 했어요. 학창 시절에는 한시도 가만히 앉아 있지를 못해서 저 같은 아이들만 모아놓은 특수반으로 옮겨졌죠. 당연히 성적도 바닥이었어요. 결국 나쁜 아이들과 어울렸고 열세 살쯤엔 이런저런 약물에도 손을 댔습니다. 암페타민을 알게 됐는데 그게 제일 마음에 들었어요. 남들은 흥분된다는데 제게는 진정 효과가 있더군요.

약물 남용에다 무모한 행동 습관까지 보태지니, 인생 망가지는 건 순식간이었습니다. 약물 중독 탓에 점점 더 많은 돈이 필요해지고 범죄 행위도 더 과감해졌지요. 결국 감옥에 가는 신세가 됐고요. 제 이야기를 들은 교도소 의사는 ADHD라는 진단을 내렸습니다. 약을 먹기 시작한 후로 집중력이 크게 좋아졌어요. 시작한 일을 제대로 끝내게 됐고요. 일상생활에 안정이 찾아왔고 사람들과 어울리기도 한결 수월해졌어요. 현실과 동떨어진 기분을 느끼는 대신 현재를 충실히 살 수 있게 됐습니다."

이 44세 남성의 이야기는 꽤 전형적인 사례다. 지금까지 이런 이야기를 털어놓는 환자를 숱하게 만났다. 다들 집중력이 부족하고 충동을 조절하지 못해서 크나큰 고통을 겪었다. 물론 약물 중독에 빠지거나 범죄자가 되는 경우는 많지 않았다. 특히 인상적이었던 점은 이 남성이 운동으로 단련된 몸을 가졌고 대단히 건강해 보였다는 사실이다. 그는 온갖 자기 파괴적 행동을 하며 살았음에도 운동만큼은 제1 순위였다. 녹초가 될 정도로 몸을 움직이고 나면 안정감을 느낄 수 있었기 때문이다.

"운동을 한 후에는 남들처럼 평범한 인간이 되곤 했어요. 쉽게 산만해지지 않고 상대방의 말에 귀를 기울일 수 있었죠. 이제야 알겠어요. 평생 제게는 운동이 일종의 ADHD 치료제였다는 걸 말입니다."

우리의 의식은 어디에 있는가

뇌의 가장 큰 수수께끼는 어떻게 두개골 안에 있는 1킬로그램 남짓한 세포 덩어리가 의식을 지니는가 하는 점이다. 어쩌면 이는 과학의 가장 큰 수수께끼일지도 모른다. 어떻게 그 물컹한 덩어리가 '당신'일 수 있을까?

과학자가 의식을 이해하려고 시도하는 것은 경솔한 짓이라는 생각이 오랫동안 존재했다. 그러나 오늘날 의식에 관한 과학계의 연구는 믿기 힘들 만큼 놀라운 수준에 도달했다. 최근 여러 의학적 발견으로 의식을 연구하는 많은 새로운 도구가 갖춰졌다. 비단 신경과학자만 여기에 관심을 갖는 게 아니다. 물리학자, 심리학자, 심지어 철학자들까지도 어떻게 세포의 집합이 우리라는 존재를 인식하는가라는 수수께끼를 밝히기 위해 힘을 쏟고 있다. 이 세포 집합은 대체 어떻게 자신의 구조를 이해하는 것일까? 또 우주의 시공간 연속체 안에서 자신이 점하는 위치를 어떻게 이해하는 것일까?

이런 연구로 우리는 어떤 결론에 도달했을까? 인간의 의식은 정확히 어디에 있을까? 답은 '모른다'이다. 우리는 심지어 의식이 무엇인지조차 모른다. 역사 속 위대한 사상가들은 이 주제에 관해 각자 나름의 생각을 밝혔다. 플라톤은 유한한 생명을 가진 육체가 의식을 만들어낼 수 없다고 생각했다. 레오나르도 다빈치는 의식이 뇌와 연관돼 있을 가능성이 크다고 추정했으며 그것이 액체로 가득한 공간인 뇌실(cerebral ventricles)에 들어 있다고 생각했다.

르네 데카르트는 의식이 송과체(pineal gland)에 있다고 했다. 현재 송과체는 수면 및 각성 리듬을 조절하는 호르몬인 멜라토닌을 생성하는 작은 분비샘으로 알려져 있다.

이 천재적 사상가들을 무시할 생각은 없지만 현대의 신경학 연구에 따르면 이들의 생각은 틀린 것으로 드러났다. 오늘날 의식이 뇌에 들어 있고 어느 특정한 지점에 존재하지는 않는다는 사실에 이의를 제기하는 사람은 없다. 후각, 시각, 청각 등의 감각은 각자의 중추가 있지만 의식을 따로 담당하는 중추는 없다. 대신 대뇌 피질의 여러 영역이 서로 신호를 주고받으면서 고도의 네트워크를 이뤄 작동하고, 의식은 전두엽과 측두엽 그리고 감각 인상을 담당하는 중추들(시각 중추, 청각 중추 등)이 협력해 만들어내는 결과물인 것으로 보인다.

시상(thalamus)은 일종의 환승역 역할을 하는 뇌 부위다. 자전거에서 바큇살이 모이는 중심인 허브처럼 뇌 안에 자리 잡고 있다. 뇌의 여러 영역(감각 인상을 담당하는 중추들)에서 온 정보가 시상에 도달하면 다시 그 정보는 고도의 네트워크를 통해 다른 영역들로 전달된다. 바로 이 네트워크 안에서 우리의 의식 경험이 만들어지는 것으로 보인다.

이 모든 것이 집중력과 어떤 관계가 있을까? 의식은 철학적 혹은 과학적 관점에서 흥미로운 주제이기도 하지만 주의력을 쏟고 집중하는 능력과도 밀접히 연결돼 있다. 뇌는 끊임없이 부지런히 움직이면서 뭔가를 처리한다. 다양한 영역에서 온 정보들이 의식의 한자리를 차지하려고 서로 경쟁한다. 현재 다리와 팔의 자세가 어떤지, 방 안이 따뜻한지 추운지, 몸 어딘가에 통증이 있는지, 지금 무엇을 보거나 듣고 있는지(당신이 읽는 이 문장, 도로 위 자동차의 경적 등)에 이르기까지 온갖 감각 정보가 뇌에 들어온다. 의식은 이 모든 정보를 살핀 후 뇌가 어디에 집중해야 할지(부디 이 책이기를!) 그리고 중요하지 않은 정보가 무엇인지 결정한다.

방해 소음을 끄는 도파민

당신은 지금 커피숍에서 책을 읽고 있다. 처음에는 웅성거리는 실내 소음을 의식하지만 그 소리는 서서히 멀어지고 책에 집중하기 시작한다. 당신은 사람들의 목소리를 듣고 있지 않지만 당신의 뇌는 여전히 그 소리를 듣고 있다. 만일 누군가가 당신의 이름을 부르면 당신은 주변의 소리에 귀를 기울이고 있지 않았음에도 금세 반응한다. 당신의 뇌 일부가 계속 듣고 있었기 때문에 그 방향으로 주의를 돌리는 것이다.

이 과정은 자동으로 일어난다. 뇌는 우리가 일일이 관여하지 않아도 스스로 수많은 감각 인상을 처리하는 놀라운 능력이 있어서, 중요하다고 판단되는 정보가 있으면 신호를 울려 우리의 주의력을 거기로 돌린다.

도파민은 감각 중추에서 쏟아져 들어오는 소음을 줄여 우리가 현재 하는 일에 집중하도록 도와준다. 도파민은 보상에 관여하는 것 말고 다른 많은 역할도 하는데 특히 집중력에 중요하다. 도파민이 부족하면 배경 소음에 주의가 분산돼 집중력이 떨어지고 초조해질 수 있다. 이는 누구나 가끔 겪는 기분이다. 불안하고 신경이 예민해지거나 멍해지는 것이다. 잠을 설쳤거나 전날 밤에 술을 과음했을 때 특히 더 그렇다.

그런데 우리 머릿속에는 다른 종류의 소음도 있다. 감각 중추에서 기인하지 않는, 뇌에서 원래 발생하는 소음이다. 누구에게나 이 소음이 있으며 그렇다고 해서 정신이 이상해진다는 의미는 아니다. 이는 뇌세포들이 자연스럽게 활성화되면서 발생하는 소음으로 보인다. 이 상황은 늘 일어나지만 우리가 알아채지 못하는 건 도파민이 그 소음을 걸러내기 때문이다. 하지만 정교하게 조정된 도파민 시스템이 없는 경우, 감각 중추에서 오는 소음과 마찬가지로 이 내부 소음 역시 골칫거리가 될 수 있다. 신경 검사에 따르면 ADHD가 있는 사람은 일반인보다 내부 소음이 더 커서 이것이 집중력을 방해한다. 내부 소음이 클수록 집중하는 데 더 어려움을 겪는 것이다.

흥미롭게도 도파민 수치가 올라가면 외부 자극과 상관없는 내부 소음도 잦아든다. 도파민은 감각 중추에서 오는 소음(예컨대 카페의 소음)과 내부 소음을 모두 줄여준다. 라디오 채널이 잡히지 않을 때 들리는 짜증 나는 잡음을 생각해보라. 이럴 때 도파민은 볼륨을 낮춰서 거슬리는 그 소리를 들리지 않게 해준다. 그러면 방해물이 사라지므로 집중하기가 한결 쉬워진다.

🧠 도파민 수치를 조절하라

도파민 수치가 낮거나 제대로 조절되지 않으면 소음이 발생하고, 이는 도파민 시스템을 계속 불충분하게 활성화된 상태로 만들어 집중하기 어렵게 한다. 따라서 집중력 부족을 치료하려면 인위적으로 도파민 수치를 높이거나 안정화하는 방법을 생각해보게 된다. 그것이 대다수 ADHD 치료제의 메커니즘이다. 즉 ADHD 약은 도파민 수치를 높여 집중력을 개선한다.

많은 ADHD 환자가 약을 먹은 후 집중력이 좋아졌다고 말한다. 아마도 뇌에서 내부 소음과 외부 소음이 꺼졌기 때문일 것이다. 하지만 약으로 누구나 효과를 경험하는 것은 아니다. 또 약을 먹고 싶어 하지 않는 사람도 있다. 게다가 ADHD가 아니더라도 상당히 많은 사람이 때때로 집중력에 문제를 겪으며 힘들어한다. 그렇다면 약에 의존하지 않고 도파민 수치를 높일 방법은 없을까? 있다. 몸을 움직이는 것이다.

ADHD가 있든 없든 운동이 집중력에 좋은 가장 중요한 이유는 도파민 수치를 높여 주의력 및 보상 관련 시스템을 미세 조정해주기 때문이다. 체내 도파민 수치는 운동을 끝내고 몇 분 후에 올라가 몇 시간 동안 그 수준을 유지한다. 그래서 운동하고 나면 정신이 맑아지고 집중력이 좋아지며 마음이 안정되는 것이다. 기분이 좋아지면 당연히 집중하기도 더 쉬워진다. 소음이 잠잠해지기 때문이다.

운동 강도가 높을수록 도파민도 더 많이 분비된다. 따라서 도파민의 관점에서 보면 걷기보다 달리기 또는 자전거 타기가 더 낫다. 그리고 달리거나 자전거를 탄 후 곧장 기분이 좋아지지 않거나 집중력이 나아지지 않는다고 해서 운동을 포기해서는 안 된다. 운동량과 도파민 분비량은 비례한다. 달리기나 자전거 타기를 자주 할수록 그 보상으로 얻는 도파민도 많아진다.

그리고 운동을 한 차례 끝낼 때마다 느끼는 기분이 갈수록 더 좋아진다. 도파민은 행복감에도 영향을 미치기 때문이다. 집중력이 한층 높아지는 것은 말할 것도 없다. 이처럼 운동은 집중력 향상을 위한 특효약이면서 부작용도 전혀 없다. 게다가 운동을 꾸준히 오래 할수록 그 효과가 더 커진다.

사고와 집중의 핵심 기관, 전두엽

도파민이 특히 중요하게 작용하는 곳은 전두엽(이마뼈 바로 안쪽에 있다)이다. 전두엽, 특히 앞부분에 있는 전전두엽 피질은 뇌의 사령관이자 뇌에서 가장 발달한 영역으로 의사결정을 담당한다. 또한 충동적으로 행동하지 않고 장기적 목표를 세워 실행하는 능력을 담당하는 곳이다. 추상적, 수학적, 논리적 사고처럼 다른 동물과 인간을 구분해주는 고차원적 인지 기능 역시 이 전전두엽 피질에서 이뤄진다.

전두엽은 집중력 조절도 크게 책임지고 있다. 쉽게 말해 뇌 안쪽의 곳곳에서 수많은 소음이 발생하는데 전두엽이 그 소음을 진

**운동은 집중력 향상을 위한 특효약이면서
부작용도 전혀 없다.**

압한다. 마치 필터처럼 소음을 제거해 우리가 뭔가에 집중할 수
있게 해주는 것이다.

충동을 억제하는 '시스템 2'

전두엽의 기능은 우리가 어떤 삶을 살게 되는가에 큰 영향을 미
친다. 1970년대에 심리학자 월터 미셸(Walter Mischel)은 보상을
미룰 줄 아는지(주로 전두엽에서 담당하는 기능이다)를 관찰해(만족 지
연 능력을 알아보는 실험을 통해) 아동의 미래를 예측할 수 있음을 보
여주었다.

미셸은 네 살짜리 아이들에게 마시멜로 하나를 주면서 만일 곧
장 먹지 않고 20분을 기다리면 두 개를 주겠다고 말했다. 대다수
아이는 유혹을 이기지 못하고 고작 2~3분 있다가 마시멜로를 먹
어버렸다. 몇몇 아이는 조금 더 오래 참았고, 몇몇 아이는 20분을
기다리는 데 성공해 마시멜로 두 개를 받았다.

그 후 미셸은 이 아이들을 성인이 될 때까지 추적 관찰했다. 그
결과 만족을 미룰 줄 알았던 아이들은 평균적으로 공부를 더 잘
했고 나중에 더 높은 학력을 갖게 됐다. 또 알코올 남용과 마약,
비만 문제를 덜 겪었으며 스트레스에 더 잘 대처했다. 전두엽 기

능의 차이가 어린 나이 때부터 뚜렷이 나타날 뿐만 아니라 어른이 되어서까지 삶에 영향을 미치는 것이다.

네 살짜리 아이가 눈앞의 맛있는 음식을 먹고 싶은 충동을 참으려면 엄청난 자제력이 필요하며(사실 어른도 마찬가지다) 이는 집중력과 관련된 기능이다. 일부 아이들이 20분을 참을 수 있었던 것은 집중하는 능력이 더 뛰어나서 미래의 보상에 생각을 고정할 수 있었기 때문이다. 이 실험 영상을 보면 어떤 아이는 먹고 싶은 유혹을 참느라 안간힘을 쓰면서, 딴 데 주의를 돌리려고 의자를 거칠게 발로 차기도 한다. 끝까지 기다린 아이들에게 어떻게 참았느냐고 물어보니 대부분 조금만 더 있으면 마시멜로 두 개를 받는다는 사실을 계속해서 생각했다고 대답했다.

이처럼 만족을 지연하고 집중하는 능력을 실행 기능 또는 인지 조절(cognitive control)이라고 한다. 이는 월터 미셸이 말한 뇌의 '냉각 시스템(cooling system)' 일부다. 노벨경제학상을 받은 심리학자 대니얼 카너먼(Daniel Kahneman)은 직관과 대비되는 이런 이성적이고 느린 숙고 시스템을 '시스템 2(System 2)'라고 불렀다. 그동안 여러 과학자와 저술가가 다양한 이름을 사용했지만 모두 기본적으로 같은 것을 가리킨다. 즉 전두엽과 전전두엽 피질에서 담당하는, 충동을 억제하는 고차원적 사고 시스템이다. 그리고 이 시스템 역시 신체 활동으로 강화된다.

뇌에 지배당하지 말고 뇌를 지배하라

2장에서 살펴봤듯이 전두엽은 운동으로 가장 큰 혜택을 얻는 뇌 부위다. 규칙적으로 운동하는 사람의 뇌에서는 전두엽이 다른 뇌 부위들과 더 효과적으로 연결된다. 이는 전두엽이 다른 부위를 통제하고 영향을 미치기 위해 대단히 중요하다. 그리고 운동하면 전두엽에 새로운 혈관이 만들어져 혈액 공급이 향상되고 노폐물도 더 효과적으로 제거된다.

걷기나 달리기를 하면 확실히 전두엽이 강화되지만 그런 결과가 즉시 나타나는 것은 아니다. 달리기 트랙을 한 바퀴 돌았다고 해서 곧장 변화가 찾아오지는 않는다는 얘기다. 적어도 몇 달은 규칙적으로 운동해야 효과를 볼 수 있다.

전두엽은 변화가 가능하고 유연하다. 그래서 미셸은 마시멜로 실험 결과가 유혹을 참지 못한 아이는 나중에 성인이 돼서 반드시 이런저런 문제를 겪을 운명임을 의미하는 것은 아니라고 강조한다. 유혹을 이겨내는 것도 연습하면 쉬워지며 그 과정에서 중요한 역할을 하는 것이 운동이다. 뇌가 당신을 다스리는 것이 아니라 당신이 행동을 통해 뇌를 다스려야 한다. 최고 상태의 몸과 마음을 얻고 싶다면 늘 몸을 움직여라.

🧠 ADHD 치료에는 운동이 필요하다

이제 전두엽과 도파민이 집중력에 얼마나 중요한지, 또 운동으로 얼마나 큰 영향을 받는지 알았을 것이다. 그렇다면 적어도 이론상으로는 운동으로 ADHD를 치료하는 일도 가능해야 한다. 하지만 알다시피 이론과 현실이 언제나 일치하는 건 아니다. 이와 관련된 연구 결과가 있을까? 운동은 집중력 향상에 효과적이므로 ADHD 치료에도 활용할 수 있을까?

한 연구팀이 그 답을 찾기 위해 17세 피험자들을 모았다. 평소 과잉행동을 보여 ADHD 진단을 받을 가능성이 큰 청소년들이었다. 이들은 8주 동안 학교 수업 시간이 시작되기 전에 놀이의 형태로 신체 활동을 했다. 숨이 찰 정도로 움직여 심박수를 높이는 활동이었다. 8주가 지난 뒤 연구팀은 다른 아이들과 어울리는 능력 및 집중력을 측정하는 여러 검사를 했다. 또 이 청소년들에게서 변화를 느꼈는지 부모와 교사에게 설문조사도 했다.

신체 활동이 변화를 가져왔을까? 물론이다. 부모와 교사들의 말에 따르면 이들 청소년의 3분의 2 이상이 집중력이 좋아졌다. 특히 반응 억제력(response-inhibition)에서 눈에 띄는 변화가 있었다. 이는 행동을 자제하고 온갖 사소한 일에 충동적으로 반응하지 않는 능력으로, ADHD가 있는 아이는 대개 이런 자제력이 부족하다.

고무적인 결과이긴 하지만 소규모로 진행된 연구 결과였기에

**뇌가 당신을 다스리는 것이 아니라 당신이 행동을 통해
뇌를 다스려야 한다.**

연구팀은 다시 200명 이상의 아이들(이들의 절반가량은 ADHD 진단
가능성이 컸다)을 대상으로 같은 실험을 했다. 아이들은 12주 동안
매일 30분씩 심박수를 높이는 활동을 했다. 한편 대조군에 해당
하는 아이들 집단은 그림 그리기 같은 차분한 활동을 했다.

연구팀은 이번에는 심리 검사를 하지 않고 아이들과 매일 접촉
하는 부모와 교사에게 설문조사만 했다. 주의력 지속 시간, 과잉
행동, 집중력, 친구들과 잘 어울리는지 등의 측면에서 어떤 변화
가 있었느냐고 물었다. 답변을 분석해보니 신체 활동을 한 아이들
은 집중력이 높아졌을 뿐 아니라 감정 기복이 심해지거나 짜증을
내는 일도 줄었다. 그리고 학교보다는 가정에서 두드러진 변화가
목격되었다. 이런 효과는 신체 활동을 한 모든 아이에게 나타났지
만, 가장 뚜렷한 변화가 생긴 것은 ADHD가 있을 것으로 추정되
는 아이들이었다.

운동이 ADHD에 미치는 긍정적 효과

위 실험의 청소년들은 여러 달 동안 정기적으로 신체 활동을 했
다. 하지만 운동이 집중력에 미치는 긍정적 효과는 꽤 빨리 나타
났다. 단 5분만 운동해도 아이들의 집중력이 좋아지고 ADHD 증

상이 완화된 것이다! 남아도는 에너지를 신체 활동으로 써버려서 차분해졌다고 생각할지 모른다. 하지만 그렇게 단순한 문제가 아니다. 단순히 지쳐서 차분해졌다고 보기에는 집중력에 나타난 변화가 대단히 컸다.

주의력, 과잉 행동, 충동 조절법

지금까지 소개한 연구는 주로 ADHD가 있는 아동 및 청소년에 관한 것이었다. 그렇다면 ADHD가 없는 성인은 어떨까? 우리도 신체 활동으로 집중력에 효과를 볼 수 있을까? 물론이다! 이를 확실히 보여주는 증거가 있다.

한 연구팀이 17세의 일란성 쌍둥이 200쌍을 대상으로 연구를 진행했는데 쌍둥이의 일상생활 속 집중력을 판단하기 위해 부모에게 주의력, 과잉행동, 충동성을 비롯한 14가지 카테고리에서 쌍둥이의 점수를 매겨달라고 요청했다. 3년 뒤 쌍둥이가 20대가 되었을 때 부모들은 또다시 점수를 매겼다. 그 결과 대부분 쌍둥이가 3년 사이에 집중력이 더 좋아져 있었다. 그런데 특히 눈에 띄게 집중력이 향상된 그룹이 있었다. 바로 시간이 날 때마다 운동한 그룹이었다. 운동 강도가 높을수록 집중력도 더 크게 향상됐다.

이런 결과는 쌍둥이 한 쌍 내에서도 목격됐다. 쌍둥이 중 한 명은 운동하고 다른 한 명은 하지 않은 경우 운동을 한 쪽이 집중력이 더 뛰어났다. 유전자나 환경이 아니라 생활 습관의 차이가 그런 결과를 만들어낸 것이다. 흥미로운 사실은 이들이 ADHD가 없는 20대였다는 점이다. 그럼에도 신체 활동을 많이 하는 쌍둥이가 몸을 별로 움직이지 않는 쌍둥이보다 집중력과 충동 조절 능력이 더 뛰어났다. 그리고 이런 변화는 즉시 나타난 것이 아니라 시간이 일정 정도 흐른 뒤에 나타났다. 부모가 3년의 간격을 두고 쌍둥이의 점수를 매긴 것이기 때문이다.

🧠 인류의 생존 메커니즘과 집중력

왜 몸을 움직이면 집중력이 좋아질까. 먼 과거로 눈을 돌리면 답을 찾을 수 있다. 먼 옛날 사바나 초원에서 살던 조상들은 오늘날 우리가 러닝머신 위에서 뛰는 것과는 완전히 다른 이유로 신체 활동을 했다. 우리는 기분이 좋아지거나 건강해지기 위해 또는 체중 조절을 위해 운동을 하지만 조상들에게는 그런 목적이 없었을 것이다. 그들은 먹을 것을 구하거나 위험을 피하려고 몸을 움직였다. 그리고 그런 신체 활동을 할 때면 최대한 집중력을 발휘해야 했다. 근처에 사자가 있을 때 또는 사슴을 사냥할 때 실수해서는 안 되기 때문이다. 그런 상황에서 날카로운 집중력은 생존 도구나 마찬가지였다. 뇌가 집중력을 발휘할수록 생존 확률도 커졌다.

인간의 뇌는 사바나에 살던 시절 이후로 별로 변하지 않았다. 그렇기 때문에 오늘날 우리가 신체 활동을 할 때도 같은 메커니즘이 작동한다. 운동을 시작하면 뇌는 우리가 생존이 걸린 중요한 활동을 한다고 생각하고, 따라서 집중력이 좋아지는 것이다.

때론 ADHD도 이로울 수 있다

흔히 주의력 장애와 ADHD는 부정적으로 여겨진다. 즉 ADHD의 이런저런 증상은 '문제'로 여겨지며 심지어 질병으로까지 인식된다. 그러나 충동적 성향과 과잉행동 같은 특성은 때로 이점이 되기도 한다. 좀처럼 가만히 있지 못하고 의욕이 넘치는 사람은 결과가 나올 때까지 차분히 기다리지 못하고 직접 나서서 일을 해치워버리곤 한다. 많은 성공한 리더와 사업가가 ADHD 증상을 연상시키는 성격 특성을 가진 것도 우연이 아니다.

케냐 북부의 사막 지대에 사는 아리알(Ariaal) 부족은 ADHD가 꼭 부정적인 것만은 아니라는 사실을 보여주는 좋은 예다. 아리알 족은 수천 년 전과 다름없이 지금도 물과 식량을 찾아 가축과 함께 이동하며 살아간다. 하지만 최근 수십 년 사이에는 두 집단으로 나뉘었는데, 한 집단은 한곳에 정착해 농사를 지으며 살고 다른 집단은 수렵채집을 하며 이동하는 생활 방식을 유지하고 있다.

한 연구팀이 이들의 유전자 프로파일을 분석하기 위해 혈액 검사를 진행했다. 그들이 주목한 것은 뇌의 도파민 활동에 꼭 필요한 유전자인 DRD4였다. DRD4는 모든 인간에게 있으며 집중력과 관련해 중요한 역할을 한다. DRD4에는 몇 가지 변이가 있는데, 그중 하나는 ADHD가 있는 사람에게 더 흔히 나타난다. 단일한 유전자가 ADHD를 일으키지는 않으며 DRD4 역시 그 자체로 ADHD의 원인일 수는 없지만, DRD4가 ADHD와 관련된 매우 중요한 유전자인 것은 확실하다.

검사 결과 일부 주민들은 ADHD와 연관된 DRD4 변이를 갖고 있었다(조금 거추장스럽더라도 이를 'ADHD 유전자 변이'라고 부르겠다). 다른 주민들은 일반적인 유전자 변이, 즉 ADHD와 상관이 없는 유전자를 갖고 있었다. 이것 자체는 충분히 예상 가능한 일이다. 놀라운 점은 따로 있었는데, ADHD 유전자 변이를 가진 수렵채집인이 일반적인 유전자 변이를 가진 주민보다 더 영양 상태가 좋았다는 것이다. 다시 말해 같은 수렵채집인이라도 ADHD 유전자 변이를 가진 사람이 그렇지 않은 사람보다 식량을 더 쉽게 구하는 것으로 보였다.

한편 농사를 짓는 아리알족에게서는 반대 패턴이 나타났다. 이 집단의 경우 ADHD 유전자 변이가 있는 사람이 없는 사람보다 영양 상태가 더 나빴다. ADHD 유전자 변이가 있는 것이 수렵채집인에게는 이점이지만 농부에게는 단점인 것으로 보인다. 같은 유전자라도 생활 방식에 따라 누군가에게는 이점이, 누군가에게는 단점이 되는 것이다.

하지만 그런 영양 상태가 오로지 개인의 유전적 차이 때문만이라고 단정할 수는 없다. 아리알족이 농부와 수렵채집인으로 나뉜 것은 불과 몇십 년 전이기 때문이다. 대신 우리가 내릴 수 있는 한 가지 결론은 이것이다. ADHD와 연관된 특성(충동성, 과잉행동 등)은 순간순간 빠른 결정을 내려야 하는 역동적 환경에 사는 수렵채집인에게 이로울 수 있다. 반면 농부는 민첩하게 행동해야 할 일이 상대적으로 더 적다. 이들에게는 먼 앞날의 수확에 집중하면서 인내심 있게 일하는 것이 더 중요하다. 이런 상황에서는 ADHD와 연관된 특성이 방해물이 될 수 있다.

ADHD를 위한 최적의 환경

ADHD 유전자가 아리알족의 수렵채집인에게 유용하다는 점에서 흥미로운 사실을 유추할 수 있다. 수렵채집 생활을 하던 과거 조상들(농경 사회가 나타난 약 1만 년 전까지 대부분 수렵채집인이었다)에게도 그런 종류의 유전적 특성이 이로웠을 것이다. 먼 거리를 걸어 사냥하고 식량을 찾아 이곳저곳 옮겨 다녀야 하는 환경에서는 가만히 있기 싫어하고 충동적인 사람이 그때그때 빠른 결정을 내릴 수 있었다. ADHD가 있는 사람에게는 최적의 환경이다. 인류 역사 대부분 기간에 사람들은 그런 환경에서 살았다.

이런 관점에서 보면 오늘날 우리가 ADHD와 연관 짓는 특성은 과거 오랜 세월 동안 인간에게 고마운 선물 같은 것이었다. 만일 충동성과 과잉행동이 해로운 문제만 초래하고 그 어떤 이점도 없었다면 우리는 오늘날 ADHD가 있는 사람을 목격하기 힘들 것이다. 진화 논리에 따라 그런 특성은 인간에게서 사라졌을 것이기 때문이다.

흥미롭게도 ADHD 유전자는 수렵채집인에게만 이로운 것이 아니다. 이 유전자는 방랑 생활을 하는 사람에게도 흔하게 나타나는데, 이때 '방랑'이란 사는 곳이나 직장을 자주 바꾼다는 뜻이 아니라 거처를 옮기며 사는 원시인의 생활 방식을 뜻한다. 이 유전자는 여러 곳을 돌아다니며 새로운 환경을 탐험하려는 욕구와 연관된 것으로 보인다. 일종의 '탐험가 유전자'인 셈이다.

인류는 동아프리카에서 기원해 지난 10만 년 동안 서서히 지구 전역으로 퍼져나갔다. 새로운 땅을 발견하고 미지의 지역을 찾아내는 것은 인간의 근본적 특성이며 생존을 위해서도 매우 중요했다. 이런 탐험 욕구는 상당 부분 요즘이라면 ADHD라고 진단할 만한 성격 특성을 지닌 사람들 때문에 형성됐으리라 추정해볼 만하다.

뇌는 우리가 움직이도록 설계돼 있다

한 유전자가 그것이 발현되는 환경에 따라 장점도 단점도 될 수 있다는 사실을 꼭 아리알족을 통해서만 알 수 있는 것은 아니다. 지금 우리 사회에서도 충분히 알 수 있는 사실이다. 어떤 사회적 상황이나 특정한 일터에서는 문제가 되는 성격 특성이 다른 상황에서는 장점이 될 수도 있다. 문제는 이제 ADHD 특성이 장점으로 여겨지는 상황이 별로 없다는 사실이다. 요즘 세상에서 모험을 감수하고 충동적으로 행동하는 성향에 박수를 쳐주는 경우는 거의 없다. 우리는 그런 행동을 피하려 애쓰고 아이들도 그런 사람이 되지 않게 하려고 애쓴다.

다시 말해서 사바나 초원의 사냥꾼에게 ADHD가 장점이 될 수 있다는 말은 현재의 우리에게 공허한 외침으로 들린다. 우리는 먹을 것을 구하러 사냥할 필요가 없다. 그리고 새로운 환경을 탐험하려는 성향과 관련된 유전자를 지녀서 크게 득이 될 일도 없다. 가령 정착할 새로운 비옥한 분지를 발견했다고 인정받는 일은 없을 것이다. 오늘날 그런 땅은 거의 남아 있지 않기 때문이다. 대신 이제는 가만히 앉아 있지 못하면 벌을 받는다.

ADHD가 있는 사람은 흔히 감각이 과민해서 사바나 초원에서 사냥감의 아주 미세한 움직임도 알아챘을 것이고, 따라서 사냥 성공 확률도 높았을 것이다. 하지만 오늘날 작은 소리에도 주의가 분산돼 수업 내용에 집중하지 못하는 아이는 선생님에게 혼난다. 요즘은 ADHD가 있는 사람이 살기 힘든 시대다. 과거 한때는 유용했던 뭔가가 현대의 도시 사회에서는 골칫거리가 되었다. 약으로 치료하려 애쓰는 뭔가가 된 것이다.

진화적 관점에서 보면 ADHD를 문제로만 여기는 것은 너무 단순하고 좁은 시각이다. 그리고 이제 우리는 약물 치료 말고도 ADHD로 인해 생기는 문제들을 해결할 다른 방법이 있음을 안다. 그중 하나는 생활 습관을 바꿔 인간이 진화의 역사 속에서 살았던 방식을 택하는 것이다. 우리는 사바나로 돌아갈 순 없지만 러닝머신 위를 뛰거나 헬스장에 다닐 순 있다. 그러면 우리의 인지 능력에서 많은 것을 요구하는 현대 사회의 삶에 더 잘 대처할 수 있을 것이다.

운동은 조상들이 과거에 일상적으로 했던 힘든 신체 활동을 재현하는 것이며 특히 ADHD가 있는 사람에게 꼭 필요하다. 대부분 인간의 뇌는 몸을 움직일 때 성능이 좋아지도록 설계돼 있지만 ADHD가 있는 사람은 특히 더 그렇다! 운동은 ADHD가 있는 사람의 집중력 개선을 도와줄 뿐 아니라 때때로 산만해지고 집중하기 힘들어하는 우리 모두에게도 이롭다. 어쨌든 우리는 모두 ADHD 스펙트럼의 어딘가에 있으니 말이다.

이번 장에서 살펴봤듯이 집중력에 문제가 생기는 원인은 하나가 아니다. 보상 중추인 측좌핵의 성능이 사람마다 달라서 집중력에 영향을 미치기도 한다. 뇌의 내부 소음 수준도 다양할 수 있으며 소음을 가라앉히고 주의력을 높이는 전두엽의 기능도 개인마다 다를 수 있다. 즉 집중력이 약해지는 데는 다양한 이유가 존재한다. 하지만 공통점이 있다. 그 모든 요인이 신체 활동의 영향을 받는다는 점이다. 앉아 있는 습관을 버리고 몸을 많이 움직일수록 집중하는 능력은 향상된다.

뇌의 소음을 잠재우기

요즘 우리는 인류 역사를 통틀어(구체적으로 말하면 인류의 기원에서부터 2003년까지) 생산된 디지털 정보와 같은 양의 정보를 이틀 만에

**운동은 ADHD가 있는 사람의 집중력 개선을
도와줄 뿐 아니라 우리 모두에게 이롭다.
어쨌든 우리는 모두 ADHD 스펙트럼의
어딘가에 있으니 말이다.**

만들어낸다. 너나없이 모두가 컴퓨터와 스마트폰이 만들어내는 정보 속에서 허우적대고 있다. 이런 정보 홍수의 속도는 앞으로도 느려질 것 같지 않다. 그런데 이와 같은 엄청난 정보 과부하를 처리해야 하는 뇌는 지난 수천 년 동안 거의 변하지 않았다.

때때로 집중력이 떨어지는 것도, 이런 정보 홍수의 시대를 살기 위해 온갖 도움이 필요해진 것도 놀라운 일이 아니다. 이 문제에 대한 반사적 반응으로 그저 더 많은 약을 처방받는 것만 떠올려서는 안 된다. 그보다 먼저 생활 습관을 되돌아보고 집중력 개선을 위해 시도할 수 있는 변화가 무엇인지 생각해야 한다.

연구에 따르면 우리의 추가적인 '집중력 기어'를 작동시키는 것은 식품 보조제나 인지 훈련 앱이 아니라 운동임이 분명하다. 신체활동은 진화의 역사에서 인류가 살았던 세상과 점점 더 멀어지고 있는 이 세상에 더 잘 대처하게 해준다. 바로 이런 관점으로 운동이 집중력에 미치는 영향을 바라봐야 한다. ADHD가 있든 없든, 아동이든 성인이든 부디 이번 장을 읽고 몸을 충분히 움직이는 것이 집중력에 얼마나 큰 도움이 되는지 깨달았기를 바란다.

소파에만 앉아 있으면 머리가 나빠진다

앉아 있는 시간이 길수록 온갖 질병에 걸릴 위험이 커진다는 기사를 본 적이 있을 것이다. 사실 몸을 움직이지 않는 것은 그보다 더 끔찍한 결과를 초래한다. 생각이 느려지고 두뇌 기능이 저하되는 것이다. 미국의 한 연구팀이 3,200명이 넘는 젊은 미국인을 25년 동안 추적 관찰하면서 얼마나 신체 활동을 하는지, 텔레비전 시청 시간이 얼마나 되는지 파악했다. 아울러 기억력과 집중력, 인지 처리 속도(즉 생각하는 속도가 얼마나 빠른지)를 알아보는 여러 심리 검사를 진행했다.

검사 결과 몸을 잘 움직이지 않는 사람은 집중력과 기억력이 더 나쁠 뿐 아니라 생각하는 속도도 느리다는 사실이 분명히 드러났다. 그 차이는 상당히 컸다. 앉아 있는 시간이 많고 텔레비전을 하루에 세 시간 이상 보는 사람들은 검사 결과가 특히 더 형편없었다. 텔레비전이 '바보 상자'라는 이름에 걸맞은 역할을 톡톡히 하는 것이다! 이 책에서는 주로 운동이 뇌에 즉각 영향을 준다는 점을 설명했다. 하지만 위 연구의 경우 결과가 매우 천천히 나타났다. 피험자들을 25년에 걸쳐 관찰했기 때문이다. 이는 장기적으로 봐도 신체 활동이 정신 능력에 얼마나 중요한지 보여준다. 몸을 움직이지 않고 앉아 있기만 하면 집중력이 떨어지고 불안과 우울이 생길 뿐 아니라 인지 능력이 손상돼 생각도 느려진다.

집중력 향상을 위한 처방전

이왕이면 걷기 대신 달리기를 하라. 운동 강도가 높을수록 뇌에서 도파민과 노르아드레날린이 더 많이 분비된다. 최대 심박수의 70~75퍼센트에 도달하는 것이 좋다. 이는 40세라면 130~140bpm(분당 심장 박동수), 50세라면 적어도 125bpm을 의미한다.

아침에 운동하라. 집중력 향상이 목표라면 이른 시간에, 적어도 정오가 되기 전에 운동하는 편이 낫다. 그래야 효과가 나머지 하루 동안 지속된다. 운동 효과는 몇 시간 후 점차 줄어들기 시작하는데, 사람들 대부분은 밤보다는 낮에 집중력이 필요하기 때문이다.

가능하다면 30분씩은 하라. 최소한 20분 이상은 몸을 움직여야 한다. 그리고 최대의 효과를 보려면 30분이 더 낫다.

꾸준히 하라! 운동으로 집중력 향상에(그리고 스트레스와 전반적인 정신 건강에도) 효과를 보려면 시간이 걸린다. 그러니 포기하지 마라! 결과를 얻으려면 인내심이 필요하다.

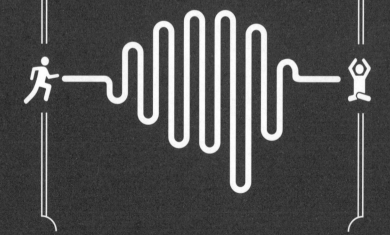

4장

진짜 우울증
치료제는 따로 있다

기분이 우울하면 걸어라.
그래도 계속 우울하다면 또 걸어라.

히포크라테스, 의학자

몇 년 전 11월 어느 저녁, 병원 응급실에 근무할 때였다. 동료 의
사가 내게 환자 한 사람을 봐달라고 했다. 그에게 넘겨받은 진료
기록은 단 몇 문장뿐이었다. "평소 건강했던 40대 여성임. 지난
24시간 동안 극도의 피로감을 느꼈다고 호소. CT 및 여러 검사
결과는 정상. 우울증 의심 가능."

그녀는 그날 버티지 못할 만큼 엄청난 피로감에 시달렸다고 했
다. 자기가 뭔가 특이한 병에 걸린 게 분명하다면서, 모든 검사 결
과가 정상으로 나왔다는 사실을 믿지 않으려 했다.

"의사 선생님이 뭔가 놓친 게 틀림없어요."

최근 생활이 어땠느냐고 이것저것 묻자 그녀는 질문의 의도를
이해하지 못해 혼란스러워했다. 하지만 곧 대화에 적응하면서 지
난 1년 동안 굉장히 힘들었다고 털어놓았다.

이야기를 들어보니 그녀는 직장에서 크게 스트레스를 받고 있
었다. 전보다 업무량이 부쩍 늘어났을 뿐 아니라 불분명한 업무
지시를 받는 일도 많아졌기 때문이다. 또 남편과 집을 한 채 장만
해서 개조하는 중이었다. 직업적으로나 개인적으로 할 일이 태산
이었던 적이 처음은 아니었다. 늘 그래왔고, 전에는 그 때문에 문
제를 겪은 적이 없었다.

하지만 그해 가을에는 달랐다. 점점 더 에너지가 고갈되는 기분이 들었다. 갈수록 움츠러들었고 친구 만나는 것도 귀찮아졌다. 예전에는 승마와(승마 대회에도 참가할 정도였다) 독서를 즐겼지만, 최근에는 1년 넘게 말도 타지 않았고 책을 마지막으로 펼쳐본 게 언제였는지도 가물거렸다. 아무 의욕도 일지 않았고 뭔가에 오래 집중하기도 힘들었다.

병원을 찾은 그날 아침에는 침대에서 나올 힘조차 없었다. 무기력하다 못해 마치 마비가 된 것만 같았고 결국 남편이 그녀를 응급실로 데려왔다. 그녀를 처음 진료한 의사는 감염병일지도 모른다고 추측했지만 혈액 검사 결과는 정상이었다. 뇌 CT 검사 결과도 지극히 정상이었다. 그녀는 정신과 진료를 받아보라는 내 동료 의사의 권유를 듣고 주저했다. 어쨌든 그녀 자신이 느끼는 것은 신체적 증상이었으니까! 게다가 지금껏 살면서 정신과적 문제를 겪은 적도 전혀 없었다.

이 여성은 우울증이었다. 의사들이 놓친 어떤 알 수 없는 병에 걸린 것이 아니었다. 일단 그 사실을 깨닫자 그녀는 치료 방법을 물었다. 나는 스트레스 요인을 조금씩 줄여야 한다고, 잠시 휴가를 가거나 일하는 시간을 줄이는 것도 좋다고 조언했다. 그리고 항우울제를 써볼 수 있다고 설명했다. 상담 치료법도 있었다. 하지만 그녀는 어머니가 항우울제를 먹고 부작용을 겪는 것을 봤다면서 약은 먹고 싶지 않다고 했다. 상담 치료도 썩 내키지 않는다면서 그 외에 다른 방법은 없느냐고 물었다.

집중하는 뇌는 왜 운동을 원하는가

나는 운동이 우울증에 약물과 똑같은 효과가 있다고 설명했다. 하지만 한 번에 최소 30분 이상 달려야 하고 일주일에 세 번은 해야 한다고 덧붙였다. 효과가 나타나려면 몇 주는 걸린다고, 하지만 일단 효과가 나기 시작하면 항우울제와 동등한 수준이라고 말해주었다.

그녀는 일주일에 세 번 운동하기가 현실적으로 힘들었다. 그래서 일단 걷기부터 시작했다. 처음 며칠은 10분씩 걸었지만 차츰 더 오래, 더 빨리 걷기 시작했다. 3주 뒤에 병원에서 다시 만난 그녀는 피로를 완전히 떨쳐내지는 못한 상태였지만 한 번에 15분씩 천천히 달릴 정도로 에너지가 있었다.

몇 주 후 그녀는 운동 강도를 높였다. 응급실에 찾아온 날부터 4개월이 지난 후에는 일주일에 세 번 달리기를 하고 있었다. 한 시간 가까이 뛰는 날도 많았다. 그리고 그녀의 심신에 놀라운 변화가 찾아왔다. 기분이 좋아지고 잠도 더 푹 자고 생활 전반이 향상됐다. 단기 기억력과 집중력이 좋아졌고 사소한 일로 불안해하는 습관이 사라졌으며, 회사에서든 집에서든 스트레스에 과잉 반응하지 않았다. 승마도 다시 시작하고 친구들과도 자주 연락했다. 직장에서 상황 대치 능력도 좋아졌고 임무 지시도 너 명료하게 이해할 수 있었다. 누구보다 변화를 크게 느낀 것은 가족이었다. 아이들은 엄마가 돌아왔다며 좋아했다.

그녀가 행복한 삶을 되찾을 수 있었던 것은 '스스로' 달리기를 시작함으로써 변화에 시동을 걸었기 때문이다. 물론 처음에는 엄청난 노력이 필요했지만 시간이 어느 정도 흐르자 한결 쉬워졌다. 그리고 그녀 자신의 노력으로 삶이 변화했으므로 자연스럽게 자존감도 올라갔다.

🧠 지금 내가 우울증인 걸까

누구나 때로 기분이 꿀꿀하거나 울적해진다. 하지만 몇 주 내내 우울한 기분이 계속되고 앞날이 절망적으로만 느껴지고 평소에 좋아하던 활동이 더는 재미가 없다면, 그것은 우울증이다.

우울증 증상은 사람마다 다르다. 어떤 사람은 극심한 피로를 느껴서 아침에 일어나기조차 힘들고, 어떤 사람은 불안감이 심해서 밤에 잠을 이루지 못한다. 식욕을 잃고 체중이 줄어드는 경우가 있는가 하면, 식욕이 증가해 갑자기 살이 찌기도 한다. 우울증의 종류는 다양하지만 한 가지 공통점이 있다. 우울증에 걸린 당사자가 엄청난 고통을 겪는다는 점이다.

요즘은 많은 사람이 약으로 우울증을 치료할 수 있다는 사실을 안다. 또 운동이 정신 건강에 좋다는 사실도 안다. 그러나 운동의 효과가 우리가 아는 것보다 훨씬 크며 그 자체로 항우울제 역할을 한다는 사실은 잘 모른다. 운동은 부작용이 전혀 없는 특효약이며 대개 기분을 좋게 만들어준다. 그냥 조금 울적한 경우든, 심각한 우울증을 앓는 경우든 말이다.

**운동은 그 자체로 항우울제 역할을 한다.
부작용이 전혀 없는 특효약이며 대개 기분을 좋게 만들어준다.**

우울증 진단에 숨은 진실

우울증이 무엇인지 정확히 정의하기는 어렵다. 그리고 꼭 우울증
이 아니어도 누구나 때때로 기분이 가라앉고 울적함을 느낀다. 우
울증을 진단할 때는 다음 아홉 가지 항목을 체크한다.

1 우울하거나 짜증 나는 기분을 느낌

2 좋아했던 활동이나 대상에 흥미를 잃음

3 불면증이나 과다 수면이 있음

4 초조해서 가만히 있지 못함

5 피로감과 에너지 상실을 느낌

6 자신을 무가치하게 느끼거나 죄책감을 느낌

7 집중력 저하

8 급격한 체중 감소 또는 증가

9 죽음이나 자살에 대해 반복적으로 생각함

이 중 다섯 가지 이상에 해당하면 우울증이라고 진단한다. 하지
만 만약 네 가지에만 해당한다면 어떻게 할까? 예를 들어 자신
이 완전히 무가치하게 느껴지고, 모든 일이 무의미해 보이고, 식

욕을 완전히 잃었고, 불면증에 시달린다고 하자. 이 경우 정신 건강에 문제가 있는 것은 확실해 보이지만 진단상으로는 우울증은 아니다.

이 사실은 정신의학이 정확한 과학은 아니라는 걸 의미한다. 기본적으로 위 기준은 모두 주관적 경험이다. 우울증인지 아닌지는 혈액 검사나 엑스레이 촬영으로 판별할 수 없다. 정신의학 분야에서도 달리 더 나은 방법이 없어서 이런 체크리스트(누구나 인터넷에서 찾을 수 있다)를 이용하는 것이며, 이 체크리스트는 절대적 진실이라기보다는 도움을 주는 수단으로 간주해야 한다. ADHD와 마찬가지로 우울증도 흑백을 가리듯 이분법적으로 판단하는 질환이 아니라 거대한 회색 그림과 비슷하다.

우울증이 아닌 사람이 항우울제를 먹으면 대개 아무 효과가 없다. 그러나 운동의 효과는 우울증 진단이 나올 만큼 심각한 상태가 아니라 그저 일상적인 우울감을 느끼는 사람에게도 뚜렷이 나타난다. 우울함의 정도와 상관없이 운동은 모두의 기분을 좋게 만든다. 부정적인 생각이 줄어들고 자존감이 높아지기 때문이다.

운동이 항우울제와 똑같은 효과가 있다고 말해주면 대부분 환자가 의아한 표정을 짓는다. 그런 얘기를 들어본 적이 없는 탓이다. 우울증과의 싸움에서 규칙적인 운동이 약물만큼 효과적이라는 사실을 아는 사람이 왜 별로 없을까?

많은 사람이 아마 이렇게 생각할 것이다. '만일 정말 그렇다면 이미 모두가 알고 있지 않았을까?' 그 사실을 대다수가 모르는 이유는 간단하다. 바로 돈의 논리 때문이다.

🧠 프로작 vs 운동

1987년 12월 29일 미국식품의약국(Food and Drug Administration, FDA)은 플루옥세틴(Fluoxetine)이라는 약물의 판매를 승인했다. 이로써 약 20년 만에 새로운 종류의 항우울제가 미국에 등장했다. 우울증에 생물학적 원인이 있다는 사실, 심지어 이 병이 뇌에서 기원한다는 사실조차 많은 사람이 잘 모르던 시절이었음에도 이 약은 어마어마한 성공을 거뒀다. 플루옥세틴은 프로작(Prozac)이라는 상품명으로 시장에 출시됐다. 프로작은 곧 전 세계에서 가장 널리 팔린 약물이 되었고 플루옥세틴으로 만든 가장 유명한 브랜드가 되었다.

수많은 기사와 책에서 이 새로운 알약에 대해 다뤘고 우울증 환자의 극복기인 《프로작 네이션(Prozac Nation)》이라는 책도 출간됐다. 힙합의 제왕인 제이지(Jay-Z)의 노래에도 프로작이 등장한다. 인기 TV 드라마 〈소프라노스(The Sopranos)〉의 주인공 토니 소프라노도 프로작을 복용했다.

플루옥세틴은 세로토닌(serotonin)이 뇌세포에 재흡수되어 사라지는 것을 차단함으로써 뇌의 신경전달 경로에 세로토닌을 늘린다. 따라서 이 약은 선택적 세로토닌 재흡수 억제제(Selective

Serotonin Reuptake Inhibitor, SSRI) 계열에 속한다. 프로작이 등장하고 몇 년이 지나자 여러 유사한 제품이 시장에 출시되었으며, 역시 큰 성공을 거둬 전 세계 수백만 명이 복용했다.

그러나 판매량이 급증하면서 복용자의 약 3분의 1은 아무 효과가 없고 3분의 1은 약간의 효과만 경험한다는 사실이 드러났다. 후자의 경우 기분이 호전되기는 했지만 우울감에서 완전히 벗어나지는 못했다. 또 많은 사람이 수면장애, 구강 건조, 메스꺼움, 성욕 저하 등의 부작용을 겪었다. 일부 부작용은 일시적으로 나타났다가 사라졌지만 사람들은 부작용에 불쾌감을 느끼고 효과가 나타나기도 전에 복용을 중단하기도 했다.

의사와 과학자들 그리고 특히 우울증 환자들은 약물 복용이 아닌 다른 치료법이 없을지 찾아보면서 신체 활동으로 눈을 돌렸다. 사실 일찍이 1905년에도 정신의학 학술지인 〈미국 정신병 저널(The American Journal of Insanity)〉(요즘이라면 도저히 붙일 수 없는 이름이다)에 운동과 정신 건강의 연관 관계를 연구한 논문이 실린 적이 있었다.

전문가들은 1980년 말부터 우울증에 대한 운동과 약물의 효과를 체계적으로 비교 분석하기 시작했다. 운동이 약물과 같은 효과를 낼 수 있는지 알아보기 위해서였다. 당연히 이런 연구는 제약회사가 아니라 의과대학의 자금 지원으로 이뤄졌다(돈을 벌어야 하는 제약회사에서 운동의 우울증 치료 가능성을 알아보는 연구에 관심을 가질 리 없다). 따라서 이런 연구의 예산은 신약을 개발할 때 제약회사

우울증 치료에서 규칙적인 운동은 약물만큼이나 효과가 있다.

가 쏟아붓는 예산보다 훨씬 더 적었다.

그러던 중 미국의 심리학자 제임스 블루먼솔(James Blumenthal)이 획기적인 연구 결과를 발표했다. 그는 우울증 진단을 받은 성인 156명을 모집한 뒤(심리학 분야치고는 대규모였다) 무작위로 세 그룹으로 나눴다. 첫 번째 그룹은 대표적 항우울제인 졸로푸트(Zoloft)를 복용했고, 두 번째 그룹은 주 3회 30분씩 운동을 했으며, 세 번째 그룹은 운동과 약물 복용을 병행했다.

4개월 후 피험자 대부분이 우울증이라는 꼬리표를 떼도 될 만큼 상태가 크게 개선됐다. 무엇보다도 중요한 결과는 우울증이 개선된 사람의 비율에서 운동 그룹과 졸로푸트 그룹 사이에 큰 차이가 없었다는 것이다. 다시 말해 우울증 치료에서 규칙적 운동이 약물만큼 효과가 있다는 사실이 밝혀진 것이다.

장기적으로 볼 때 운동이 건강에 더 좋다

이것만으로도 획기적인 성과였지만 블루먼솔은 여기에 만족하지 않았다. 그는 운동의 긍정적 효과가 4개월 이후에도 지속되는지 알아보기 위해 피험자들을 조금 더 추적 관찰했다. 이는 합리적인 판단이었다. 본인은 알아차리지 못할지라도 우울증에서 막 회복한 사람의 심리는 아직 불안정한 상태이기 때문이다. 기분이 나아지고 모든 것이 정상으로 돌아왔다고 느끼지만 또다시 우울증에 빠질 수 있다. 그들은 생각보다 훨씬 얇은 얼음 위에 서 있다.

6개월 뒤 블루먼솔이 피험자들을 확인했을 때 공교롭게도 놀라운 결과가 관찰되었다. 이 기간에 사람들은 이전처럼 특정 그룹에 배정되지 않고 원하는 것을 선택해서 했다. 일부는 운동을 선택했고, 일부는 상담 치료를 받았으며, 일부는 약을 먹었다. 어느 그룹의 결과가 더 좋았을까? 운동한 사람들의 우울증 재발률이 가장 낮았다. 이 그룹에서 6개월 동안 우울증에 다시 걸린 사람은 10명 중 한 명 이하(8퍼센트)였다. 반면 약을 먹은 사람들의 재발률은 세 명 중 한 명 이상(38퍼센트)이었다. 따라서 운동은 우울증 치료 효과가 약에 필적할 뿐 아니라 장기적으로는 약보다 예방 효과가 더 크다고 할 수 있다.

달리기가 엄청난 개발 비용이 들어가는 항우울제와 같은 효과가 있다는 사실은 쉽사리 믿기 힘들 만큼 좋은 소식이었다. 정말로 운동이 장기적으로 약보다 우울증 극복에 훨씬 더 좋을까? 그렇다. 연구와 실험으로 입증되었고 당연히 신문에도 보도되었다. 하지만 이 연구가 항우울제만큼 많이 언론에 노출되었을까? 아니다. 이 연구가 받은 관심은 항우울제에 비하면 새 발의 피 수준이었다.

항우울제 마케팅에는 수십억 달러가 들어갔다. 그에 비하면 운동이 약과 똑같은 효과가 있다는 소식을 알리는 데는 아마 푼돈 수준이 들어갔을 것이다. 이런 종류의 정보는 상업적 가치가 별로 없다. 한마디로 돈이 안 된다. 큰돈을 벌어주는 알약이야 홍보에 열을 올리는 게 당연하지만, 운동의 장점을 홍보하는 일에 누가 관심을 가질까? 더군다나 제약회사의 마케팅 예산은 어마어마한 수준이다. 바로 그래서 우울증을 막아주는 운동의 놀라운 효과를 아는 사람이 별로 없는 것이다.

치료뿐 아니라 예방에도 효과적이다

블루먼솔의 연구만 그런 결과를 보여준 것이 아니다. 최근에 한 과학자 집단이 운동을 우울증 치료에 활용하는 것을 주제로 한 논문을 수집했다. 1980년대 이후 수백 건에 이르는 연구가 발표되었는데, 이 과학자 집단은 그중 가장 질 높은 논문 30편을 선별했고 여기서 무려 25편이 운동이 우울증 예방에 효과가 있음을 보여주었다.

긍정적인 결과가 이 정도 비율인 것은 이례적인 일이다. 마침내 수많은 연구와 증거가 쌓여 운동이 훌륭한 우울증 치료법임이 확실히 밝혀진 것이다. 달리기가 가장 효과가 큰 것으로 보이지만 이 논문들은 걷기도 우울증 예방에 도움이 된다는 사실을 보여준다. 날마다 20~30분만 걸어도 우울증과 멀어질 수 있다!

하지만 이 연구들의 목적은 신체 활동으로 우울증을 치료할 수 있는지 알아보는 것이었지, 우울증의 원인을 규명하는 것은 아니었다. 우울증의 원인을 이해하려면 우리의 기분을 조절하는 물질인 도파민과 세로토닌, 노르아드레날린에 대해 살펴봐야 한다.

뇌는 화학물질 수프가 아니다

도파민과 세로토닌, 노르아드레날린은 뇌세포 사이의 신호를 전달하는 물질이며(과학 용어로 신경전달물질이라고 한다) 우리의 기분에 영향을 미친다. 이 세 물질이 부족할 경우 우울증이 유발될 수 있으며 많은 항우울제가 이 물질들의 양을 증가시켜서 효과를 낸다. 가장 널리 처방되는 항우울제 종류인 SSRI 계열의 약은 세로토닌 양을 늘린다. 그리고 도파민과 노르아드레날린의 수치를 높이는 약들도 있다. 이 세 물질은 기분에만 영향을 미치는 것이 아니라 성격 형성과 인지 능력(집중력, 동기부여, 의사결정)에도 중요한 역할을 한다.

먼저 세로토닌은 억제 효과가 있다. 즉 과도하게 활성화된 뇌세포를 진정시키고 뇌 전반의 활동을 가라앉혀 불안을 물러가게 한다. 이 신경전달물질은 마음을 차분하게 하고 자신감을 높여준다. 세로토닌이 부족하면 초조하고 불안해질 수 있다.

노르아드레날린은 각성도와 주의력, 집중력에 영향을 미친다. 노르아드레날린이 부족할 경우 피로감과 우울감을 느낄 수 있으며, 반대로 지나치게 많을 경우 초조함과 불안이 생기고 과잉행동이 나타날 수 있다.

도파민은 뇌의 보상 체계에서 중요한 역할을 하며 동기와 욕구에 영향을 미친다. 맛있는 음식을 먹거나 활발한 사회적 교류를 하거나 섹스를 하면 도파민 수치가 올라가서 기분이 좋아지기 때문에 우리는 그 행동을 또 하고 싶어진다. SNS에서 '좋아요' 개수가 늘어날 때마다 자꾸만 휴대전화를 확인하고 싶어지는 것도 도파민이 분비되기 때문이다. 암페타민이나 코카인, 니코틴 같은 중독성 물질도 도파민 수치를 높인다. 3장에서 살펴봤듯이 도파민은 집중력과 의사결정에서도 중요한 역할을 한다.

우울증은 세로토닌과 노르아드레날린, 도파민 중 하나가(또는 셋 모두가) 부족해서 생기므로 그 부족분을 약으로 채우면 된다고 딱 잘라 말할 수 있다면 얼마나 좋을까? 하지만 그렇게 간단한 문제가 아니다. 뇌가 세로토닌, 노르아드레날린, 도파민이라는 재료로 만든 '화학물질 수프'이고 그중 하나 이상의 물질이 부족하면 우울증이 생긴다고 보는 건 너무 단순한 발상이다. 게다가 누군가에게 세로토닌이나 노르아드레날린, 도파민이 부족한지 확실하게 알 수도 없다.

그 이유는 이들 물질이 뇌라는 커다란 시스템 안에서 상호 연결돼 있으며, 이 물질들끼리만 영향을 주고받는 것이 아니라 행복감에서 중요한 역할을 하는 수많은 다른 물질에도 영향을 미치기 때문이다. 이 시스템은 대단히 복잡해서 우리가 완벽히 이해하려면 아직도 갈 길이 멀다. 뇌는 정확히 측정되지 않은 화학물질들로 이뤄진 수프가 아니다. 다양한 부위의 활동이 서로 영향을 주고받는 고도의 네트워크다.

이처럼 메커니즘이 복잡하기는 하지만 세로토닌과 노르아드레날린, 도파민이 기분에 큰 영향을 미치는 것은 확실하다. 그리고 약과 운동 모두 이 물질들의 수치를 높인다. 특히 운동은 그 효과가 지속적인데, 대체로 운동이 끝난 후 한 시간이나 몇 시간 동안 이어진다. 만일 규칙적인 운동을 꾸준히 하면 운동 직후뿐 아니라 그 후 24시간 동안에도 이들 물질의 수치가 증가한다. 운동은 항우울제와 마찬가지로 세로토닌과 노르아드레날린, 도파민의 양을 증가시킨다.

약은 분명히 효과가 있다

지금까지 운동의 중요성을 강조해왔지만 항우울제 역시 분명 효과가 있다는 사실을 꼭 말해두고 싶다. 역사적으로 항우울제는 많은 사람의 목숨을 살렸고 많은 사람을 고통에서 구해주었다. 우울증이 있다면 약물 복용을 고려해야 하고 전문가의 도움을 구해야 한다.

약이나 운동, 둘 중 하나를 택하라는 것이 아니다. 규칙적으로 달리기나 자전거 타기를 한다고 해서 약을 끊으라고 권장하는 것도 아니다. 실은 그 둘을 병행할 때 가장 큰 효과를 볼 수 있다. 그리고 약을 먹어도 별로 효과가 없는 사람에게는 운동이 훌륭한 대안이 될 수 있다. 약을 먹고 심한 부작용을 경험한 사람도 마찬가지다.

분명히 밝혀두건대 이 책을 쓴 것은 약의 가치를 폄하하기 위해서가 아니라 운동할 때 뇌에서 어떤 일이 일어나는지 알려주기 위해서다. 항우울제의 효과를 찬양하는 사람이 별로 없으면 어쩌나 하는 생각은 불필요한 걱정이다. 하지만 운동의 효과에 관심 있는 사람은 '너무나' 적다. 바로 그 때문에 이 책을 썼다.

🧠 뇌를 젊게 만드는 '기적의 물질'

항우울제와 관련해 커다란 수수께끼가 하나 있다. 항우울제를 복용하면 대개 세로토닌과 도파민 수치가 즉시 올라가지만 환자의 기분은 곧장 나아지지 않는다. 우울증이 호전되려면 보통 몇 주는 걸린다. 운동의 경우도 마찬가지다. 처음 달리기를 하고 나면 즉시 세로토닌과 도파민이 증가하지만 항우울 효과는 몇 주쯤 규칙적으로 달리기를 하고 나서야 나타난다.

세로토닌과 도파민이 기분에 그토록 큰 영향을 미친다면 효과가 즉시 나타나야 마땅할 것 같지만 그렇지 않은 것이다. 약으로든 운동으로든 이들 물질이 증가하는 것은 다른 무언가로 가기 위한 첫 단계에 불과할지도 모른다. 즉 우리의 기분을 좋게 만들어주는 '다른 무언가' 말이다. 그것은 무엇일까? 오늘날 점점 더 많은 신경학자가 뇌 내 기적의 물질이라 불리는 것에 주목하고 있다. 바로 뇌유래신경영양인자(Brain-Derived Neurotrophic Factor, BDNF)다.

BDNF는 주로 대뇌피질과 해마에서 만들어지는 단백질이다. 뭔가에 '기적'이라는 단어를 붙일 때는 신중해야 하며 특히 의학 분야에서는 더 그렇다. 하지만 BDNF가 뇌를 위해 하는 놀라운 역할을 생각하면 기적의 물질이라는 별명이 절대 과하지 않다.

뇌세포가 BDNF를 전달받으면 자신을 손상시키거나 죽일 수 있는 무언가로부터 보호를 받는다. 뇌세포는 산소 결핍이나 저혈당, 활성산소의 공격, 여타 독성 물질에 노출되면 대개 손상을 입거나 죽는다. 하지만 먼저 BDNF를 전달받으면 이것이 방패 역할을 해준다. 뇌는 손상을 입으면(예컨대 뇌졸중을 일으키든, 머리를 세게 얻어맞든) 자신을 구하기 위해 BDNF를 다량 분비하는 것으로 보인다. BDNF가 뇌 손상을 줄이기 위한 일종의 구조대 역할을 하는 것이다. 마치 감염과 싸우기 위해 백혈구가 항체를 만들거나 다쳐서 피가 나면 혈소판이 혈액을 응고시키는 것처럼 말이다.

이처럼 BDNF는 뇌세포를 보호할 뿐 아니라 새로운 뇌세포의 생성에 관여하고 이 새로운 세포가 취약한 초기 단계를 무사히 거쳐 성장하도록 돕는다. 그리고 학습과 기억에 중요한 역할을 하는 뇌세포 간 연결을 강화하며, 뇌의 가소성을 높이고 뇌세포 노화를 늦추는 역할도 한다. BDNF의 이로운 기능은 한둘이 아니다. 한마디로 BDNF는 뇌에 주는 천연 비료와도 같다. 아동기나 성인기, 노년기 할 것 없이 뇌 건강에 매우 중요한 역할을 한다.

그렇다면 이것이 우울증과 무슨 관련이 있을까? 우울증이 있는 사람은 BDNF 수치가 낮은 경향이 있다. 자살한 사람의 뇌에서도 낮은 BDNF 수치가 관찰되었다. 우울증 환자가 항우울제를 복용하면 BDNF 수치가 올라간다. 그리고 우울증에서 회복하면서 좋은 기분을 느낄수록 체내에서 더 많은 양의 BDNF가 관찰된다. 하지만 이게 전부가 아니다. BDNF는 우울증에만 관련된 게 아니라 성격 특성에도 영향을 미치는 것으로 보인다. 신경증적인 사람은 BDNF 수치가 낮은 경향이 있다.

뇌에 주는 천연 비료, BDNF

그렇다면 자연히 이 질문이 떠오른다. 이 기적의 물질을 어떻게 하면 늘릴 수 있을까? 약과 같은 형태로 복용하면 될까? 안타깝지만 위산 때문에 곧 파괴되고 만다. 설령 BDNF를 위산으로부터 보호할 수 있다 해도 혈액뇌장벽(blood-brain barrier)을 통과하지 못할 것이다. BDNF를 직접 혈류에 주사한다 해도 마찬가지로 혈액뇌장벽을 통과하지 못하므로 소용이 없다. 이론상으로는 두개골에 구멍을 뚫어 BDNF를 곧장 주입하는 방법도 있겠지만 실제로 그러겠다고 흔쾌히 동의할 사람이 있을까?

하지만 자연적으로 BDNF 수치를 높일 방법이 있다. 바로 운동이다! 실험 결과 동물은 활발히 움직이면 뇌가 즉시 BDNF를 만들기 시작하는 것으로 드러났다. 그리고 움직임을 멈춘 후에도 몇 시간 동안 이 물질이 계속 생산됐다. 특히 심박수가 적절히 올라가는 운동을 할 때 다량의 BDNF가 생성되는 것으로 보인다.

처음 운동을 시작하면 곧장 BDNF가 만들어지기는 하지만 꾸준히 규칙적으로 하는 것이 좋다. 오랫동안 꾸준히 하면 매번 같은 양의 운동을 하더라도 1회당 더 많은 BDNF가 만들어지기 때문이다. 예컨대 주 2회 30분씩 달리기를 한다고 가정하면 더 오래 또는 더 빨리 달리지 않아도 뇌는 달리기를 할 때마다 BDNF 생산량을 서서히 늘린다. 달리기를 중단해도 이미 올라간 BDNF 수치는 최대 2주 동안 유지되다가 떨어진다. 다시 말해 BDNF의 관점에서 보면 날마다 운동할 필요는 없는 것이다.

유산소 운동은 BDNF 수치를 효과적으로 높이지만 근력 운동은 그만큼의 효과가 없는 것으로 보인다. BDNF양을 늘리고 싶다면 인터벌 트레이닝 방식으로 유산소 운동을 하되 가급적 규칙적으로 하라. 심박수를 올리는 것이 중요하다. 매번은 아니더라도 적어도 종종 그래야 한다.

우울증 발생 원인과 BDNF의 관계

우울증에 걸리거나 울적해지는 데는 다양한 이유가 있다. 어떤 사람은 이혼이나 사랑하는 이의 죽음 같은 충격적 경험이 원인이 된다. 어떤 사람은 장기간 스트레스에 시달리다가 우울증에 빠진다. 체내에서 스트레스 호르몬인 코르티솔이 오랫동안 높은 수준을 유지하면 우울증에 걸릴 위험이 커진다. 또 생명의 위협을 느끼는 것과 같은 강렬한 사건 때문에 극도의 스트레스를 경험한 후 우울증이 찾아오기도 한다.

하지만 많은 우울증은 특별한 외부 자극 없이도 생기는 듯하다. 요즘 학계에서는 그런 사례를 면밀히 관찰하면서 근본 원인을 밝히려 애쓰고 있다. 우울증 발현에는 외부 요인 이외에 다른 이

유도 있는 것으로 보인다. 우울증은 뇌에서 기인할 수도 있다. 그리고 몸 안에 있는 뜻밖의 원인에서 시작되기도 한다. 특히 과체중이나 비만은 우울증 발생 가능성을 키운다. 비만인 사람을 바라보는 세상의 부정적 시선과 선입견 때문일 수도 있지만 순수하게 생물학적인 요인도 작용한다. 지방 조직은 뇌에 영향을 미치는 물질을 분비하는데 이것이 우울증에 기여할 수 있다.

이 역할을 하는 것으로 추정되는 몇 가지 물질이 존재한다. 지방 조직은 단순히 수동적인 에너지 저장소가 아니라, 에너지 재고량을 알리기 위해 신체 나머지 부분에 끊임없이 신호를 보내는 일을 한다. 이때 여러 물질의 도움을 받는데 그중 일부가 뇌와 우리의 기분에 영향을 미칠 수 있다.

여성 호르몬인 에스트로겐 같은 특정 호르몬의 불균형도 우울증 발생 위험을 높인다. 그리고 낮은 수준의 만성 염증이 있어도 우울증에 걸릴 가능성이 커진다. 그래서 염증을 억제하는 항염증제는 우울증을 예방하는 효과가 있는 것으로 보인다.

이처럼 우울증 발생 원인은 한둘이 아니다. 그렇다면 비만과 에스트로겐 불균형, 염증, 스트레스 호르몬인 코르티솔 사이에 공통적인 연결 고리가 있을까? 아무래도 BDNF가 그 연결 고리일 가능성이 크다. 실제로 이 요인들은 모두 BDNF에 영향을 미치는 것으로 보인다. 스트레스를 받으면 거의 즉시 BDNF양이 줄어든다. 과체중이나 비만, 에스트로겐 불균형, 염증도 BDNF 수치를 낮춘다.

다시 말해 BDNF는 근본 원인이 무엇이든 상관없이 우울증 발현에서 중요한(어쩌면 결정적인) 역할을 하는 것으로 보인다. 따라서 우리는 BDNF 수치를 높여야 하고 그 열쇠는 운동에 있다. 우울증의 원인이 무엇인지와 관계없이 운동은 도움이 된다.

우울증에 걸리기 쉬운 기질에는 부분적으로 유전적 요인이 작용한다. 그래서 부모 중 한쪽이 우울증을 앓았다면 자녀도 우울증에 걸릴 가능성이 크다. 그렇다면 유전적으로 우울증 발생 가능성이 크다는 사실이 BDNF와 어떤 관련이 있을까? BDNF의 특성은 사람마다 다를 수 있는데, BDNF 유전자의 특정한 변이가 우울증 환자에게 더 자주 나타난다. 사실 BDNF는 어떤 개인이 우울증에 걸리기 쉬운 유전적 소인을 지녔는지 아닌지 알아볼 때 주목해야 할 유전자 중 하나다.

기적의 물질이 발견되기까지

뇌가 스스로 천연 비료를 만들어낸다는 이론의 토대를 다진 사람은 이탈리아의 신경학자 리타 레비몬탈치니(Rita Levi-Montalcini)였다. 유대인인 그녀는 1930년대에 이탈리아 파시즘 정권의 탄압으로 연구 활동을 중단해야 했고 토리노 대학교에서 일자리도 잃었다. 제2차 세계대전 때는 탄압을 피해 여러 곳을 옮겨 다니며 생활했지만 연구만큼은 절대 포기하지 않았다.

일자리도 실험실도 없는 열악한 상황이었지만 자기 집의 침실에서 바느질 도구를 이용해 연구를 계속했다.

그녀는 닭의 배아를 이용해 신경계를 연구하던 중 이상한 현상을 발견했다. 생쥐의 종양세포를 닭의 배아에 이식하자 배아의 신경세포가 눈에 띄게 빨리 성장했을 뿐 아니라 혈관처럼 성장할 공간이 없는 곳에서도 자란 것이다. 그녀는 종양세포가 신경세포의 빠른 성장을 촉진하는 물질을 분비하는 것이 틀림없다고 생각했다. 그리고 1950년대에 독일의 과학자 빅토르 함부르거(Viktor Hamburger)와 함께 종양세포에서 분비되는 단백질의 수수께끼를 풀었다. 신경성장인자(Nerve Growth Factor, NGF)를 발견한 것이다.

레비몬탈치니는 NGF가 모든 종류의 신경세포를 자라게 하지는 않는다는 사실을 발견하고, 신경 성장을 촉진하는 여러 유사한 물질이 있다고 결론 내렸다. 이후 1980년대에 그런 역할을 하는 또 다른 물질(NGF와 밀접히 관련돼 있었다)이 발견되었고 여기에 BDNF라는 이름이 붙여졌다.

업적을 쌓아 빨리 인정받고 싶은 사람이라면 과학 말고 다른 길을 찾는 게 좋을지도 모르겠다. 레비몬탈치니는 77세가 되던 1986년에야 공로를 인정받아 노벨생리의학상을 받았다. 그녀는 90대가 되어서도 연구 활동을 멈추지 않았다. 2012년 103세를 일기로 세상을 떠났으며 당시 기준으로 노벨상 수상자 중 가장 오래 산 인물이었다.

새로운 뇌세포는 우울증과 맞서 싸운다

우울증을 앓는 사람의 뇌는 약간 줄어드는 경향이 있다. 사실 이는 누구에게나 일어나는 일이다. 뇌 크기는 25세 전후부터 해마다 약 0.5퍼센트씩 감소한다. 그런데 우울증이 있으면 그 과정이 더 빠르게 일어나는 것으로 보인다. 이는 무엇보다도 새 뇌세포가 충분히 생성되지 못한다는 사실과 관련돼 있다. 현재 밝혀진 바에 따르면 사람은 성인이 된 후에도 새로운 뇌세포가 만들어지지만 (이에 관해서는 5장에서 자세히 살펴볼 것이다) 우울증을 앓는 사람은 세포 재생이 억제된다.

현재 일부 과학자들은 우울증이 새로운 뇌세포가 충분히 만들어지지 않는 탓에 생긴다고 본다. 우울증 때문에 뇌세포 생성이 둔화되는 것이 아니라 뇌세포 생성 부족 때문에 우울증이 생긴다는 얘기다.

이 가설을 뒷받침하는 근거는 많다. 쥐에게 항우울제를 투여하면 해마에서 새로 생성되는 뇌세포량이 50퍼센트 증가한다. 그리고 이는 하룻밤 사이가 아니라 몇 주에 걸쳐 일어나는 변화다. 이 기간은 항우울제를 먹는 환자가 호전되기 시작하는 데 걸리는 시간과 같다. 이것이 단순한 우연의 일치일까? 만일 상관관계가 있다면(여러 근거가 그럴 가능성을 시사한다) 이는 항우울제가 새로운 뇌세포의 형성을 촉진해서 우울증을 없애준다는 의미다.

약만 새로운 뇌세포 생성을 돕는 것이 아니다. 운동 역시 해마에서 새로운 세포가 생성되는 것을 촉진한다. 사실 뇌세포 재생을 활성화하는 데 운동만큼 효과적인 것은 거의 없다. 게다가 새로운 뇌세포가 생겨나는 것은 우울증 환자에게만 이로운 것이 아니다. 기분과 상관없이 누구의 뇌에서나 중요한 역할을 한다. 우울증이 없는 사람도 새로운 뇌세포에서 이로움을 얻는다는 얘기다. 그렇다면 이 뇌세포 생성을 촉진하는 물질이 무엇일까? 그렇다. 바로 BDNF다.

운동은 자기효능감을 높인다

지금까지 살펴봤듯이 우울증에 빠진 사람의 뇌에서는 여러 가지 일이 일어난다. 도파민과 세로토닌, 노르아드레날린, BDNF의 수치가 떨어지고 새로운 뇌세포 생성이 줄어든다. 이 중 어떤 것이 우울증에 가장 크게 기여하는지는 정확히 알 수 없다(아마 골고루 기여할 것이다). 하지만 운동이 뇌세포 생성에 도움이 된다는 점만큼은 확실하다.

도파민이나 BDNF 같은 물질 그리고 뇌세포 생성에 미치는 생물학적 영향 이외에 운동이 훌륭한 우울증 치료제인 데는 다른 이유도 있다. 앞서 무력한 증상으로 응급실을 찾았던 여성 환자의 경우처럼 운동을 시작하면 자신이 상황을 주도적으로 관리한다는 기분을 느낄 수 있다. 건강해지기 위해 뭔가를 적극적으로 하는 사람이 되는 것이다.

심리학에서 말하는 자기효능감(self-efficacy)이란 '주어진 과제를 해내거나 목표를 이룰 수 있는 자신의 능력에 대한 믿음'이다.

자기효능감이라는 말이 약간 생소하게 느껴질지 모르지만 이는 실제로 정립된 심리학 개념이다. 규칙적으로 운동하면 자기효능감이 높아지고 자신에 대한 만족감이 커진다. 성인뿐 아니라 아이들도 마찬가지다.

우울증은 심리적 멈춤 상태와 비슷하다. 전혀 앞으로 나아갈 수가 없는 상태다. 모든 것이 느려지고 뇌도 이전처럼 많은 감각 인상을 받아들이지 않는다. 그래서 우울증이 있는 사람은 자꾸 움츠러들고 사람을 잘 만나지 않으며 좋아하던 활동에도 흥미를 잃는다. 따라서 뇌가 받는 자극이 점점 줄어들고 더 우울해지면서 악순환이 일어난다.

하버드 의과대학교의 정신과 교수 존 레이티(John Ratey)는 우울증이 사람들과의 사회적 관계는 물론이고 뇌세포들과의 관계도 단절된 상태를 나타낸다고 한다. 운동은 이 악순환을 끊어내는 한 방법이다. 밖에 나가 운동하면 사람들을 만나고 외롭고 울적한 기분이 줄어든다. 동시에 뇌세포도 고립된 상태를 벗어난다.

이런 종류의 행동 변화는 도파민이나 BDNF와 달리 측정해서 수치화하기가 어렵다. 그러나 '자기효능감'이나 '행동 수정' 같은 용어가 '도파민 수치 증가'처럼 과학적인 느낌이 들지 않는다고 해서 중요하지 않은 것은 결코 아니다.

운동은 더 긍정적인 성격으로 변화시킨다

이 장의 서두에 소개한 여성은 규칙적인 운동을 시작하고 우울증에서 벗어난 수많은 사례 중 하나에 불과하다. 그런데 그녀를 비롯해 많은 사람이 운동을 시작한 후 성격 전반이 좋은 쪽으로 바뀌었다. 처음에 나는 이것이 우연의 일치라고 생각했다. 운동으로 '성격'이 바뀐다니? 하지만 연구 결과에 따르면 꾸준히 운동하는 사람은 기분만 좋아지는 것이 아니다. 성격 특성에도 여러 가지 변화들이 일어나는 듯하다.

핀란드와 일본, 남아프리카공화국에서 이뤄진 연구는 규칙적으로 운동하는 사람이 냉소적 태도와 신경질적 태도가 적은 경향이 있음을 보여주었다. 또 이런 사람은 주변 사람들과 신뢰 관계를 더 잘 형성했다. 네덜란드에서도 같은 패턴이 나타났다. 네덜란드 연구팀은 약 2만 쌍의 쌍둥이를 관찰했는데 일주일에 두 번씩 운동하는 사람은 그렇지 않은 사람보다 사교성이 더 좋고 신경질적 태도가 적었다.

어느 쪽이 먼저인가는 물론 확실치 않다. 닭이 먼저냐, 달걀이 먼저냐 하는 문제처럼 말이다. 운동이 사람을 덜 냉소적이고 덜 신경질적으로 만드는 것일 수도 있지만 애초에 냉소적이고 신경질적인 사람은 운동을 별로 즐기지 않는 것일 수도 있다. 하지만 세로토닌과 도파민 같은 물질이 특정한 성격 특성에 미치는 영향이 점차 밝혀지고 있으며, 이는 운동이 성격에 영향을 미친다는 가설을 뒷받침해준다.

세로토닌과 도파민은 기분과 관련해서만 중요한 것이 아니다. 개인마다 이들 물질의 체내 수치가 다른 것이 성격 차이에도 기여하는 것으로 보인다. 예컨대 도파민은 호기심 및 새로운 것을 기꺼이 시도하는 태도와 연관되고, 세로토닌은 타협점을 찾는 능력 및 신경증적 성격과 연관돼 있다.

물론 성격을 오로지 신경전달물질만으로 설명하는 건 쉽지도 않을뿐더러 적절하지도 않다. 성격과 기분을 결정하는 생물학적 메커니즘은 대단히 복잡하기 때문이다. 하지만 바꿔 말하면 결국은 생물학적 측면이 관건이다. 이 두 신경전달물질로 성격을 완벽하게 설명할 순 없지만 분명 이 물질들은 성격 특성에 일정 부분 영향을 미친다. 단기적으로든, 장기적으로든 운동이 도파민과 세로토닌 수치에 영향을 미친다는 사실을 감안할 때 운동이 성격에 영향을 미친다는 건 영 터무니없는 추정은 아니다.

고통을 잊게 해주는 '러너스 하이'

때로 운동은 기분을 극단적으로 고조시키는 효과를 낸다. 우리는 몸을 움직임으로써 강한 희열감을 느낄 수 있는데, 이는 운동이 일종의 내인성 마약 같은 작용을 하기 때문이다. 이런 상태를 흔히 '러너스 하이(runner's high)'라고 부른다. 당신도 한 번쯤 경험해봤을지 모른다. 우울증을 앓는 사람에게는 러너스 하이가 권장되지 않지만 운동이 주제인 이 책에서는 중요한 포인트다. 러너스 하이가 무엇이고 왜 생기는지 들어보면 아마 당신도 꽤 흥미를 느낄 것이다.

모르핀의 신비로운 힘

아편이 통증을 잊게 하고 황홀감을 일으킨다는 사실을 인류가 안 것은 2,000년이 넘었다. 양귀비에서 나온 유액을 건조해서 만드는 아편은 로마 제국 시대에도 약으로 널리 사용되었다.

19세기 초 독일의 한 약사가 아편의 유효성분인 모르핀을 분리해낸 후 이 물질은 의료 목적으로 사용되기 시작했으며 특히 부상당한 병사를 위한 진통제로 널리 쓰였다. 모르핀은 효과가 대단히 강력해서, 심지어 팔다리를 잃은 병사가 0.1그램 단위로 측정한 소량만 투여받아도 통증이 거의 사라졌다. 그처럼 적은 용량으로 강력한 효과를 내는 것은 믿기지 않는 일이었다. 특히 알코올과 비교하면 더욱 그랬다. 알코올도 통증을 잠재우지만 모르핀과 비슷한 효과를 내려면 수백 배는 더 많이 필요했다.

1970년대 초에 뇌세포 표면에 모르핀과 결합하는 수용체가 있다는 사실이 발견되었다. 이는 모르핀이 왜 그토록 강력한 힘을 발휘하는지 설명해준다. 그렇다면 대체 이 수용체는 왜 존재하는 걸까? 인간은 모르핀 중독에 빠지도록 설계된 것일까? 그보다 타당한 설명은 뇌가 모르핀과 유사한 물질을 스스로 생산할 수 있으며, 이 미지의 물질을 위해 수용체가 존재하는 것인지도 모른다는 것이다.

세계 곳곳의 과학자들이 뇌의 자체 모르핀에 해당하는 이 물질을 규명하기 위해 연구에 몰두했고 얼마 지나지 않아 성과가 나타났다. 1974년 돼지의 뇌에서 수수께끼의 물질이 분비되는 것이 발견됐고 이 물질은 모르핀과 유사한 구조를 지닌 것으로 밝혀졌다. 같은 해 미국의 한 정신과 의사가 송아지의 뇌를 연구하던 중 같은 발견을 했다. 돼지와 송아지에서 발견한 이 수수께끼의 물질은 '자체 모르핀'으로 드러났다. 이후 인간에게도 있는 이 물질에 체내에서 생기는 모르핀이라는 뜻으로 '내인성 모르핀(endogenous morphine)'이라는 이름이 붙었다. 그리고 이를 줄여서 '엔도르핀(endorphin)'이라고 부르게 됐다.

엔도르핀은 모르핀처럼 통증을 잠재우는 뛰어난 효과가 있으며 강렬한 행복감을 만들어낸다. 그런데 어째서 뇌는 자신에게 모르핀으로 보상을 주는 것일까? 이 메커니즘은 왜 존재하며 언제 작동할까? 사람들은 인간이 약물의 도움 없이도 통증 감소와 황홀감을 동시에 경험하는 자연적인 상황이 있는지 궁금해하기 시작했다.

미국의 달리기 전도사 제임스 픽스(James Fixx)는 자신의 베스트셀러 《달리기의 모든 것(The Complete Book of Running)》에서 그런 상황을 설명했다. 그는 긴 거리를 달릴 때 때때로 고통이 사라지고 극도의 희열을 경험한다면서 이를 '러너스 하이'라고 불렀다. 러너스 하이를 경험하는 것은 픽스만이 아니었다. 다양한 종류의 유산소 운동을 하는 선수들도 그런 경험을 한다는 사실이 알려지기 시작했다. 수영, 사이클, 조정 등 여러 종목의 선수들도 모두 같은 기분을 느꼈지만 각자 다른 이름으로 불렀을 뿐이다. 예컨대 조정 선수는 '로어스 하이(rower's high)'라고 불렀다.

고통을 잠재우고 행복을 부르는 엔도르핀

픽스의 책이 출간된 것은 달리기 열풍이 한창이던 1970년대였다. 러너스 하이는 곧 여기저기서 들리는 유행어가 되었다. 새로 발견된 엔도르핀이라는 물질이 러너스 하이에 핵심적 역할을 한다는 사실이 널리 받아들여졌다. 모두가 경험하는 건 아니지만 오늘날 달리기를 하는 많은 사람이 러너스 하이에 대해 알고 있다. 이는 그저 머리가 맑아지는 것과는 차원이 다른 강렬한 기분이다. 러너스 하이는 운동이 가져올 수 있는 가장 극단적인 기분 변화다.

나도 러너스 하이를 두 번쯤 경험해봤는데 마법이 일어난 것 같았다는 말 외에는 표현할 방법이 없다! 운동이 끝나고 으레 느끼는 안정감과는 달랐다. 모든 고통이 사라지고 모든 감각 인상이 더 선명해지면서 희열이 느껴졌다. 언제까지고 바람처럼 빠르게 계속 달릴 수 있을 것 같은 기분이었다. 이 느낌은 대단히 강렬해서 한번 경험하면 절대 잊을 수 없다. 러너스 하이를 느껴봤는지 아닌지 잘 모르겠다면 느껴보지 못한 것이다.

러너스 하이를 일으키는 것이 엔도르핀이라는 추측은 일리가 있어 보인다. 이 기분 상태는 모르핀의 효과와 유사하기 때문이다. 그러나 러너스 하이를 만들어내는 원인에 대해서는 여전히 여러 주장이 공존한다. 어떤 과학자들은 이 희열감에 단순히 엔도르핀뿐 아니라 다른 요인들도 기여한다고 본다.

이 문제의 답을 찾고자 독일 뮌헨의 연구팀은 달리기하는 사람들의 뇌를 검사했다. 빠른 속도로 달리기를 하기 전과 달리기를 끝내고 두 시간 후에 PET(Positron Emission Tomography, 양전자방출단층촬영)를 이용해 엔도르핀 수치를 측정했다. 그 결과 그들 모두 달리기 후에 엔도르핀양이 늘어났다. 특히 기분 조절에서 중요한 역할을 하는 두 영역인 전전두엽 피질과 변연계에서 엔도르핀이 증가했다. 사람들에게 행복감의 정도를 묻고 결과를 살펴보니 행복감이 크다고 답한 사람일수록 뇌에 엔도르핀양도 더 많았다.

이로써 러너스 하이를 만드는 원인에 관한 논쟁이 끝날 법도 했지만 실제로는 그렇지 않았다. 엔도르핀이 러너스 하이의 유일한 원인이라는 주장을 반박하는 몇몇 근거가 제시되었기 때문이다. 첫째, 엔도르핀은 분자 크기가 커서 혈액뇌장벽을 통과하기 어렵다. 둘째, 장거리 달리기를 하는 사람들에게 모르핀 작용을 (따라서 엔도르핀의 작용도) 막는 물질을 투여했을 때도 이들은 여전히 러너스 하이를 경험했다.

러너스 하이가 일어나는 또 다른 이유들

러너스 하이는 엔도카나비노이드(endocannabinoid)라는 물질 때문일 가능성도 있다. 이 역시 엔도르핀처럼 진통 효과를 내는 물질이며 우리 몸 안에서 만들어진다. 하지만 엔도르핀보다 분자가 작아서 혈액뇌장벽을 통과해 쉽게 뇌 안을 돌아다닐 수 있다. 엔도르핀의 경우와 마찬가지로 뇌세포에는 엔도카나비노이드를 위한 특정한 수용체가 있으며 이 수용체는 중독성 약물과 결합할 수 있다(엔도카나비노이드는 대마초의 유효성분이 사용하는 것과 같은 수용체를 사용한다).

프랑스 연구팀의 실험은 엔도카나비노이드가 러너스 하이와 연관됐을 가능성에 한층 힘을 실어주었다. 연구팀은 엔도카나비노이드 수용체가 없는 유전자 변형 쥐를 만들었는데 이 쥐들은 움직이려는 욕구가 일반 쥐들과 달랐다. 평범한 쥐라면 우리 안에 쳇바퀴를 넣어줬을 때 자발적으로 올라가 달리곤 한다. 하지만 이 유전자 변형 쥐들은 몸을 움직이려 하지 않았고 쳇바퀴 달리기도 일반 쥐보다 절반밖에 하지 않았다.

쥐가 행복감과 러너스 하이를 느끼는 정도를 측정하기는 쉽지 않다. 하지만 과학자들은 인간이 달린 후에 엔도카나비노이드 수치가 증가하는 것은 확인할 수 있었다. 걷기로는 안 되고 적어도 45~60분은 뛰어야 한다. 이것이 러너스 하이에 도달하는 데 필요한 운동량이다. 걷기로는 러너스 하이에 이를 수 없다.

일부 과학자들은 달리기가 도파민과 세로토닌 수치를 높이는 것도 러너스 하이에 영향을 준다고 본다. 또 어떤 이들은 러너스 하이가 체온과 관련돼 있어서 몸의 온도가 올라가면서 행복감을 느낀다고 본다. 하지만 가장 타당한 설명은 이것이다. 러너스 하이는 어느 한 가지 요인이 아니라 여러 요인으로 발생하며 엔도르핀과 엔도카나비노이드 둘 다 러너스 하이에 기여한다는 것이다.

생물학적 원인이 무엇이든, 그건 과학자들의 관심사다. 실제로 달리거나 자전거를 타거나 테니스를 치는 사람에게 러너스 하이가 생기는 이유는 별로 중요하지 않다. 러너스 하이가 존재한다는 걸 알고 이를 경험하는 것으로 충분하니까 말이다.

사바나의 선조가 남긴 유산

달리기가 주는 희열감은 사바나에 살던 선조들이 남긴 유산일 것이다. 먼 옛날 우리 선조들은 사냥을 위해 먼 거리를 달려야 했다. 오스트레일리아 원주민과 아프리카 칼라하리 사막의 부시먼족은 지금도 그런 생활을 한다. 사냥감이 녹초가 될 때까지 몇 킬로미터씩 쫓아갈 때는 도중에 포기하지 않는 것이 중요했고 그런 상황에서 엔도르핀이 유용했다. 넘어져서 발목을 삐거나 근육이 아플 때 엔도르핀이 통증을 완화해주었고, 여정이 힘들어질 때면 격렬한 활동에서 오는 행복감 덕분에 버티기가 더 쉬웠다. 그러면 자연히 사냥에 성공할 가능성이 커졌다. 이런 이유로 우리 역시 지금도 러너스 하이를 경험하는 것으로 보인다.

러너스 하이가 인간이 계속 뛰어다니면서 식량을 확보하게 하려는 자연적 방법일 수 있다는 사실을 보여주는 근거가 많다. 몸에 지방이 줄어들면 렙틴(leptin, 지방에서 분비하는 호르몬)도 줄어들고, 이는 체내 에너지가 떨어지고 있으므로 보충해야 한다는 경고음을 울린다는 사실이 밝혀졌다.

신체는 우리가 살이 빠지는 것을 원치 않는다. 오히려 그 반대다. 에너지 비축량이 충분하기를 원한다. 만일 식량 탐색 활동을 계속할 힘을 유지하기 위해 강렬한 쾌감이 필요하다는 가설이 옳다면 신체는 러너스 하이를 통해 우리에게 이렇게 알려주는 것이다. '에너지 비축분이 곧 바닥날 거야. 포기하지 말고 계속 움직여서 먹을 것을 찾아야 해!' 그렇게 우리의 생존을 돕기 위해 러너스 하이의 희열감이 존재하는 것이다.

러너스 하이에 도달하려면

러너스 하이에 도달하려면 최소한 45분은 뛰어야 한다. 그리고 오래 달릴수록 러너스 하이를 경험할 가능성도 커진다. 뇌는 운동량이 많을수록 점점 더 엔도르핀 분비를 늘리는 것으로 보인다. 따라서 러너스 하이를 경험할 가능성은 시간이 흐를수록 커진다. 그러니 포기하지 말기 바란다! 하지만 확실히 경험할 거란 보장은 없다. 모두가 러너스 하이를 느끼는 것은 아니기 때문이다.

실험에 따르면 달릴 때 통증 역치가 높아지는 것으로 나타났다. 즉 모르핀과 같은 효과가 있는 것이다. 통증을 참는 능력을 알아보는 실험에서 사람들은 바늘로 찔리거나 꼬집혔는데, 달리는 도중에는 편하게 쉴 때보다 더 강한 자극을 받아야 통증을 느꼈다. 이는 엔도르핀이 행복감만 주는 것이 아니라 통증도 경감한다는 사실을 뒷받침한다. 게다가 효과도 강력하다. 빠른 속도로 달릴 때 분비되는 엔도르핀은 흔히 팔다리가 골절된 환자에게 투여하는 모르핀 10밀리그램의 효과에 맞먹는다.

이따금 달리기 선수가 피로골절(stress fracture, 장기간의 심한 훈련과 반복되는 동작으로 생기는 골절)이 일어났는데 계속 뛰는 것도 그때문이다. 그들은 뛰는 동안에는 통증을 못 느끼다가 달리기를 멈추고 엔도르핀 효과가 잦아드는 순간 통증을 갑자기 느낀다. 러너스 하이는 운동이 뇌에 가져오는 가장 극단적인 효과지만 이런 극적인 엔도르핀 분비를 경험하지 않더라도 운동을 하면 우리의 건강과 행복은 좋아진다. 설령 러너스 하이를 못 느끼더라도 운동을 하면 누구나 엔도르핀과 엔도카나비노이드라는 선물을 받을 수 있다.

일상의 기분을 개선하기 위한 처방전

우울증은 아니지만 평소에 피곤하고 울적한가? 그렇다면 밖으로 나가 뛰어라! 달리기나 심박수를 올리는 활동을 자주 그리고 오랫동안 하면 놀라운 변화가 찾아올 것이다. 다음을 명심하라.

한 번에 약 30~40분씩 일주일에 세 번 달려라. 최대산소섭취량(VO2 max)의 70퍼센트 이상에 이르는 강도여야 한다. 평범한 속도로 달려도 괜찮지만 어쨌든 숨차고 땀이 나는 정도는 되어야 한다. 달리기 대신 자전거 타기나 다른 유산소 운동을 하는 것도 좋다. 중요한 것은 운동의 종류나 장소가 아니라 운동 강도와 지속 시간이다.

이것을 적어도 3주 동안은 실천하라! 1회 운동을 한 뒤에도 많은 사람이 기분이 좋아지는 걸 느끼지만, 운동 직후뿐 아니라 종일 그런 효과를 누리려면 여러 주 동안 규칙적으로 운동해야 한다. 첫 주부터 너무 큰 효과를 기대하지는 마라.

집중하는 뇌는 왜 운동을 원하는가

우울증을 앓고 있다면

운동은 경미한 우울증이나 비임상적 우울 증상에 약만큼 효과적이다. 하지만 반드시 40분씩 일주일에 세 번은 달리기(또는 비슷한 강도의 다른 운동)를 해야 한다. 변화를 느끼려면 6주쯤 걸리므로 그전에 포기하면 안 된다!

약 복용은 임상적 우울증과 자살 사고에 가장 큰 효과를 낸다. 우울증 환자가 치료를 위해 스스로 운동을 시작하리라고 기대하는 것은 현실적이지 않다. 때로 이들은 침대 밖으로 나오는 데도 온 힘을 쥐어짜야 하기 때문이다. 우울증이 있다면 '반드시' 의사와 상담하라. 그리고 절대 약 복용을 임의로 중단하지 마라!

이것은 양자택일의 문제가 아니다. 운동도 효과적이고 약도 효과적이다. 가장 좋은 방법은 둘을 병행하는 것이다. 그리고 규칙적인 운동은 우울증 증상의 예방에도 도움이 된다. 우울증의 가장 흔한 원인인 스트레스를 견디는 능력도 향상된다. 결국 모든 것이 연결돼 있음을 잊지 마라!

5장

뇌를 키우고
기억력을 높이는 법

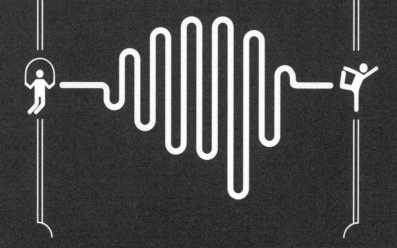

모든 기억을 소중하게 지켜라.
그것을 다시 경험하기는 불가능하니까.

밥 딜런(Bob Dylan), 가수

1990년대 중반에 운동으로 가장 큰 영향을 받는 뇌 부위가 어디인지 알아보는 연구가 이뤄졌다. 이 연구를 진행한 과학자들은 대뇌피질과 소뇌(cerebellum, 대뇌 뒤쪽 아래에 있음)가 신체 움직임 조절에 중요한 역할을 하므로, 이 두 부위가 운동으로 가장 큰 영향을 받을 것이라는 가설을 세웠다. 달리기가 근력보다는 심혈관계 건강에 더 큰 영향을 미치듯이 말이다.

이들은 쳇바퀴를 달리는 쥐의 뇌에서 어느 부위가 BDNF(뇌유래신경영양인자, 4장에서 설명한 기적의 물질)를 가장 많이 만들어내는지 관찰했다. 그런데 뜻밖의 결과가 나왔다. 쥐의 뇌를 검사해보니 BDNF를 가장 많이 만든 것은 대뇌피질도, 소뇌도 아닌 기억 중추인 해마였던 것이다. 이 발견은 운동이 기억력에 커다란 영향을 미치는 이유를 이해하는 중요한 단서가 되었다. 지난 10여 년 동안 동물과 인간에 관한 여러 연구는 신체 활동이 기억력을 강화한다는 사실을 밝혀냈다. 사실 우리의 기억력을 위해서는 신체 활동보다 더 중요한 것도 없다.

🧠 우리 뇌는 점점 작아진다

뇌는 평생에 걸쳐 줄어든다. 그리고 슬프게도 이 프로세스는 생각보다 훨씬 더 일찍 시작된다. 뇌는 25세 전후에 가장 크고 이후부터는 해마다 조금씩 작아진다. 물론 새로운 뇌세포도 만들어지지만 새 세포가 만들어지는 속도보다 기존 세포가 죽는 속도가 더 빠르다.

그 결과 우리 뇌에서는 날마다 약 10만 개의 뇌세포가 사라진다. 이 과정은 끊임없이, 1년 내내 진행된다. 사용 가능한 뇌세포가 많을지라도(뇌에는 약 1,000억 개의 세포가 있다) 이렇게 세포가 계속 죽다 보면 누구도 부정할 수 없는 결과에 이른다. 즉 뇌의 크기가 줄어드는 것이다. 1년이 지나면 우리의 뇌 크기는 0.5~1퍼센트 줄어든다.

엄지손가락만 하고 바다 생물 해마를 닮은 기억 중추인 해마는 나이가 들수록 줄어드는 뇌 영역 중 하나로, 양쪽 뇌의 측두엽 안쪽에 하나씩 두 개가 있다. 해마의 크기는 해마다 약 1퍼센트 줄어든다. 이처럼 해마가 서서히 계속 작아지기 때문에 우리는 나이가 들수록 기억력이 나빠진다.

과거 오랫동안 사람들은 뇌의 발달이 알코올이나 마약 같은 물질로 부정적 영향만 받을 뿐, 어떤 외부 요인으로 긍정적 영향을 받는 일은 없다고 생각했다. 알코올이나 마약은 뇌의 노화와 해마의 수축을 촉진한다. 이런 과정을 멈추거나 반전시키는 일은 불가능하다고 여겨졌다. 하지만 운동이 기억력은 물론 뇌 전체에 놀라운 영향을 미친다는 강력한 증거가 있다. 미국의 한 연구팀은 피험자 120명의 뇌를 1년의 시차를 두고 두 번 MRI로 촬영해 해마 크기를 측정했다. 1년 동안 피험자들은 무작위로 두 그룹으로 나뉘어 각기 다른 운동을 했다. 한 그룹은 지구력 운동을 했고, 다른 그룹은 스트레칭처럼 심박수를 올리지 않는 편한 운동을 했다.

1년 뒤 살펴보니 지구력 운동을 한 그룹은 편한 운동을 한 그룹과 달리 더 건강해져 있었다. 이는 충분히 예상 가능한 결과다. 그렇다면 해마의 상태는 어땠을까? 편한 운동을 한 사람들의 해마는 1.4퍼센트 줄어 있었다. 이 역시 놀랍지 않다. 해마는 어차피 1년에 약 1퍼센트씩 줄어드니까 말이다.

흥미로운 결과는 따로 있었다. 지구력 운동을 한 사람들의 해마는 줄지 않았을 뿐 아니라 오히려 2퍼센트 커졌다. 1년 사이에 더 늙기는커녕 크기 면에서 볼 때 2년 더 젊어진 것이다! 이게 전부가 아니다. 과거보다 더 건강해진 피험자일수록 해마 크기도 더 컸다. 건강 상태가 크게 좋아진 사람 중 일부는 해마가 2퍼센트 이상 커져 있었다.

어떻게 이런 결과가 나온 걸까? 한 가지 타당성 있는 가설은 뇌의 비료인 BDNF(신체 활동이 늘어나면 많아진다)가 일정 역할을 했다는 것이다. 앞에서 살펴봤듯이 BDNF는 뇌세포 연결을 강화하고 기억력에 영향을 미친다. 연구팀이 피험자들의 BDNF 수치를 검사해보니 BDNF가 많이 증가한 사람일수록 해마도 더 컸다.

대체 어떤 기적 같은 운동법이 1년 사이에 그렇게 중요한 뇌 부위를 성장시키고 더 젊게 만들었을까? 그들은 실내 자전거에 올라 미친 듯이 페달을 밟았을까? 아니면 혹독한 인터벌 트레이닝 방식으로 달리기를 했을까? 아니다. 그저 주 3회 45분씩 빠르게 걸었다. 다시 말해 일주일에 몇 번 빠르게 걷거나 달리는 것만으로도 뇌의 노화를 멈출 수 있고 심지어 반전을 일으켜 기억력을 높일 수 있다!

지금껏 이뤄진 많은 실험은 정확히 한 방향을 가리킨다. 즉 운동을 하면 단기 기억력과 장기 기억력 모두 향상되며 노화에 동반되는 해마의 수축 현상이 느려지고 심지어 해마가 커질 수도 있다는 것이다.

유전적으로 젊어지는 뇌

운동은 해마의 수축뿐 아니라 유전적 노화도 막아주는 것으로 보인다. 뇌와 신체의 다른 세포들과 마찬가지로 해마에도 유전물질이 들어 있다. 사실 모든 뇌세포에는 우리의 전체 DNA가 담겨 있다. 일반적으로 유전자 자체는 평생 변하지 않지만 유전자가 '사용되는 방식'은 변하며, 이것이 뇌를 비롯한 신체 장기의 노화를 일으킨다.

여러 연령대 쥐들의 해마 세포를 검사해보면 쥐가 나이 들면서 특정한 유전자 그룹이 변화하는 것을 관찰할 수 있다. 이것들은 뇌세포 성장과 뇌세포 간 연결을 조절하는 데 중요한 역할을 하는 유전자로, 쥐가 나이 들수록 이 유전자의 활동이 줄어든다. 이런 점진적인 변화는 해마뿐 아니라 뇌 전체의 노화를 촉진한다.

하지만 유전자 차원에서 세포가 노화한다고 해서 절망할 필요는 없다. 쥐를 쳇바퀴에서 달리게 하면 기적 같은 현상이 나타난다. 노화로 부정적 영향을 받는 유전자 다수가 운동에 영향을 받는 것이다. 그것도 긍정적인 방향으로 말이다. 메커니즘이 아직 정확하게 밝혀지지는 않았지만, 쥐가 쳇바퀴를 달리고 나면 해마 세포가 유전적으로 더 젊어지는 것으로 보인다.

이런 효과는 강력하기는 하지만 즉시 나타나는 것은 아니다. 이 쥐들은 8주 동안 매일 달리기를 했으며, 이는 사람으로 치면 몇 년 동안 규칙적으로 운동하는 것에 해당한다. 다시 말해 가끔 조깅하는 것으로는 충분하지 않다는 의미다. 끈기를 갖고 장기간 규칙적으로 운동해야 해마도 커지고 활력 넘치는 해마 세포를 갖게 된다는 사실을 기억하길 바란다.

🧠 기억력을 강화하기 위한 운동법

신체 활동으로 기억력을 강화하려면 구체적으로 어떻게 해야 할까? 몇 개월 동안 계속 운동해야 그다음에 효과가 나타날까, 아니면 운동을 하고 곧장 효과가 나타날까? 뭔가를 학습하기 '전'에 운동하는 것이 좋을까, 학습한 '후'에 하는 것이 나을까?

효과를 느끼기 위해 대단히 오랜 기간 운동할 필요는 없다. 3개월만 규칙적으로 지구력 운동을 해도 단어 기억 능력이 상당히 향상된다는 것이 밝혀졌다. 그리고 운동에 노력을 투자할 가치는 확실하다. 기억력 향상 정도(즉 기억하는 단어 개수)는 건강이 좋아진 정도와 관련이 있기 때문이다. 실험에 따르면 건강이 가장 크게 좋아진 사람은 기억력도 가장 크게 좋아졌다. 이는 건강해질수록 해마 크기도 커진다는 점을 고려할 때 특히 흥미로운 결과다.

혹시 3개월이 길다고 느껴지는가? 걱정하지 마라. 그보다 빨리 효과를 경험하는 것도 가능하다. 한 연구에서는 실내 자전거를 규칙적으로 탄 사람들과 타지 않은 사람들을 비교했다. 두 그룹은 비슷한 연령대였다. 이들은 모두 실험 시작 전에 실시한 여러 기억력 테스트에서 비슷한 점수를 받았다.

하지만 실험을 시작하고 얼마 안 되어 자전거를 탄 그룹이 신체 건강도와 기억력 모두에서 앞서나가기 시작했다. 6주 뒤 자전거를 탄 그룹은 기억력 테스트에서 더 높은 점수를 얻었으며 실험 기간이 길어질수록 두 그룹의 차이는 더 확연해졌다. 자전거를 탄 그룹의 기억력은 계속 향상된 반면 타지 않은 그룹은 체력도, 기억력도 제자리에 머물렀다.

자전거 그룹의 뇌를 MRI로 촬영해보니 기억력 향상과 함께 해마로 가는 혈류가 증가한 것이 관찰되었다. 이런 혈류 증가는 해마의 기능이 향상된 이유를 설명해준다. 그리고 흥미롭게도 혈류 증가가 먼저 일어나고 그 뒤에 기억력이 좋아지는 것으로 보인다.

러닝머신 위에서 공부하라

혹시 성격이 급해서 6주라는 시간도 너무 길게 느껴지는가? 그렇다면 희소식이 있다. 사실 운동은 기억력을 즉시 높여준다! 위의 테스트에서 가장 높은 점수를 받은 것은 테스트하기 '직전'에 운동한 사람들이었다. 대체로 몸이 건강한 사람이 기억력 테스트 직전에 운동하면 하지 않은 사람보다 더 좋은 결과가 나온다. 이는 운동이 기억력에 즉각적인 효과를 낸다는 사실을 보여준다.

하지만 기억력을 최고 수준으로 높이고 싶다면 운동과 학습을 동시에 하는 것이 좋다. 예를 들어 러닝머신 위에서 걸으면서 공부하는 것이다. 물론 항상 그러기는 힘들겠지만 그래도 기억해둘 만한 사실이다. 운동하면서 뭔가를 학습하면 기억력이 좋아지는 이유를 정확히는 알 수 없다. 하지만 아마도 몸을 움직이면 근육의 혈액 순환이 활발해지는 것과 마찬가지로 뇌의 혈류도 늘어나기 때문일 것이다. 이런 혈류 증가는 즉각적으로 일어나며, 뇌로 가는 혈액이 늘어나면 기억력도 좋아진다.

녹초가 될 때까지 운동하면 안 되는 이유

운동으로 인한 기억력 향상은 과학자의 실험에서만 측정할 수 있는 효과가 아니다. 평범한 우리도 그 효과를 경험할 수 있다. 단어 기억력 테스트에서 단어를 외우기 전이나 외우는 동안에 운동하면 휴식했을 때보다 최대 20퍼센트 더 많은 단어를 외울 수 있음이 밝혀졌다.

기억력을 높이고 싶다면 운동을 하면서 뭔가를 학습하라.

그렇다면 시험 준비를 하는 학생이든, 업무상 자료를 숙지해야 하는 직장인이든 바빠서 걸을 시간이 없다거나 따로 운동할 시간이 없다고만 하지 말고 잘 생각해봐야 한다. 아마도 걷기나 운동에 투자한 시간을 절대로 후회하지 않을 것이다.

기억력 측면에서 보면 걷거나 가볍게 달리는 활동만으로도 큰 효과를 볼 수 있다. 하지만 무리한 운동으로 녹초가 되면 오히려 기억력이 떨어질 가능성이 있다. 이 경우 근육에 필요한 혈액이 너무 많아져서 뇌로 가는 혈류가 약간 감소하고, 따라서 기억력에 도움이 되지 않는다. 게다가 고강도 운동을 하면 뇌는 우리가 학습하는 내용이 아니라 몸의 움직임에 더 집중한다. 예를 들어 외워야 하는 뭔가를 들으면서 빠르게 달리면 뇌는 귀로 들리는 내용이 아니라 달리는 행위에 집중한다.

달리기를 하면 피아노를 잘 칠 수 있다?

기억력은 단어를 학습하거나 글을 읽거나 지난주에 한 일을 기억하는 것만 가리키는 게 아니다. 테니스의 포핸드 기술이나 피아노 연주법을 익히는 것 같은 신체 움직임과 관련된 운동 기억(motor memory)이라는 것도 있다. 모든 학습을 위한 기초 메커니즘은 뇌세포 사이에 새로운 연결이 형성되는 것이다. 그렇다면 운동을 할 때 운동 기능을 학습하기 위한 조건도 좋아질까? 포핸드 동작을 계속 연습하면 그 기술이 향상되는 것은 당연한 얘기다. 그렇다면 달리기를 할 때도 포핸드 기술을 익히는 능력이 향상될까? 자전거 타기를 하면 피아노를 더 잘 배울 수 있을까?

신체 활동이 운동 기억에 영향을 미치는지 알아본 실험이 있다. 연구팀은 피험자들에게 간단한 컴퓨터 게임을 하게 했다. 조이스틱을 이용해 화면에서 움직이는 점을 따라가는 게임이었다. 이 게임은 간단해 보이지만 실제로는 뇌의 여러 영역을 활성화하기 때문에 운동 능력을 측정하는 연구에서 종종 사용한다.

이 실험에서 일부 피험자들은 먼저 달리기 또는 자전거 타기를 한 후에 컴퓨터 게임을 했다. 그리고 실력이 향상됐는지 알아보기 위해 일정 시간이 흐른 뒤 게임을 다시 했다. 연습하면 포핸드 동작이 향상되는 것처럼 컴퓨터 게임도 연습하면 당연히 실력이 는다. 그런데 주목할 점은 게임하기 전에 운동한 사람들이 하지 않은 사람들에 비해 더 높은 점수를 받았다는 사실이다. 두 그룹의 차이는 한 그룹이 게임 전에 운동했다는 사실뿐이었으며 게임을 연습한 시간은 두 그룹 모두 같았다. 그러나 운동한 그룹이 더 좋은 결과를 얻었다. 더 오랜 시간 연습하지 않아도 신체 움직임 자체가 게임을 더 잘 익히도록 도운 것이다.

그렇다면 신체 활동은 어떻게 운동 기능을 더 잘 발휘하게 하는 것일까? 새로운 기술을 습득한 후 24시간 동안 우리 뇌에서는

'기억 응고(memory consolidation)'가 일어나는 것으로 추정된다. 기억 응고란 특정 기억(예컨대 피아노 연주법이나 컴퓨터 게임을 학습한 내용)이 단기 기억에서 장기 기억으로 전환되는 것을 의미한다. 피아노로 간단한 곡을 몇 번 연습한다고 하자. 그리고 1분쯤 쉬었다가 다시 해보면 잘 기억날 것이다. 그 내용이 단기 기억으로 저장돼 있기 때문이다. 하지만 내일이 되면 그 곡을 얼마나 정확히 기억할까? 이는 그 내용이 장기 기억으로 얼마나 강하게 새겨졌느냐(즉 응고되었느냐)에 따라 달라진다.

해마는 단기 기억이 장기 기억으로 전환되는 과정에서 중요한 역할을 한다. 앞에서도 살펴봤듯이 운동을 하면 해마 세포에서 BDNF가 다량 분비되고 이는 뇌세포 사이의 연결을 강화한다. 그래서 뭔가를 학습하기 전에 운동하면 단기 기억이 장기 기억으로 전환되는 동안 BDNF가 충분히 생성된다. 장기 기억으로의 전환은 학습 직후가 아니라 학습한 이후 약 24시간에 걸쳐 일어나는데, 운동을 하면 이 전환이 일어나기 위한 조건이 좋아지는 것이다. 이는 컴퓨터 게임 실험에서 관찰된 내용과도 부합한다. 이때도 피험자들이 게임을 익히고 하루 뒤에 운동 효과를 보였다.

따라서 피아노 악보를 연습하기 전에 몸을 움직여 운동하면 더 훌륭한 연주자가 될 수 있다! 또 골프 코스에 나가기 전에 달리기나 자전거 타기를 하면 골프 스윙을 더 쉽게 익힐 가능성이 크다. 피아노 연주나 골프 스윙과 연관된 운동 기억이 장기 기억으로 저장되는 중요한 단계에서 운동은 뇌의 능력을 강화한다. 운동은

집중하는 뇌는 왜 운동을 원하는가

뇌세포가 서로 강하게 연결되고 그 연결을 지속하는 능력을 높이며, 이는 언어를 배울 때든 운동 기능을 익힐 때든 마찬가지다.

뇌 안의 길

기본적으로 기억은 서로 연결된 뇌세포 무리가 만들어내는 결과다. 우리가 새로운 뭔가를 경험하면(즉 새로운 기억이 만들어지면) '시냅스(synapse)'라는 연결 부위가 생긴다. 연결 부위라고는 하지만 뇌세포들이 물리적으로 직접 접촉하는 것이 아니라 세포 말단에서 화학적 신호를 보내 서로 소통한다. 20세기 초 노벨상을 받은 스페인의 신경과학자 산티아고 라몬 이 카할(Santiago Ramón y Cajal)은 뇌세포들이 실제로 접촉하지는 않지만 "서로 손을 잡고 있다"라고 시적으로 표현했다.

뇌세포가 얼마나 강하게 연결되느냐는 얼마나 자주 연결되느냐에 따라 달라진다. 새로운 전화번호를 알게 되면 뇌에서 새로운 연결이 만들어진다. 그리고 그 번호로 전화를 걸 때마다 연결이 더욱 강해져서 번호를 더 잘 기억하게 된다. 앞서 '함께 활성화하는 뉴런은 서로 연결된다'고 했던 것을 떠올려보라. 하지만 한 번 듣고 사용하지 않은 번호는 곧 잊어버린다. 뇌세포 연결이 약해져서 나중에는 끊어지기 때문이다.

마찬가지로 기억은 뇌세포들 사이에 만들어진 길과 같다. 통행이 잦은 길은 없어지지 않고, 따라서 그 기억은 오래 유지된다. 그저 두

세 번 사용하고 만 길은 점차 희미해지다가 사라진다. 또 어떤 경험은 곧장 단단히 다져진 길을 만들어 평생 가는 기억이 된다.

독특하거나 특별히 강렬한 경험은 평생 머릿속에 각인되기도 한다. 길이 딱 한 번만 사용됐다 할지라도 말이다. 특히 위협이나 위험 같은 부정적 요소가 있으며 강한 감정을 느낀 사건은 더 그렇다. 생존 관점에서 이런 종류의 기억은 대단히 중요하며 기억 저장소에 우선으로 저장된다.

진화적으로 볼 때 위험한 것을 기억하는 일은 몹시 중요하다. 그래야 나중에 피할 수 있기 때문이다. 따라서 뭔가 끔찍한 것을 목격하거나 목숨이 위태로운 상황을 경험하면 그 사건을 평생 세세하게 기억할 가능성이 크다. 신발 끈을 묶은 것처럼 별로 특별하지 않거나 강한 감정이 동반되지 않은 일은 머릿속에 길을 만들지 않는다. 뇌세포들이 잠시 연결됐다가 이내 연결이 끊어지는 탓이다. 그러면 우리는 해당 행동이나 사건을 곧 잊어버린다.

그렇다면 신체 활동은 어떻게 머릿속에 길을 닦고 뇌세포들이 단단히 연결되는 것을 도울까? 앞서도 언급했듯이 운동을 하면 해마 세포들이 BDNF를 더 많이 만들어낸다. BDNF는 뇌세포의 연결을 강화해 '서로 손을 더 단단히 잡게' 한다. 이는 뇌 안에 잘 닦인 길이 더 빠르게 만들어진다는 의미다. 그러면 기억이 오래 유지되고 기억력이 좋아진다. 기억력이 좋아지면 뭔가를 학습하는 능력도 향상된다.

다시 강조하지만 운동은 BDNF 수치를 높여 뇌세포 연결을 강화한다. 이는 운동이 기억력 향상을 가져오는 가장 중요한 이유 중 하나다.

지나친 운동은 기억력에 해로울까

뇌의 관점에서 볼 때 운동을 많이 할수록 무조건 좋은지는 확실하지 않다. 아무리 좋은 것도 지나치면 독이 되는 경우가 종종 있으니 말이다. 무려 10~12시간 동안 계속 고되게 몸을 움직여야 하는 철인 3종 경기 같은 레이스는 뇌와 기억력에 좋을까? 아직 확실한 답은 알려지지 않았지만 그런 극단적인 운동은 적어도 단기적으로는 뇌와 기억력에 오히려 해롭다는 것을 시사하는 증거가 여럿 있다.

미국의 한 연구에서는 강박적으로 달리기를 좋아하는 쥐 품종을 개량했다. 연구진은 쳇바퀴 돌기를 좋아하는 쥐들끼리 짝짓기를 시키고, 다시 그 새끼 중에서도 쳇바퀴를 많이 도는 쥐들끼리 짝짓기를 시켰다. 이런 식으로 계속해서 일반 쥐보다 약 세 배 더 많이 자발적으로 쳇바퀴를 도는 쥐를 만들어냈다. 실제로 이 달리기 중독 쥐의 운동량은 사람으로 치면 하루에 수 킬로미터를 달리는 것과 마찬가지였다.

그런 다음 연구진은 새로운 미로에서 길을 찾는 방식으로 쥐의 기억력을 테스트했다. 일반적으로 달리기를 한 쥐는 새로운 공간에서 길을 더 빨리 찾아낸다. 운동이 기억력을 높이기 때문이다. 하지만 달리기 중독 쥐는 새로운 미로를 학습하는 데 일반 쥐보

**기억력을 높이려면 오래 걷거나
30분쯤 달리는 것으로 충분하다.
이것이 몇 시간을 쉬지 않고 달리는 것보다 낫다.**

다 훨씬 더 오래 걸렸다. 이들은 기억력이 더 나빠져 있었고 혈액 속에 스트레스 호르몬인 코르티솔의 수치가 높았다. 대개 코르티솔 수치는 운동을 하고 나면 떨어진다. 따라서 규칙적으로 달리는 쥐들은 신체 스트레스 수준이 낮아야 한다. 하지만 이 달리기 중독 쥐들은 만성적 스트레스를 받는 것으로 보였다.

이것이 인간에게도 해당하는지는 아직 정확히 알 수 없지만 특정 수준에 이르면 뇌가 감당하기 버거워지는 운동량의 한계는 존재하는 것 같다. 그 지점에 이르면 스트레스 반응이 감소하지 않고 오히려 증가하며 기억력도 나빠진다. 현재로서는 그 경계선이 정확히 어디인지 알 수 없다. 아마도 개인마다 다를 것이다.

하지만 이런 결론은 내릴 수 있다. 뇌 기능을 강화하고 기억력을 향상하고 싶은 사람이라면 울트라 마라톤이나 그와 유사한 극단적 운동은 하지 않는 편이 좋다. 오히려 기억력이 떨어지고 뇌 기능이 저하되는 결과를 얻을 수 있기 때문이다. 뇌가 좋아지려면 오래 걷거나 30분쯤 달리기만 해도 충분하다. 이것이 몇 시간을 쉬지 않고 달리는 것보다 낫다.

🧠 스스로 재생하는 뇌

1900년대가 시작될 무렵 대다수 과학자는 성인의 뇌에서 새로운 세포가 만들어질 수 없다고 생각했다. 칼에 손가락을 베이면 상처가 나면서 새로운 피부세포가 만들어진다. 마찬가지로 새로운 털세포와 혈액세포도 계속 만들어진다. 대부분의 신체 기관은 세포를 재생하는 능력이 있다.

그러나 뇌도 그와 같다고 생각하는 사람은 아무도 없었다. 1,000억 개의 세포로 이뤄진 뇌는 상상할 수 없을 정도로 복잡해서, 성인의 뇌에서 새로 만들어진 세포는 출생 때부터 있던 세포와 어울려 원활하게 협력하지 못하리라는 것이 그 이유였다. 그일이 가능하다고 믿는 것은 마치 컴퓨터를 분해해 새로운 회로판 몇 개를 아무렇게나 끼워 넣은 후 컴퓨터 성능이 좋아지기를 바라는 것과 비슷했다.

그런 생각이 일반적이었기에 우리는 약 스무 살 때까지 만들어진 뇌로 남은 평생을 살아야 한다고 학교에서 배웠다. 심지어 나는 술을 마시면 뇌세포 5만 개가 죽어서 영영 살아나지 못한다는 말도 들었다.

진실과 거리가 먼 '진실'

때로는 세상이 믿는 진실에 의문을 제기해도 나쁠 건 없다. 캘리포니아의 한 연구팀이 1990년대 중반에 성인의 뇌가 새로운 세포를 만들 수 있는지 알아보기로 했다. 이들은 인간의 뇌 대신 먼저 쥐의 뇌를 연구했다. 가장 먼저 밝히고자 한 문제는 이것이었다. 쥐들이 따분하고 무미건조한 우리를 벗어나 풍요로운 환경에서 더 많은 자극을 받으면 뇌에서 어떤 변화가 일어날까?

연구팀은 숨을 수 있는 터널, 쳇바퀴, 장난감 등이 갖춰진 우리에 쥐들을 한 달 동안 넣어놓았다. 여기에는 함께 놀 친구 쥐도 많았다. 쥐들이 익숙해져 있는 무미건조한 우리보다 확실히 훨씬 더 재미있는 환경이었다. 연구팀은 이런 환경 변화가 뇌세포들 사이에 새로운 연결을 만들 것임을 알고 있었다. 새로운 뭔가를 학습하거나 경험하면 뇌세포 간 연결이 생기기 때문이다. 하지만 이런 환경이 쥐의 뇌에 다른 방식으로도 영향을 미칠까? 결과는 '그렇다'였다.

자극이 많아진 새로운 환경은 뇌에 중요한 영향을 미쳤다. 뇌에 새로운 세포가 다량 만들어진 것이다. 해마의 일부가 성장했는데 그 결과는 대단히 놀라웠다. 몇 주 만에 뇌세포 수가 15퍼센트 증가한 것이다.

쥐의 나이가 어리다는 사실로는 설명할 수 없는 결과였다. 나이 든 쥐들에게 같은 실험을 해도 똑같은 일이 일어났기 때문이다. 쥐의 뇌는 새로운 세포만 만든 것이 아니라 기능도 더 향상되었다. 기억력 테스트를 위해 쥐를 물에 집어넣고 숨겨진 발판을 얼마나 잘 찾는지 관찰했는데, 풍요로운 환경에서 생활한 쥐는 발판을 더 빨리 찾아내 그 위로 올라갔다. 이 쥐들은 아무것도 없는 우리에서 생활한 쥐들보다 기억력이 더 좋았다.

무엇이 새로운 뇌세포를 만드는가

이는 대단히 의미심장한 실험 결과였다. 그렇다면 사람도 자극이 많은 새로운 환경에 놓이면 그런 변화가 일어날까? 여행이나 직업의 변화, 새로운 사람들을 사귀는 것 같은 환경 변화와 새로운 경험이 새 뇌세포 생성을 초래할까? 그런 경험이 기억력을 높이고 심지어 우리를 더 똑똑하게 만들 수 있을까?

성급하게 추측하기 전에 먼저 이걸 생각해봐야 한다. 쥐의 환경에서 새로운 뇌세포가 만들어질 수 있었던 요인은 무엇이었을까? 쥐의 호기심을 자극하는 장난감이었을까, 들락날락할 수 있는 터널이었을까, 아니면 어울릴 친구 쥐가 많다는 점이었을까? 또는 쳇바퀴 달리기였을까?

나라면 그 모든 요인이 종합적으로 작용했다고 추측했을 것이다. 하지만 이는 틀린 추측이었다. 쥐가 쳇바퀴 달리기만 하고 다른 자극 요소들을 전혀 접하지 못했을 때도 뇌에서 광범위한 영향이 관찰됐다. 즉 신체 활동이 새로운 뇌세포를 생성시키는 주요 요인으로 보였다. 장난감이나 터널, 친구 등의 자극은 영향을 거의 또는 전혀 미치지 않는 듯했다.

규칙적인 달리기가 많은 새로운 뇌세포를 만든다는 발견은 연구팀의 과학자들에게도 커다란 영향을 미쳤다. 그중 한 명인 유전학자 프레드 게이지(Fred Gage)에 따르면 쥐의 뇌에 생긴 새로운 세포를 목격한 동료 과학자들이 생활 습관을 완전히 바꿔 달리기를 시작했다고 한다. 쥐에게 효과가 있다면 사람에게도 있으리라고 추측한 것이다.

하지만 성인의 뇌가 새로운 세포를 만들 수 있다는 그들의 추측은 옳았을까? 이것은 답하기 어려운 문제다. CT나 MRI 촬영으로는 알 수 없으며 뇌를 현미경으로 관찰해야 하기 때문이다. 사실은 인간의 뇌를 해부하는 과정이 필요하다. 설령 누군가가 의학연구를 위해 사후에 뇌를 기꺼이 기증한다고 해도 여전히 문제는 있다. 기증한 뇌의 특정 세포가 새로 생긴 것인지 아닌지 어떻게 알 수 있을까? 기존 뇌세포와 새로 생긴 뇌세포를 구분하는 일은 대단히 어렵다.

성인이 돼도 새 뇌세포가 생긴다

스웨덴의 신경과학자 페테르 에릭손(Peter Eriksson)의 기발한 아이디어 덕분에 이 문제의 해결책을 찾을 수 있었다. 종양학자들은 암세포의 분열 및 증식을 확인하기 위해 브로모데옥시우리딘(bromodeoxyuridine, BrdU)이라는 물질을 이용한다. BrdU는 새로 생긴 세포에만 착색되는데, 이는 암세포뿐만 아니라 다른 세포에도 그렇다. 따라서 만일 뇌에 새로운 세포가 있다면 BrdU가 거기에도 착색될 것이고 암으로 사망한 환자의 뇌 샘플에서 이를 관찰할 수 있으리라고 에릭손은 생각했다.

연구팀은 사망 후 뇌를 기증한다는 동의서를 미리 받은 환자

다섯 명의 뇌를 해부해 새로운 세포가 있는지 조사했다. 조사 결과 인간의 뇌세포가 평생에 걸쳐 재생하느냐는 신경학계의 커다란 수수께끼에 중요한 통찰을 얻을 수 있었다. 연구팀은 최소한 한 사람의 뇌에서라도 BrdU가 착색된 새로운 뇌세포가 발견되기를 바라면서 조사를 시작했지만, 놀랍게도 다섯 명 모두의 뇌에서 새로운 세포가 발견되었다. 해당 뇌 부위는 쥐의 새로운 뇌세포가 발견된 것과 같은 부위, 즉 해마였다.

놀랍게도 새 뇌세포가 생긴 지 겨우 한 달밖에 안 됐다는 사실도 확인할 수 있었다. 기증자가 병으로 죽어가는 동안에 만들어진 세포라는 의미였다. 그런 상황에서도 뇌는 계속 새로운 세포를 만든 것이다! 또한 새 세포가 기존 세포와 연결을 형성했으며 해마에 통합되어 있는 것도 뚜렷이 관찰되었다. 신생 세포가 새로운 환경에 잘 동화됐다는 의미였다. 신생 세포는 환자가 살아 있는 동안 유용한 기능을 했을 가능성이 컸다.

사망한 이들의 뇌에 새로 만들어진 세포가 있다는 것은 대단히 중요한 발견이었다. 성인에게서도 신경발생(neurogenesis, 새로운 신경 조직의 생성 및 발달)이 일어난다는 빅뉴스가 세계 곳곳에서 헤드라인을 장식했다. 기존 의학 교재들의 내용을 전면 수정해야 할 판이었다. 평생 뇌세포는 재생되지 않는다는 '진실'은 '거짓'으로 드러났다.

하지만 과학 연구에서는 으레 한 가지 질문의 답을 찾고 나면 미해결된 추가 문제들이 뒤따르곤 한다. 여기서 제기된 중요한 질문은 이것이었다. 뇌세포 재생은 생활 방식에 상관없이 같은 속도로 일어나는가? 만일 아니라면 무엇이 거기에 영향을 미치는가? 세포 재생 속도를 빠르게 하는 것은 가능한가? 만일 그렇다면 방법은 무엇인가? 이와 관련해 주목할 만한 것은 신체 활동의 영향력이다. 이미 쥐를 대상으로 한 여러 연구가 신체 활동이 놀라운 효과가 있음을 보여줬기 때문이다.

그렇다면 인간도 운동이 뇌세포 재생 속도를 빠르게 한다고 확실히 말할 수 있을까? 또한 운동을 하면 기억력이 좋아질까? 이 두 질문에 대한 답은 '그렇다'이다. 적어도 이는 신경발생의 발견 이후 20여 년간 이뤄진 연구를 통해 도달한 결론이다.

우리가 고통을 잊는 이유

마라톤을 끝내고 결승선에 막 들어온 사람은 "절대 다시는 안 해"라고 내뱉곤 한다. 하지만 몇 주 뒤면 또다시 마라톤 레이스 참가 신청을 한다. 왜 사람들은 죽을 만큼 힘든 레이스를 경험하고도 다시 제 발로 걸어가 출발선에 서는 것일까? 그 이유는 얼마나 고통스러웠는지 잊어버리기 때문이다.

'선택적 망각(selective forgetfulness)'이라는 것이 있다. 이는 사이비 심리학 용어가 아니라 때때로 실제로 발생하는 의학적 현상이다. 출산의 고통을 잊는 것이 대표적 예다. 아기를 출산한 여성들과 부인과 수술을 받은 여성들에게 출산과 수술 직후 고통을 점수로 매겨

달라고 하자 대략 비슷한 강도가 나왔다. 출산의 고통과 수술의 고통이 비슷해 보였다.

하지만 몇 달이 지난 뒤 같은 여성들에게 그 사건과 고통을 떠올리게 했을 때, 출산한 여성들은 얼마나 힘들었는지 잘 기억하지 못했다(적어도 당시와 똑같은 강도의 고통을 떠올리지는 않았다). 그러나 수술을 받은 여성들은 고통을 수술 당일처럼 생생히 기억했다. 실제로 어떤 여성들은 아기를 낳는 크나큰 고통을 잊어버린다. 고통스럽다는 사실이 기억나는 것과 그 고통의 '강도'가 기억나는 것은 별개의 문제인 듯하다.

생물학적 관점에서 보면 전혀 이상한 일이 아니다. 인간이라는 종의 한 가지 목적은 번식, 즉 자손을 많이 만드는 일이기 때문이다. 그래서 우리에게는 출산의 고통을 잊게 하는 자연적 메커니즘이 있다. 고통을 너무 세세하게 기억하는 나머지 다시는 아기를 낳고 싶지 않으면 안 되기 때문이다.

힘든 운동도 비슷하다. 결승선에 막 들어온 마라톤 주자들에게 레이스 도중 느낀 고통을 1에서 10까지 점수로 매기라고 하자 평균 5.5라는 답변이 나왔다. 그리고 3~6개월 뒤 다시 그 선수들에게 예전 레이스를 떠올리면서 점수를 매겨달라고 하자 평균 3으로 낮아졌다. 선수들은 그사이에 레이스가 얼마나 힘들었는지 잊어버린 듯했다!

생물학적 관점에서 보면 선택적 망각은 분명 일리가 있다. 먼 거리를 이동하며 사냥감을 추격하는 일이 얼마나 힘든지 늘 생생히 기억했다면 사냥하기가 싫어졌을 것이다. 하지만 그 고통을 잊어버리면 또다시 기꺼이 사냥에 나서고 식량을 확보할 가능성도 커지므로 장기적으로 생존에 유리하다. 아마도 이 때문에 우리의 뇌가 신체 활동에 수반되는 고통을 선택적으로 잊는 것으로 보인다.

핵실험에서 단서를 얻다

이쯤에서 이런 질문을 던져보자. 해마의 뇌세포 재생은 얼마나 중요할까? 이 문제는 그저 과학자에게만 중요한 것일까? 실험실에서만 확인하는 현상일 뿐 현실적인 중요성은 없을까? 뇌세포 재생은 하찮게 여길 만한 현상이 결코 아니다. 평생에 걸쳐 해마 세포의 약 3분의 1이 새로운 세포로 대체되기 때문이다.

그런데 그것을 어떻게 알까? 사망한 사람의 뇌를 검사해도 세포들이 성인일 때 만들어졌는지, 아니면 태어날 때부터 평생 존재했는지는 알 수 없다. BrdU를 활용한 프레드 게이지와 페테르 에릭손의 방법으로는 세포가 최근에 만들어졌는지만 알 수 있다. 이 수수께끼를 풀기 위해 스웨덴 카롤린스카 대학교의 연구팀은 신경과학과 전혀 상관이 없어 보이는 무언가로 눈을 돌렸다. 바로 핵무기 폭발 실험이다.

냉전 시기인 1950년대와 1960년대에 많은 핵실험이 태평양 한가운데의 섬들에서 실시됐다. 그처럼 먼 곳에서 진행됐지만 폭발로 배출된 방사성 동위원소 탄소-14(C-14)는 대기로 들어가 전 세계에 퍼졌다. 대기 중의 탄소-14 농도는 정기적으로 측정되었기 때문에 우리는 그동안 대기 중에 존재한 양을 알 수 있다.

이것이 뇌세포와 무슨 관련이 있을까? 새로운 뇌세포가 만들어질 때마다 새로운 DNA도 만들어진다. 그리고 세포가 만들어진 해에 대기 중에 있던 것과 같은 농도의 탄소-14가 DNA의 이중나선에 들어간다. 따라서 그동안 대기 중에 존재한 탄소-14 농도를 안다면 세포의 나이를 알 수 있다. 45세 남성에게 있는 어떤 뇌세포의 나이가 45세라면 그 세포는 태어날 때부터 있었던 것이고, 뇌세포 나이가 30세라면 10대 때 만들어진 것이다.

이 방법을 이용하면 90세쯤 사망한 기증자들의 해마 세포 나이를 측정할 수 있다. 얼마나 많은 세포가 기증자와 나이가 같고 얼마나 많은 세포가 더 어린지 계산하는 것이다. 연구팀은 해마 세포들의 탄소-14 농도를 조사한 결과 세포의 약 3분의 1이 기증자보다 나이가 어린 것을 확인했다. 즉 출생 후 만들어진 세포라는 의미였다. 이 연구에 따르면 날마다 성인의 해마에서 1,400개의 새로운 세포가 만들어진다. 우리가 성인이 된 후에도 날마다 매 순간 해마에서 새 세포가 생긴다는 의미다.

새로운 뇌세포는 정신 건강에도 중요하다

뇌세포 재생은 기억력 강화뿐 아니라 정신 건강을 위해서도 중요하다. 많은 전문가가 우울증을 신경세포 재생 능력이 떨어져서 생기는 질환으로 본다. 4장에서 살펴봤듯이 새로운 세포의 부족은 우울증의 원인이 분명하다. 이런 가설을 뒷받침하는 단서는 항우울제가 뇌세포 재생을 촉진한다는 점이다. 동물의 뇌에서 새 세포를 만드는 능력을 차단하면 항우울제를 투여해도 소용이 없고 우울증이 낫지 않는다. 즉 사람의 뇌도 새 세포를 만들어내지 못하면 항우울제가 효과를 내지 못할 수 있다.

따라서 뇌세포 재생은 정신 건강과 우울증에서 회복하는 능력에 대단히 중요하다. 뇌세포 재생 능력이 떨어지면 기분이 처지고 우울해지며 기억력이 나빠질 수 있다. 하지만 신체 활동을 활발히 하면 뇌세포 재생 능력을 높일 수 있다.

운동하라, 그러면 삶이 다채로워진다

기억 중추인 해마는 여러 부분으로 구성돼 있다. 신경발생은 그중 하나인 치상회(dentate gyrus)에서 주로 일어난다. 다른 곳이 아닌 이 부분에서 뇌세포 생성이 일어난다는 사실은 꽤 흥미롭다. 치상회는 패턴 분리(pattern separation)에 중요한 기능을 한다. 패턴 분리란 과거의 것과 비교해 현재의 사건이나 대상에서 작고 미묘한 차이를 구별하는 능력을 말한다.

예를 들어 이런 상황을 가정해보자. 당신은 칵테일파티가 한창인 곳에 도착한다. 그곳에 모인 손님 중에는 여동생도 있고 친한 친구들도 있으며 그저 몇 번 만나본 지인들도 있다. 또 생전 처음 보는 사람들도 있다. 당신은 여동생을 만나면 곧장 알아볼 것이다. 뇌가 애써 노력하지 않아도 여동생은 금방 알아본다. 친한 친구도 마찬가지다. 하지만 예전에 한두 번쯤 만난 사람의 경우는 다르다. 뇌가 그 사람의 얼굴과 기억 속에 있는 얼굴을 맞춰보는 작업을 시작한다. '저 사람이 누구더라? 왠지 아는 얼굴 같은데. 음, 예전 직장의 동료랑 닮았어. 아, 아니네. 그 동료는 키가 더 컸고 머리 색깔이 더 밝았어.'

그 사람이 누구인지 떠올리려고 갖은 애를 쓸 때 당신의 치상회가 풀가동하면서 그의 얼굴과 과거에 만난 사람들을 대조한다. 예컨대 머리 색깔, 키, 얼굴 특징 등의 세세한 차이점을 꼼꼼히 살펴 아는 사람인지 아닌지 판단하려 애쓴다. 때론 그 사람을 보며 다른 누군가를 떠올릴 수도 있는데, 세세한 특징을 구분해야지만 만난 적이 있는 사람인지 처음 보는 사람인지 판단할 수 있다.

일상에서 우리가 경험하는 많은 내용은 이미 경험한 것과 비슷하다. 오늘 무엇을 했는지 하루를 되돌아보라. 그중에 정말로 독특한 활동, 이전에 한 번도 해보지 않은 활동이 얼마나 되는가? 아마 그리 많지 않을 것이다. 굉장히 다채로운 삶을 살지 않는 한 말이다.

삶의 많은 활동이 과거에 한 활동과 비슷하고 우리가 만나는 많은 사람이 과거에 본 사람을 상기시키지만, 뇌는 비슷한 사건이나 사람에 대한 정보를 구분 가능한 개별적 기억들로 저장한다. 이것이 패턴 분리 능력이다. 즉 외부 세계의 미묘한 차이를 구분하는 중요한 능력이다. 이것이 없으면 기억이 뿌연 안개처럼 뭉뚱그려져서 이 기억과 저 기억을 구분하지 못한다.

따라서 패턴 분리에 중요한 뇌 영역에서 세포 재생이 일어나는 것이다. 그리고 이렇게 외부 세계의 미묘한 차이를 구분하는 능력을 향상시키는 데는 운동만큼 효과적인 것이 없다. 바로 그렇기에 나는 운동이 우울증 치료에 효과적이라고 생각한다.

우울증이 있는 사람은 다양한 감정을 경험하지 못하고 외부 세계의 세세한 요소와 미묘한 특징을 놓친다. 모든 것이 암울하고 따분하게만 느껴진다. 하지만 치상회에서 뇌세포 재생이 일어난다면 세상의 미묘한 차이들을 알아챌 기회가 늘어나고 그럼으로써 희망의 불빛을 목격할 기회도 많아질 것이다.

자극이 풍부한 환경은 세포 생존율을 높인다

뇌세포 재생을 늘리는 데는 오로지 운동만 중요할까? 자극이 많은 환경, 이른바 '풍요로운 환경'도 세포 재생에 큰 영향을 끼칠 수 있지 않을까? 그렇다. 환경도 중요한 역할을 한다.

우리의 뇌에서 새 세포가 얼마나 생기느냐는 생성되는 세포 수도 중요하지만 그중 얼마만큼이 유지되느냐도 중요하다. 신생 세포는 대단히 취약해서 두 개 중 한 개꼴로 살아남는다. 그러나 생존 확률을 높여 더 많은 세포가 살아남게 하는 것도 가능하다. 자극이 풍요로운 환경에서 생활한 동물의 뇌에서는 신생 세포의 약 80퍼센트가 살아남았다.

운동은 새로운 뇌세포 생성을 촉진하고, 자극이 풍부한 환경은 그 세포가 살아남을 확률을 높인다. 이 둘이 연관된 것은 지극히 타당한 현상이다. 우리는 이곳저곳을 돌아다니며 새로운 환경과 사건을 경험하도록 진화했고 뇌는 새로운 정보를 받아들일 준비를 한다. 이때 경험한 것을 더 잘 기억할 수 있도록 해마에서 새로운 세포가 만들어진다. 그리고 그런 새로운 환경에서 경험하는 것들은 자극 요소가 되어 세포의 생존을 보장한다.

결론적으로 운동은 뇌가 새로운 것을 학습하기 위한 토대를 만들어준다. 운동하면서 단어를 공부하면 최대 20퍼센트 더 많이 외울 수 있다고 했던 말이 이제 좀 믿기기 시작하는가?

우리에게 내장된 감정 브레이크 겸 GPS

해마는 장기 기억 형성을 돕지만 다른 역할들도 한다. 우리는 해마 덕분에 거리를 두고 상황을 바라보면서 현재 경험하는 것을 다른 기억과 비교해 감정적으로 과잉반응하지 않는다. 또 해마는 공간지각 능력에서 중요한 역할을 한다. 우리의 위치를 기억하고 장소에 대한 기억을 저장하는 뇌 속의 GPS와도 같다(이를 발견한 과학자들은 2014년 노벨생리의학상을 받았다).

이 글을 읽는 동안에도 해마에 있는 특정 세포들은 당신이 방 안 또는 바깥의 어느 위치에 있는지에 관한 신호를 보낸다. 만일 옆으로 몸을 이동하면 '장소 세포(place cell)'라는 다른 해마 세포들이 활성화되어 내면에서 주변 공간에 관한 지도를 그린다.

다시 말해 해마는 기억 중추라는 역할 이외에도 감정을 조절하고, 우리가 있는 위치를 공간적으로 기억하고, 전에 갔던 장소의 길을 찾는 등 많은 중요한 역할을 한다. 해마에 관해 알면 알수록 이 부위가 얼마나 중요한지 깨닫게 된다. 만일 해마가 작동하지 않으면 뇌도 거의 작동하지 못할 것이다.

지금까지 여러 페이지를 할애해 해마를 길게 설명한 데는 이유가 있다. 해마는 운동에서 가장 크게 영향을 받는 뇌 부위로 보이기 때문이다. 운동은 해마가 새 세포를 만들도록 촉진한다. 혈류가 증가하면 해마가 더 많은 에너지를 얻으므로 기능이 향상되는 것이다. 또 운동으로 기존 해마 세포는 유전적으로 더 젊어지고 반대로 노화에 동반되는 해마의 수축은 느려질 수 있다. 심지어 해마가 커질 수도 있다. 장기적으로 볼 때 규칙적으로 운동하는 사람의 해마는(나아가 뇌 전체도) 더 효과적으로 기능한다.

운동을 꾸준히 하다 보면 해마가 강화된다는 사실을 여러 측면에서 실제로 느낄 수 있다. 기억력이 좋아지는 것 외에도 예전보다 감정적으로 흥분하는 일이 줄고 부정적 사건에 강하게 반응하지 않는다. 또 여러 장소에서 길을 더 잘 찾게 된다. 게다가 머릿속에서 정보의 연결과 연상 작용이 더 빠르고 효과적으로 일어난다. 바꿔 말해 머리가 빨리 돌아가 상황 대응이 빠르다. 이 역시 해마 기능이 강화된 덕분이다.

운동 종류에 따라 좋아지는 기억력의 종류도 다르다

기억은 뇌 전체에 걸친 활동이긴 하지만 서로 다른 영역이 다른 유형의 기억을 관리한다. 전두엽과 해마는 현관문 비밀번호를 누르면서 번호를 머릿속에 기억하는 것 같은 작업 기억(working memory)에 중요한 역할을 한다. 해마는 장소를 기억하는 데도 중요하며 측두엽은 일화 기억(episodic memory)에 중요하게 관여한다. 예컨대 크리스마스이브에 있었던 일을 기억하는 것은 일화 기억이다. 대개 기억은 그것이 사용되는 영역에 저장된다. 따라서 시각 기억은 주로 시각피질에 저장된다.

흥미롭게도 신체의 움직임 종류에 따라 서로 다른 뇌 영역에 영향을 미치는 것으로 보이는데, 그렇다면 운동의 종류에 따라 영향을 받는 기억력의 종류도 다를까? 그렇다고 추정된다. 예를 들어 단어 암기 능력은 웨이트트레이닝이 아니라 달리기를 할 때 향상된다. 하지만 웨이트트레이닝은 사람 이름과 얼굴을 연관 짓는 등의 연상 기억(associative memory)에 좋은 것으로 보인다. 열쇠 둔 곳을 기억하는 능력은 달리기와 웨이트트레이닝 둘 다 효과가 있다.

이런 연구 결과에서 우리는 두 가지 결론을 내릴 수 있다. 첫째, 기억력을 높이고 싶다면 어떤 식으로든 반드시 운동해야 한다. 어떤 운동을 택하느냐는 별로 중요하지 않다. 둘째, 물건 둔 곳을 기억하는 것부터 단어 암기에 이르기까지 모든 종류의 기억력을 높이고 싶다면 운동 유형을 다양화해 유산소 운동과 웨이트트레이닝을 같이 해야 한다. 하지만 둘 중 하나를 택해야 한다면 유산소 운동을 하라. 그것이 기억력 강화에 더 이롭기 때문이다.

운동하면 해마와 전두엽이 모두 강화된다는 사실은 운동이 여러 종류의 기억력 향상에 큰 효과가 있으며 단기 기억력과 장기

**규칙적으로 꾸준히 하는 운동은 상황에
빠르게 대응하는 능력을 키워준다.**

기억력 둘 다 좋아질 수 있음을 의미한다. 지금까지 많은 연구가
운동이 단기 기억력에 미치는 영향에 주로 주목했지만 사실 운동
은 모든 종류의 기억력을 강화한다. 그것이 오늘 아침에 일어난
일이든, 20년 전에 있었던 일이든 상관없이 말이다!

새로운 뇌세포 재생에 관여하는 것

운동 이외에 성생활, 저칼로리 식단(굶는 것과는 다르다), 다크초콜릿
등에 들어 있는 플라보노이드도 뇌세포의 생성 속도를 높이는 데
도움이 된다. 반면 스트레스, 수면 부족, 지나친 음주, 고지방 식단
(특히 버터, 치즈 등 포화지방이 많은 음식)은 신생 뇌세포 수를 감소시
킬 수 있다.

신체 활동 vs 컴퓨터 게임

이 글을 쓰는 현재 구글에 들어가 '인지 훈련(cognitive training)'을 검
색하면 1,000만 개가 넘는 결과가 나온다(2024년 11월 기준 4억 1,000
만 개-옮긴이) 그중 다수는 뇌 기능을 높여준다는 앱과 게임, 기타 제

품의 광고다. 솔깃한 얘기가 아닐 수 없다. 뇌 기능 향상을 싫어할 사람이 어디 있겠는가? 온갖 뇌 훈련 방법이 단기간 내에 수십억 달러 규모의 산업으로 성장했다. 인지 훈련 게임은 해마다 100억 달러 이상의 매출을 올린다.

최근 저명한 신경과학자 및 심리학자 70명이 스탠퍼드 대학교와 막스플랑크 연구소의 후원을 받아 이런 게임과 앱 제조사들의 주장에 신빙성이 있는지 알아보는 연구를 했다. 이들은 인지 훈련에 관한 과학 연구를 샅샅이 검토해 두뇌 게임이 인지 능력을 향상하는지에 관한 답을 찾았다.

그 결과 게임과 앱을 통한 인지 훈련 방법은 지능이나 집중력, 창의성을 높이지 않는 것으로 밝혀졌다. 기억력도 좋아지지 않았다. 그저 게임 실력만 늘 뿐이었다. 흔히 '뇌 체조'라 불리는 십자말풀이와 스도쿠도 마찬가지였다. 십자말풀이의 빈칸을 채우면 십자말풀이를 완성하는 실력은 늘지만 그 외의 효과는 없었다. 반면 운동과 신체 활동이 다양한 인지 기능을 실제로 강화한다는 사실은 연구로 거듭 확인되었다. 만일 아직도 확신이 안 든다면 지금까지 이 책을 건성으로 읽었다는 것이다! 신체 활동은 인지 훈련보다 압도적 차이로 인지 기능을 높인다.

기억력 향상을 위한 처방전

유산소 운동(지구력 운동)과 웨이트트레이닝을 번갈아 하는 것이 가장 좋다. 대다수 연구는 유산소 운동이 해마에 미치는 영향에 집중했지만, 기억력에 미치는 일부 효과는 웨이트트레이닝으로만 얻을 수 있는 것으로(또는 적어도 상당 부분 웨이트트레이닝에서 오는 것으로) 보인다.

뭔가를 학습하기 전에 또는 학습하면서 운동하라. 모든 걸 쏟아부어 운동할 필요는 없다. 걷기나 가벼운 조깅으로 충분하다. 규칙적으로 운동하라. 물론 한 번의 운동도 기억력에 좋다. 그러나 다른 많은 인지 기능과 마찬가지로 기억력도 끈기를 갖고 몇 개월간 꾸준히 운동할 때 훨씬 더 향상된다.

집중하는 뇌는 왜 운동을 원하는가

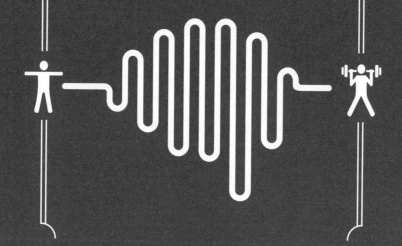

6장

창의성을
만드는 조건

내 다리가 움직이기 시작하면
생각도 흐르기 시작한다.

헨리 데이비드 소로(Henry David Thoreau),
시인·사상가

무라카미 하루키는 세계적으로 수백만 부가 팔린 책들을 쓴 베스트셀러 작가다. 명망 높은 문학상들을 휩쓸었고 매년 노벨문학상 후보로 거론된다. 무라카미 하루키가 어디서 영감을 얻는지 궁금한 사람이라면 2007년 출간된 그의 회고록《달리기를 말할 때 내가 하고 싶은 이야기》를 읽어보길 바란다.

이 책에서 그는 자신의 창작 과정과 일과를 상세히 소개한다. 먼저 그는 새벽 4시에 일어나 오전 10시까지 글을 쓴다. 오후에는 10킬로미터를 뛴 후 수영을 한다. 나머지 시간은 음악 감상과 독서로 보낸 뒤 밤 9시쯤 잠자리에 든다. 그는 쓰고 있는 책을 탈고할 때까지 6개월 동안 매일 이 루틴을 지킨다. 글을 쓰는 데 필요한 체력을 운동으로 키우며, 운동이 창의성 못지않게 글쓰기에 매우 중요하다고 믿기 때문이다.

운동이 창의적 에너지에 엄청난 도움이 된다는 사실을 깨달은 것은 하루키뿐만이 아니다. 수많은 작가와 음악가, 배우, 화가, 과학자, 기업가가 운동으로 창의성을 키울 수 있음을 보여준다.

◐ 달리기와 창의성의 상관관계

내가 신체 활동이 뇌에 미치는 영향에 관심을 둔 이유 중 하나는 운동과 창의성의 연관 관계가 궁금했기 때문이다. 나는 달리거나 테니스를 치고 나면 좋은 아이디어가 떠오르곤 했다. 처음에는 우연이라고, 그저 머리가 좀 더 맑아진 것뿐이라고 생각했다. 하지만 그런 경험을 자꾸 했고 효과가 너무 분명해서 운동이 실제로 창의성을 끌어올리는 것인지 궁금해졌다. 창의성과 신체 활동에 관한 여러 연구 결과를 읽어보니 내 짐작이 맞았다. 내가 경험한 현상은 그저 운동으로 기분이 좋아졌거나 머리가 맑아졌기 때문이 아니었다.

산책으로 창의성을 끌어올린 사람들

뛰어난 창의성을 지닌 많은 인물이 운동이 창의성에 놀라운 효과가 있다는 사실을 증명했다. 아인슈타인은 자전거를 타다가 상대성 이론을 생각해냈다. 위대한 음악 천재 베토벤은 40대에 청력을 잃었음에도 교향곡 세 개를 작곡했다. 그는 낮에 휴식을 취할 때면 영감을 얻기 위해 오랫동안 산책하곤 했다. 찰스 다윈은 자신의 집인 다운 하우스(Down House) 주변을 한 시간씩 걸었는데 이 산책 코스를 '사색의 길'이라고 불렀다. 그가 생물학 분야의 가장 중요한 업적이라고 할 만한 종의 기원에 관한 획기적인 연구를 발전시킨 것도 바로 장시간의 산책 도중이었다.

더 최근으로 오면 애플 공동창업자이자 CEO였던 스티브 잡스가 있다. 그는 산책하면서 미팅하는 것을 즐겼는데, 회의실에 앉아 있는 것보다 함께 걸을 때 더 생산적인 대화가 이뤄진다고 생각했기 때문이다. 메타(페이스북) 창업자 마크 저커버그, X(트위터) 창업자 잭 도시 등 실리콘밸리의 많은 혁신가가 산책 미팅을 하는 것도 바로 잡스에게 영향을 받은 것이다.

◑ 확산적 사고 vs 수렴적 사고

운동이 창의성에 미치는 긍정적 영향을 보여주는 이런 일화들은 인상적이기는 하지만 확실한 증거가 없다. 운동이 창의적 사고를 촉진한다고 주장하거나 운동으로 창의성을 높이는 가장 효과적인 방법을 논하기 전에, 먼저 창의성이란 무엇이고 어떻게 테스트할 수 있는지 알아볼 필요가 있다.

뭔가가 창의적이라고 말할 수 있으려면 일단 기존에 없는 새로운 것이어야 하고 의미가 있어야 한다. 타인의 작품을 그대로 베낀 것은 창의적이지 않다. 또 만들어진 결과물이 어떤 목적이나 기능을 수행해야 한다. 아무 용도가 없는 무의미한 발명품은 창의적이라고 할 수 없다.

혁신과 창의성에 관한 연구에서는 대부분 창의성을 확산적 사고(divergent thinking)와 수렴적 사고(convergent thinking) 두 가지로 나눈다. 확산적 사고는 고전적인 브레인스토밍에 해당한다. 생각의 범위를 넓히고 풍부한 연상 작용을 이용해서 가능한 한 많은 답을 생각해내는 것이다.

확산적 사고를 평가하는 일반적인 테스트는 단어 연상을 토대로 한 '대체 용도 테스트(Alternative Uses Test)'다. 예를 들어 '벽돌'이라는 제시어를 듣고 벽돌을 활용하는 방법을 주어진 시간 내에 최대한 많이 생각해내는 것이다. 집을 지을 때 사용한다, 책을 읽을 때 문진으로 사용한다, 문이 닫히지 않게 괴어둘 때 사용한다 등. 답의 개수도 중요하지만 내용이 얼마나 구체적인가, 답들이 서로 얼마나 다른가도 중요하다. 답이 독특하고 다른 피험자가 이미 말한 것과 겹치지 않는 것이 좋다. 그러나 현실적으로 말이 안 되는 답(예를 들면 '벽돌로 우주 로켓을 만든다')은 좋은 답으로 간주하지 않는다.

간단해 보이지만 이 테스트는 개인의 창의성 수준을 꽤 정확하게 반영하는 것으로 드러났다. 그리고 시간제한이 있기 때문에 절대로 쉽지 않다. 이 테스트의 큰 장점은 IQ가 아니라 창의성만 평가한다는 점이다. IQ가 높다고 해서 반드시 결과가 더 좋지는 않다. 오히려 IQ가 높은 사람이 답을 몇 개밖에 말하지 못하고 막히는 경우도 많다.

수렴적 사고는 확산적 사고와 거의 정반대다. 수렴적 사고는 브레인스토밍 식으로 다양한 답을 내놓는 것이 아니라 하나의 정답을 빨리 도출하는 것이다. 여기서는 공통점을 찾아내는 것이 관건일 때가 많다. 예를 들어 어휘 세 개를 듣고 그 셋의 공통점을 빨리 찾아야 한다. 제시어가 '센트럴파크', '현대미술관', '엠파이어 스테이트 빌딩'이라고 하자. 이 셋의 공통점은 뉴욕의 관광 명소라는 것이다. 즉 한 가지(또는 소수의) 정답만 있고 그 외의 답은 틀리다. 수렴적 사고는 확산적 사고보다 속도와 논리가 중요하며 뇌에 더 부담을 준다. 그럼에도 수렴적 사고 역시 예술 분야에서든 과학 분야에서든 창의성에 매우 중요하다.

생각에 다리를 달아라

최근 이런 검사들 덕분에 신체 활동이 창의성을 끌어올린다는 과학적 증거가 모이고 있다. 이 주제를 다룬 한 인상적인 연구에서는 스탠퍼드 대학교 연구팀이 피험자 176명을 대상으로 여러 가지 창의성 검사를 진행했다. 이때 피험자 일부는 걸으면서 검사를 받았고 일부는 앉아서 검사를 받았다.

그 결과는 이 연구 논문의 제목인 '생각에 다리를 달아라: 걷기가 창의적 사고에 미치는 긍정적 영향(Give your ideas some legs: the positive effect of walking on creative thinking)'만 봐도 짐작할 수 있을 것이다. 피험자의 80퍼센트 이상이 걸으면서 검사를 받을 때 더 높은 점수가 나왔다. 그리고 그 차이는 작지 않았다. 걸으면서 검사받은 사람의 점수는 걷지 않은 사람보다 평균 60퍼센트 더 높았으며 주로 브레인스토밍과 새로운 아이디어를 내는 능력에서 성적이 좋았다.

그러나 수렴적 사고(정답이나 공통점을 찾는 능력)는 좋아지지 않았다. 이는 신체 활동이 논리적 사고보다는 아이디어 생산 능력을 더 끌어올린다는 점을 시사한다. 이 논문의 공저자 매릴리 오페초(Marily Oppezzo)는 이렇게 말했다. "걷기가 당장 우리를 미켈란젤로로 만들어준다는 의미는 아니다. 그러나 걷기는 창의적 프로세스의 초반 단계로 진입하는 데 도움이 된다."

환경이나 기분보다 움직이는 것이 더 중요하다

주변 환경의 변화가 다르게 생각하고 아이디어를 떠올리도록 자극한다고들 한다. 물론 어느 정도 일리 있는 말이지만 스탠퍼드 연구팀의 실험에 따르면 창의성을 높이기 위해서는 어디서 걷느냐가 크게 중요하지 않다. 일부 피험자는 실외인 대학 캠퍼스를 걸었고 일부는 실내에서 벽을 바라보며 러닝머신 위를 걸었지만 두 그룹 모두 창의성이 향상되는 결과를 보였다.

또한 창의적 사고에 영향을 미치는 것이 환경이 아니라 걷는 행위임을 확인하기 위해 일부 피험자는 휠체어에 탄 채 바깥 캠퍼스를 돌아다녔다. 즉 이들은 실외에서 걸은 사람들과 같은 환경에 있었지만 신체 활동은 하지 않은 것이다. 그 결과 창의성에 영향을 미친 것은 환경이 아니었다. 같은 길을 휠체어로 이동한 그룹에 비해 걸어 다닌 그룹의 창의성이 훨씬 더 좋아졌기 때문이다. 환경의 변화는 창의성에 영향을 미치지 않는 것으로 보였다. 장소가 아니라 걷거나 뛰는 활동 자체가 중요한 것이다.

집중하는 뇌는 왜 운동을 원하는가

걷기는 당장 우리를 미켈란젤로로 만들어주지는 않는다. 하지만 창의적 프로세스의 초반 단계로 진입하는 데 도움이 된다.

그렇다면 기분은 어떨까? 신체 활동을 하면 대개 기분이 좋아진다. 어쩌면 창의성이 향상되는 것도 운동 후에 전반적으로 기분이 좋아지기 때문일 수 있지 않을까? 그렇지는 않은 듯하다. 운동한 후 창의성 검사를 진행했을 때 운동으로 기분이 나아지지 않은 피험자들도 검사 점수는 더 좋아졌기 때문이다.

창의성 향상은 단순히 기분이 좋아져서 생기는 결과가 아니다. 새로운 아이디어를 떠올리는 능력은 신체 활동과 연관돼 있으며 환경 변화나 기분 같은 요인으로는 설명할 수 없다.

걷기와 뛰기, 어느 것이 좋을까

스탠퍼드 연구팀의 피험자들은 대학 캠퍼스를 돌아다니며 걸었다. 그런데 창의성을 높이려면 걷기가 더 좋을까, 달리기가 더 좋을까? 확실히 말하기는 힘들지만 달리기 또는 그와 비슷한 수준의 강한 운동이 걷기보다 더 낫다고 봐도 무방할 것 같다. 상대적으로 에너지를 더 쏟아야 그만큼 더 효과를 내는데 최소한 30분 이상은 운동해야 한다. 창의성이 향상되는 효과는 주로 운동 '후'에 나타나는데, 이는 차라리 잘된 일이다. 브레인스토밍을 걸으면서는 할 수 있지만 달리면서는 하기 힘드니까 말이다.

그렇다면 운동한 후에 창의성은 얼마나 오래 유지될까? 남은 평생 창의적인 사람으로 살 수 있을까? 슬프지만 그건 아니다. 창의성이 유지되는 시간은 매우 짧다. 창의성은 운동 후 한 시간에서 몇 시간 정도 올라가지만 점차 사라진다. 다시 영감을 얻고 싶다면 또 걷거나 달려야 한다. 무라카미 하루키가 날마다 달린 것을 떠올려보라. 하지만 창의성의 관점에서 보면 녹초가 될 때까지 무리하는 것은 바람직하지 않다. 실험에 따르면 과도하게 운동하는 사람은 운동 후 창의성 테스트에서 더 낮은 점수를 받는 경향이 있었다.

효과의 지속 시간이 왜 그렇게 짧은지, 무리한 운동은 왜 창의성에 해가 되는지는 정확히 알 수 없다. 하지만 이런 추정은 가능하다. 몸을 움직이면 뇌로 가는 혈류가 증가한다. 혈액을 더 공급받은 뇌는 더 효과적으로 움직이고 인지 능력(특히 창의성)이 좋아진다. 그러나 녹초가 될 만큼 운동하면 뇌로 가는 혈액이 줄어든다. 근육이 최대 성능을 발휘하도록 뇌로 갈 혈액이 근육으로 가는 것이다. 뇌에 혈액 공급이 줄면 정신 능력도 그만큼 덜 발휘될 수밖에 없다.

몸이 너무 지쳤을 때 명료하게 생각하기가 힘든 경험을 해봤을 것이다. 그렇긴 해도 피로 뒤에 찾아오는 창의성 저하는 일시적인 현상임을 기억하라. 고강도 운동 때문에 창의성이 장기적으로 떨어진다는 것을 보여주는 증거는 그 어디에도 없다.

먼저 건강한 몸부터 만들어라

운동하면 누구나 더 창의적인 사람이 될까? 혹시 생각지 못한 함정은 없을까? 한 가지 있다. 만족스러운 효과를 보려면 적당한 건강과 체력을 갖춰야 한다는 점이다. 실제로 건강한 사람은 운동과 동시에 진행하는 창의성 테스트에서 더 좋은 점수를 받는다. 건강하지 않은 사람은 창의성이 전혀 나아지지 않는 것으로 보인다. 오히려 힘들게 느껴지는 운동을 하고 몇 시간 후 창의성이 떨어지는 것이 관찰된다. 아마도 체력 소진 탓에 뇌로 가는 혈류가 줄어들기 때문인 듯하다. 건강하지 않은 사람은 별로 빠르지 않은 속도로 잠깐만 달려도 체력이 떨어져서 녹초가 될 수 있다.

그러므로 운동으로 창의성을 높이고 싶다면 먼저 건강한 몸과 체력을 만들어라. 만일 체력이 썩 좋지 않지만 그래도 창의성을 끌어올리고 싶다면 에너지가 완전히 고갈되지 않도록 산책을 하거나 느린 속도로 달리는 것이 좋다.

타고난 천재성이냐, 꾸준한 노력이냐

현재까지 보존된 한 편지에서 모차르트는 자신의 작곡 방법을 설명했는데, 그 과정은 마법처럼 보일 정도다. 이 천재 작곡가는 악기 근처에 가지도 않고 위대한 곡을 만들었다. 마치 이미 작곡이 다 끝나 있는 듯 머릿속에서 완성된 곡이 들려오면 그는 재빨리 오선지에 악보를 그렸다. 나중에 교향악단이 곡을 연주하면 그가 머릿속에서 처음 들었을 때와 똑같은 음악이 탄생했다.

엄청난 창의력을 발휘하는 이런 예술적 천재의 이미지는 대단히 매력적이어서, 우리 같은 평범한 사람은 이들의 뇌가 작동하는 방식을 상상조차 할 수 없다는 사실을 강조하기 위해 종종 사용되곤 한다. 하지만 위에서 말한 편지는 사실 가짜다. 모차르트는 그런 식으로 작곡하지 않았다. 그가 굳은 의지를 갖고 작업했으며 음악 이론과 기존 작곡 방법을 활용해 곡을 만들었다는 것을 보여주는 많은 증거가 있다. 그는 만족스러운 작품이 완성될 때까지 곡을 미세하게 조정하고, 다시 쓰고, 수정하느라 수없이 많은 시간을 보냈다. 모차르트의 위대한 작품들은 오히려 즉흥적인 영감보다는 노력의 결과물이라고 봐야 옳다.

뉴턴이 중력 이론을 발견한 과정에 관해서도 비슷한 일화가 존재한다. 그가 나무 밑에 앉아 있다가 사과가 떨어지는 것을 보고 중력을 발견했다는 것이다. 그러나 이 이야기에서 빠진 것이 있다. 그가 오랜 시간 수학 및 물리학과 힘겹게 씨름한 끝에 아이디어가 찾아왔다는 사실이다. 그리고 뉴턴이 자신의 이론을 완전히 정립하기까지는 사과 사건 이후로 20년이 걸렸다.

물론 모차르트와 뉴턴에게도 '유레카!'의 순간은 있었을 것이다. 그러나 그들의 빛나는 업적은 그저 우연히 찾아온 것이 아니라 오랜 인고와 노력의 결실이었다. 물론 노력만 하면 누구나 모차르트처럼 시대를 초월한 작품을 작곡하고 뉴턴처럼 과학사에 한 획을 그을 수 있는 건 아니다. 하지만 우리도 얼마든지 각자의 자리에서 창의적 능력을 갈고닦아 빛낼 수 있다.

많은 아이디어가 좋은 아이디어를 낳는다

당신은 브레인스토밍을 할 때 이런저런 아이디어를 일단 내놓고 보는 타입인가? 즉 자유연상을 최대한 활용해 아이디어를 연달아 제안하는가? 아니면 신중히 고른 두세 가지만 제시하고 그것으로 충분하기를 바라는 타입인가? 당연히 둘 중 전자의 프로세스가 더 창의적인 아이디어를 확보하는 좋은 방법이다.

확산적 사고를 평가하는 창의성 테스트를 해보면 아이디어를 많이 내는 사람에게서 '좋은' 아이디어도 더 많이 나오는 경향이 있다. 얼핏 당연한 얘기 같지만 분명 주목할 필요가 있는 현상이다. 많은 아이디어를 내면 쓸 만한 아이디어를 건질 가능성도 그만큼 커진다. 설령 나머지는 전부 형편없더라도 말이다. 고작 한두 개 떠올렸는데 그것이 끝내주는 아이디어인 경우는 그리 흔치 않다.

흔히 사람들은 창의적 작업에 필요한 끈기의 중요성을 과소평가한다. 모차르트와 뉴턴의 일화가 만들어진 것도 그 때문이다. 그러나 뭔가를 생각하고 아이디어를 구상하는 데는 노력이 필요하다. 운동은 확산적 사고와 수렴적 사고에만 좋은 것이 아니라 끈기를 갖고 아이디어를 구상하는 데 필요한 에너지도 준다. 운동으로 신체와 정신이 강해지면 추가적인 작업을 위한 체력이 늘어난다. 고된 글쓰기를 위해 달리기를 쉬지 않았던 무라카미 하루키를 생각해보라. 그리고 체력이 좋아지면 좋은 아이디어가 떠오를 가능성도 커진다.

🧠 창의성은 어떻게 작동하는가

창의력을 발휘할 때 뇌에서 일어나는 일에 관한 연구는 그동안 비약적 발전을 이뤘다. 우리는 이제 창의성 프로세스를 작동 원리를 알 수 없는 수수께끼 상자 같은 것으로 여기지 않는다. 일부 사람들이 유독 창의성이 뛰어난 이유가 밝혀지기 시작했다. 그리고 창의성을 연구하는 학자들은 고차원적 인지 기능을 담당하는 전두엽 같은 부위에만 집중하지 않으며 뇌의 깊숙한 곳에 자리한 시상에도 관심을 쏟는다.

정보를 분류하는 시상

우리의 뇌 안에서는 엄청난 양의 정보가 끊임없이 분류되고 있다. 지금 눈으로 보거나 귀로 듣는 내용, 팔다리의 위치, 방 안이 따뜻한지 추운지, 호흡으로 폐에 공기가 얼마나 자주 들어오는지, 심장이 얼마나 빠르게 뛰는지 등. 뇌는 한시도 쉬지 않고 이런 정보를 계속 전달받는다. 우리는 그중 일부 정보만 의식하고 나머지는 의식하지 못한다.

우리는 평소에 우리가 호흡을 어떻게 하고 있는지, 다리가 어떤 위치에 있는지 등에 의식적인 주의력을 별로 기울이지 않는다. 심신이 정상적으로 기능하려면 그래야만 한다. 만일 그 모든 정보가 의식에 도달한다면 감각 정보들에 압도당해 그 무엇에도 집중할 수 없을 것이다.

시상은 의식이 정보에 압도당하지 않게 막아주는 일종의 필터 역할을 하는 뇌 부위로, 자전거의 바큇살 중심처럼 뇌 안에 자리 잡고 있다. 시상이 뇌의 안쪽 중앙에 있는 것은 우연이 아니다. 뇌의 다양한 영역(감각 인상을 담당하는 중추들)에서 온 정보가 시상에 모이면 시상은 어떤 신호를 의식으로 보낼지 선택한다. 말하자면 시상은 상사(이 경우 대뇌피질과 의식)가 어떤 회의에 참석하고 어떤 회의에 빠질지 선택하는 비서와 비슷하다.

만일 시상이 일을 제대로 못 하면 대뇌피질이 정보 과부하에 걸려 제대로 기능하지 못할 위험이 생긴다. 비서가 판단력이 부족해 모든 회의에 무조건 참석하도록 스케줄을 짜면 상사는 종일 회의만 하느라 업무 효율성이 떨어지는 것처럼 말이다.

정신 질환과 창의성

전문가들은 조현병이라는 정신 질환에서 이런 종류의 정보 과부하가 일어나는 것으로 본다. 조현병 환자는 현실 감각을 잃어버리고 망상이나 환청 같은 증상을 겪는다. 이들은 뇌에 한꺼번에 너무 많은 감각 인상이 밀려 들어오는 탓에 실제 현실을 제대로 인식하지 못한다. 따라서 현실에 대한 자기만의 대안적 그림을 무의식적으로 만들어내는데, 이때 기이한 사고 패턴을 보이는 경우가 많다. 나도 이따금 내 상상력의 한계를 훌쩍 뛰어넘는 몹시 기괴한 망상에 집착하는 환자를 만날 때가 있다.

그러나 동전에는 언제나 양면이 존재하는 법이다. 시상이 많은 정보를 통과시켜 의식으로 보내는 것이 반드시 결점이나 정신 질환의 원인이 되지는 않는다. 그리고 이는 창의성과도 연관된 것으로 보인다. 즉 뜻밖의 연상 작용이 일어나 틀을 깬 창의적 사고를 낳을 수도 있다. 대뇌피질과 의식에 많은 신호가 도달하면 독특한 아이디어를 떠올리고 상황을 다른 관점에서 볼 가능성이 커지기 때문이다.

이와 관련해 뇌는 어떻게 작동하는 것일까? 시상이라는 필터가 정상적으로 기능하려면 도파민이 필요하다. 하지만 너무 많아도, 너무 적어도 안 되며 딱 적절한 양이어야 한다. 만일 도파민 수치가 적정 수준에서 벗어나면 시상을 통과하는 정보의 양이 적정선을 넘어 정보 과부하로 이어질 가능성이 있다. 이는 우리에게 이로울 수도, 문제를 일으킬 수도 있다.

다시 말해 시상의 도파민 수치 변화가 창의성 증가도, 정신 질환도 일으킬 수 있는 것이다. 이를 뒷받침하는 근거가 있다. 스웨덴 카롤린스카 대학교의 신경과학자 프레드리크 울렌(Fredrik Ullén)이 진행한 실험을 보면 확산적 사고를 평가하는 창의성 테스트에서 현저히 높은 점수를 받은 사람들은 시상에 도파민 수용체가 적어서 이례적인 도파민 수치를 나타냈다. 결과적으로 이들은 시상이 더 많은 정보를 통과시켜 창의성을 더 잘 발휘한다.

흥미로운 점은 창의성 테스트의 점수가 좋은 조현병 환자들에게서도 같은 현상이 관찰됐다는 사실이다. 이들 역시 시상에 도파민 수용체가 적었다. 하지만 이들은 정신 질환을 얻은 것이다. 그렇다면 정신 질환을 앓을지, 창의성이 뛰어난 사람이 될지를 결정하는 요인은 무엇일까?

현재로서는 확실한 답을 알지 못한다. 그러나 이렇게 추정해볼 순 있다. 여러 측면에서 효과적으로 작동하는 뇌에는 밀려 들어오는 정보가 부담이 아니라 자산이 될 수 있다. 뇌의 탄력성과 유연성이 좋아서 무의식적으로 대안적 현실을 만들지 않고도 늘어난 정보가 주는 부담을 충분히 처리하는 것이다. 이런 사람은 정신 질환에 빠지지 않고 남다른 방식으로 자유연상을 하면서 독창성을 발휘할 수 있다. 그러나 상황을 정상적으로 처리할 능력이 부족한 뇌는 밀려오는 정보를 감당하지 못하고 결국 정신 질환에 빠져 현실 감각을 잃을 수 있다.

뇌에서 일어나는 일은 흑백의 이분법으로 설명할 수 있는 경우가 별로 없다. 시상에서 많은 양의 정보를 통과시켜 의식으로 보내는 사람을 창의적이거나 정신 질환이라고, 즉 둘 중 하나라고 딱 잘라 말할 수 없다는 얘기다. 그보다는 그런 특성의 징후들이 다양한 수준의 강도로 나타나는 회색 지대가 존재한다고 보는 것이 정확하다.

사람들은 창의성과 정신 질환 사이의 넓은 스펙트럼 어딘가에 있다. 어떤 사람의 뇌는 많은 양의 정보를 처리해야 해서 필사적으로 일할 것이다. 그들은 삶의 어느 시기에는 정신 질환과 비슷한 증상을 보일 수도 있지만, 뇌가 원활하게 작동하는 시기에는 남들이 상상하지 못하는 창의적 결과물을 만들어낼 수도 있다.

천재성과 정신 질환은 한 끗 차이다

역사 속에는 창의성과 정신 질환이 얼마나 가까운 관계인지 보여준 인물이 많다. 대표적으로 화가 빈센트 반 고흐와 철학자 프리드리히 니체를 들 수 있다. 두 사람 모두 엄청난 창의성의 소유자였지만 한편으론 정신 질환도 앓았다.

최근에는 노벨경제학상 수상자인 존 내시(John Nash)가 있다. 영화 〈뷰티풀 마인드〉에서 러셀 크로가 연기한 천재 수학자의 실제 모델인 내시는 세계적으로 유명한 수학자였지만 조현병을 앓았다. 환청과 망상에 시달린 그는 자신이 미행당하고 있으며 누군가가 자신을 해하려는 음모를 꾸미고 있다고 믿었다. 그는 이 병이 저주인 동시에 축복이라고 생각했다. "만일 내가 정상적인 사고를 하는 사람이었다면 그런 훌륭한 학문적 성취를 이루지 못했을 것이다."

창의성이 뛰어난 이들 중에 자신은 정신 질환이 없지만 가족 중에 그런 사람을 둔 경우도 심심찮게 있다. 우리 시대의 가장 위대한 천재 중 한 명인 아인슈타인은 아들이 조현병을 앓았다. 수학자이자 철학자, 저술가, 사회운동가였던 대학자 버트런드 러셀(Bertrand Russell)의 친척 중에는 조현병 환자가 여럿이었다. 20세기의 위대한 뮤지션 데이비드 보위에게는 조현병을 앓는 형제가 있었다.

이는 다음과 같은 관점으로 설명할 수 있을지 모른다. 창의성 천재와 정신 질환을 지닌 가족 모두 시상을 통과하는 정보의 양이 많아서 생각의 흐름도 더 활발하지만, 누군가는 과도한 양의 정보를 처리해 활용할 수 있는 뇌를 갖고 있고 이 경우 창의성 천재가 되었다. 하지만 상대적으로 탄력성과 기능이 떨어지는 뇌를 지닌 가족은 정신 질환을 앓은 것이다.

운동으로 창의력이 발휘될 조건을 마련하라

전두엽은 우리가 시상을 통과하는 정보와 아이디어를 활용하는 데 중요한 역할을 하는 것으로 보인다. 앞에서 살펴봤듯이 운동은 전두엽을 강화한다. 단기적으로는 뇌로 가는 혈류를 늘려 전두엽의 성능을 높이고, 장기적으로는 3장에서 살펴본 여러 메커니즘을 통해 효과를 낸다. 즉 운동은 아이디어의 흐름을 이용해 생산적인 결과를 만들어낼 수 있는 제반 조건을 향상한다.

게다가 운동은 아이디어의 흐름을 관리하는 능력만 향상시키는 것이 아니라 그 흐름 자체에 영향을 미칠 가능성도 크다. 여기에 정확히 어떤 메커니즘이 있는지는 아직 모르지만 어쩌면 신체 활동이 시상의 필터 기능에서 중요한 역할을 하는 도파민에 영향을 미치기 때문일 수 있다.

하지만 도파민과 관련해서는 항상 많을수록 또는 적을수록 더 좋다고 말할 순 없다. 뇌 안의 시스템은 굉장히 복잡해서, 특정 물질이 너무 많거나 적다는 사실로 무언가를 설명하는 이론은 지나치게 단순한 접근법인 경우가 많다. 대신 이런 관점으로 보는 편이 합당할 것이다. 뇌 안에서는 여러 시스템이 나름의 조화를 이

> **문제의 해결책이 떠오르지 않아 답답한가?**
> **책을 쓰려는데, 창업을 하려는데 끝내주는**
> **아이디어가 나오지 않는가?**
> **그렇다면 당장 밖으로 나가 뛰어라!**

루며 가동되는데, 운동은 도파민 시스템을 미세하게 조율하면서 우리의 기분과 시상을 통과하는 정보의 양에 영향을 미치고 그로써 창의성에도 영향을 미친다고 말이다.

우리는 저마다 다른 정도의 창의적 재능을 지니고 태어나며 이는 바꿀 수 없다. 하지만 그 재능을 어떻게 활용할지는 우리에게 달려 있다. 창의성에는 여러 다양한 요인이 중요한 역할을 하지만 운동은 특히 더 중요하다. 직장에서 문제의 해결책이 떠오르지 않아 답답한가? 책을 쓰려고 하는데 또는 창업을 하고 싶은데 끝내주는 아이디어가 나오지 않는가? 그렇다면 당장 밖으로 나가 뛰어라! 무라카미 하루키와 베토벤이 운동으로 놀라운 효과를 얻었다면 당연히 우리도 그럴 수 있다.

창의성 향상을 위한 처방전

창의성을 높이는 가장 좋은 방법은 달리기나 그와 비슷한 강도의 운동을 하는 것이다. 산책도 괜찮지만 달리기보다 효과는 떨어진다. **적어도 20~30분은 뛰어라.** 창의성이 좋아지는 효과는 운동 후에 나타나며 두 시간 정도 지속된다.

녹초가 될 때까지 뛰지는 마라. 강도 높은 운동 이후 몇 시간 동안은 창의성이 감소하기 때문이다(하지만 장기적으로 줄어드는 것은 아니다).

건강한 신체를 만들어라. 그래야 운동이 창의성에 미치는 효과가 커진다. 운동은 주로 브레인스토밍 능력을 높이지만 이는 사람마다 다를 수 있다.

7장

성장하고
성취하는 뇌

아이들이 잠재력을 완전히 펼치려면
몸을 움직여야 한다.

캐서린 데이비스(Catherine Davis), 심리학자

국제학업성취도평가(Program for International Student Assessment, PISA)는 15세 학생들의 학습 성과를 측정하는 평가로, 각국 학생의 학업 역량을 비교하는 데 사용한다. 2012년 시행된 PISA의 결과가 2013년 12월에 발표되었을 때 스웨덴 국민은 충격에 빠졌다. 스웨덴 학생의 성적은 상위권인 한국이나 싱가포르, 홍콩보다 순위가 한참이나 아래였다. 그뿐만 아니라 OECD 국가들의 평균에도 못 미쳤으며 북유럽 국가 중에서도 꼴찌를 기록했다. 스웨덴 학생의 읽기, 수학, 과학 능력은 끔찍한 상태였다. 무엇보다 우려스러운 것은 시간 흐름에 따른 추세였다. 스웨덴은 그전 평가보다 순위가 가장 많이 떨어진 나라였던 것이다.

이후 스웨덴에서는 이 상황을 개선할 방안에 관해 활발한 토론이 이뤄졌다. 그런데 이런 토론에서는 교수법이나 학급 규모가 아닌 다른 것에 초점을 맞춰야 한다. 아이들의 기억력과 학습 능력에 어마어마한 영향을 미친다고 밝혀진 것, 즉 운동에 주목해야 한다는 얘기다. 하지만 요즘은 학교의 체육 수업조차도 제대로 이뤄지지 않는다.

교실 안의 수업만 아이들 교육에 영향을 미치는 것이 아니다. 연구에 따르면 신체 활동은 확실히 학습 능력을 강화한다. 학교에서 이뤄지는 체육 활동은 축구장이나 체육관에서 목격되는 신체적 기량 변화뿐 아니라 더 많은 뜻밖의 결과를 가져온다. 대회에 나가 우승하거나 특정 스포츠 실력을 키워야 한다고 말하는 게 아니다. 기초적인 체육 활동이 꾸준히 이뤄져야 하며 이는 수학과 영어를 학습할 수 있는 기본 토대를 다져준다.

● 체육 성적이 좋으면 수학 성적도 좋을까

운동이 3R[읽기(reading), 쓰기(writing), 셈하기(arithmetic)]에서 아이들의 학습 성과를 높인다는 강력한 증거가 발견됐다. 이 증거가 나온 곳은 미국의 명문 대학이 아니라 스웨덴 남부 스코네의 교외 지역인 분케플로다. 연구팀은 이곳 초등학교의 두 학급을 매일 운동 경기에 참여하게 하고 추적 관찰했다. 대조군인 또 다른 학급은 원래 일주일에 두 번 있는 체육 수업만 받았다.

아이들은 참여하는 운동의 양만 제외하고 모든 면에서 비슷했다. 모두 같은 지역에 살았고 같은 학교에 다녔으며 같은 교과목을 공부했다. 어떤 결과가 나왔을까? 날마다 운동한 아이들은 대조군보다 체육 수업 성적이 좋았다. 이는 충분히 예상 가능한 일이다. 하지만 뜻밖의 결과는 이 아이들이 수학, 스웨덴어, 영어 과목의 성적도 더 좋았다는 점이다. 이들 과목의 추가 교습을 받지 않았음에도 말이다.

그리고 이 효과는 몇 년에 걸쳐 지속됐다. 매일 운동한 아이들은 훌륭한 성적으로 학교를 졸업한 수가 대조군보다 더 많았다. 특히 남자아이에게서 효과가 두드러졌다. 보통은 여자아이가 남자아이보다 성적이 높지만 매일 운동한 아이들의 성적에는 성별 간 차이가 없어진 것이다. 여태껏 다른 접근법으로는 이런 결과를 얻은 적이 없었다.

스코네에서만 이런 연관 관계가 확인된 것은 아니다. 미국에서도 초등학교 3학년 및 5학년 학생 약 250명을 관찰한 연구가 있다. 연구진은 심혈관계 건강, 근력, 민첩성을 바탕으로 아동의 전반적 신체 건강을 파악하고 아동의 학업 성적을 관찰했다. 그러자 이때도 역시 분명한 연관 관계가 보였다. 신체적으로 건강한 아이가 수학과 독해 성적이 더 좋았다. 건강도가 높을수록 성적도 높은 경향이 있었다.

과체중 아동은 반대의 결과를 보였다. 과체중 정도가 심할수록 성적이 더 낮았다. 뚱뚱한 아이는 공부에 관심이 많고 운동을 좋아하는 아이는 머리가 비었다는 선입견이 완전히 근거 없는 것이었음을 보여주는 결과였다.

겨우 250명을 살펴보거나 스웨덴의 초등학교 학급 몇 개를 관찰하고 결론을 내리는 것은 성급하지 않을까? 그렇다면 다른 연구도 살펴보자. 미국 네브래스카주에서 약 1만 2,000명의 아동을 연구했는데, 건강한 아이가 그렇지 못한 아이보다 수학과 영어에서 더 높은 점수를 받았다. 그러나 과체중(미국의 큰 골칫거리다)은 별다른 영향을 미치지 않았다. 과체중 아동은 정상 체중 아동보다 점수가 특별히 더 좋지도, 나쁘지도 않았다.

운동은 어떻게 아이의 수리 및 언어 능력을 높이는 것일까? 앞서 5장에서 살펴봤듯이 운동을 하면 성인은 해마(기억력과 감정 조절에서 중요한 역할을 한다)가 커진다. 이 현상은 아동에게도 일어나는 것으로 보인다. 10세 아이들의 뇌를 MRI로 촬영했더니 건강한 아이는 해마가 더 컸다. 이 결과는 건강한 아이가 기억력 검사에서 더 높은 점수를 받은 것과 밀접한 관련이 있었다. 요컨대 신체 건강 상태가 좋으면 해마가 커지고 기억력 검사 점수도 높다.

게다가 기억력 검사 내용이 복잡할수록 건강한 아이와 그렇지 않은 아이의 차이가 더 컸다. 간단한 검사에서는 별로 차이가 나지 않았지만, 어려운 검사에서는 건강한 아이가 훨씬 월등한 실력을 보였다.

단 한 차례의 운동만으로도 나타나는 효과

운동은 성인의 뇌에만 즉각적인 영향을 미치는 것이 아니다. 아동의 뇌에도 강화 효과가 빠르게 나타난다. 한 실험에서 9세 아이들에게 20분 동안 운동을 시켰더니 독해 능력이 눈에 띄게 좋아졌다. 그저 한 차례 운동으로도 학업 능력에 변화가 생긴 것이다! 왜 그렇게 되는지 정확한 이유는 알 수 없지만 신체 활동 직후에 아동의 주의력 지속 시간이 길어지는 것은 확실하다. 따라서 주의력 지속 시간이 독해 능력에 영향을 미쳤다고 추정할 수 있다.

**9세 아이들에게 20분 운동을 시켰더니
독해 능력이 눈에 띄게 좋아졌다.
한 차례 운동만으로도 학업 능력에 변화가 생긴 것이다!**

또 다른 실험에서는 성인의 체력 향상에 필요한 최소한의 운동량을 조사하듯이, 아동의 주의력 지속 시간을 늘리기 위한 최소한의 운동량을 알아봤다. 그 결과는 놀라웠다! 실험에 참여한 10대 피험자들이 12분 동안 달리기를 하자 독해력과 시각 주의력(visual attention)이 모두 향상되었다. 이 효과는 한 시간 가까이 지속됐다. 심지어 10세 아이들은 겨우 4분 정도의 신체 활동만으로도 집중력을 높여 딴 곳에 정신을 팔지 않을 수 있었다.

운동은 주의력 지속 시간과 기억력만 향상시키는 것이 아니다. 4~18세 아이들이 신체적으로 활발히 움직이면 사실상 모든 인지 기능이 좋아진다. 다중작업, 작업 기억, 집중력 등 모든 측면이 향상되며 의사결정 능력 등을 포함한 실행 기능도 마찬가지다.

실행 기능이라는 용어 자체는 마치 기업 임원이나 지닐 법한 능력처럼 들릴지 모른다. 하지만 아이도 주도적으로 행동하고 결정을 내릴 줄 알아야 한다. 어른뿐 아니라 아이도 계획을 세우고 질서 있게 정리하며 휴대전화의 유혹을 이기고 현재 하는 일에 집중하는 능력이 필요하다. 또 순간적인 충동을 따르지 않고 자제할 줄 아는 것도 필요하다. 따라서 아이의 학업 성취도를 높이려면 실행 기능이 필요하다는 것은 백번 옳은 말이다.

운동하는 아이는 스트레스도 덜 받는다

신체 활동이 아동에게 미치는 긍정적 영향은 학업 성취도나 실행 기능에만 국한되지 않는다. 몸을 많이 움직이는 아이는 스트레스에도 덜 민감하다.

핀란드의 초등학교 2학년생 258명을 대상으로 진행한 실험에서 아이들이 스트레스 상황에 어떻게 반응하는지 그리고 스트레스에 대한 취약성과 신체 활동량 사이에 연관 관계가 있는지 살펴봤다. 2학년 아이에게 얼마나 몸을 움직이느냐고 물어서는 신뢰할 만한 답을 얻기 힘들기에, 아이들에게 보수계를 착용하게 했다. 스트레스 회복력은 일상의 스트레스 상황과 비슷한 테스트를 이용해 측정했다. 예컨대 정해진 시간 내에 산수 문제를 풀거나 사람들 앞에서 발표하도록 했는데, 이는 어른만큼이나 아이에게도 강한 스트레스를 유발하는 상황이다.

결과를 보니 연관 관계가 분명히 나타났다. 평소에 많이 걷는 아이는 별로 걷지 않는 아이에 비해 스트레스에 강하게 반응하지 않았다. 이는 차분한 태도로만 나타난 것이 아니다. 산수 문제 풀기와 발표가 끝난 뒤에 측정해보니 많이 걷는 아이는 스트레스 호르몬인 코르티솔 수치도 잘 걷지 않는 아이보다 덜 높았다. 이는 신체 활동을 활발히 하는 아이가 스트레스 회복력이 더 좋다는 강력한 증거다.

이런 연구 결과를 읽는 부모는 죄책감을 느끼기 쉽다. 특히 아이가 운동에는 관심이 없고 컴퓨터 앞에만 붙어 있다면 더 그럴 것이다. 어떻게 하면 아이를 움직이게 할 수 있을까? 우선 아이에게 하고 싶은 활동을 직접 고르게 해서 흥미를 조금씩 키워주는 게 좋다. 미국의 한 연구팀은 움직이기를 싫어해 쉬는 시간에 거의 앉아서 보내는 과체중 초등학생들을 방과 후에 함께 놀게 하되, 참여를 유도하기 위해 자신이 재미있다고 생각하는 활동을 직접 고르게 했다. 아이들은 각자 선택에 따라 달리거나 줄넘기를 하거나 구기 종목 스포츠를 했다.

이후 살펴보니 아이들은 따로 과외수업을 받지 않았는데도 수학 성적이 올랐다. 더 활발하게 몸을 움직이며 뛰어놀수록 성적 향상 폭이 컸다. 20분간의 짧은 운동도 효과가 있었지만 가장 성적이 많이 오른 것은 적어도 40분 이상 움직이면서 심박수를 크게 올린 아이들이었다. 심박수는 분당 최대 150회까지 올렸을 때 긍정적인 결과가 나타났다.

이런 긍정적 효과는 수학 성적에서 그친 것이 아니다. 평소 움직이기 싫어했지만 운동에 참여한 과체중 아이들 일부의 뇌를 MRI로 검사했더니 전전두엽 피질(이마 안쪽에 있으며 추상적 사고, 집중력, 계획 수립 등에 중요한 부위)의 활동이 늘어나 있었다. 연구팀은 이 결과를 이렇게 요약했다. "아이들이 잠재력을 완전히 펼치려면 몸을 움직여야 한다."

운동은 단기적, 장기적으로 뇌에 이롭다

운동이 단기적으로나 장기적으로 아이들의 뇌에 놀라운 영향을 미치는 것은 분명하다. 한 차례의 운동만으로도 주의력 지속 시간이 길어지고 집중력과 독해력이 향상된다. 이 효과는 한 시간에서 몇 시간 지속되다가 점차 사라진다. 또 성인과 마찬가지로 아이 역시 몇 개월간 규칙적으로 운동하면 장기적인 이로움을 얻을 수 있다.

운동 종류는 크게 중요하지 않다. 조깅, 뛰어다니며 놀기, 테니스, 축구 경기 등 모든 운동이 긍정적 효과를 낸다. 중요한 것은 심박수를 올리는 일이다. 어떤 종류의 활동을 하느냐가 아니라 몸을 움직인다는 사실 자체가 중요함을 잊지 마라.

그렇다면 뇌 발달의 관점에서 볼 때 아이들에게 특히 신경 써서 운동을 시켜야 하는 연령이 있을까? 아직 정확히는 모르지만 많은 단서가 초등학생 연령대의 아이들이 운동으로 가장 큰 이로움을 얻는다는 것을 보여준다.

뇌의 여러 영역을 강화한다

뇌는 회백질(gray matter)과 백질(white matter)로 이뤄져 있다. 대뇌피질이라고도 부르는 회백질은 뇌의 가장 바깥쪽 표면에 해당한다. 두께는 2~4밀리미터 정도이며 실제로는 회색이라기보다는 뇌에 혈액을 공급하는 혈관 때문에 분홍빛을 띤다. 이 회백질에서 뇌의 복잡한 고차원적 활동이 일어난다. 정보가 분류되고 기억이 저장된다. 에너지 소비량을 감안하면 이곳에서 복잡하고 중요한 프로세스를 담당하는 것도 별로 놀랍지 않다. 회백질은 뇌 용적의 약 40퍼센트만 차지하는데도 뇌 전체 에너지의 90퍼센트 이상을 사용한다.

회백질의 안쪽 부분에 있는 백질은 여러 뇌 영역 사이에 정보를 전달하는 통로 역할을 한다. 백질은 신경세포에서 길게 뻗어 나온 가지인 축삭돌기(axon)로 이뤄져 있으며 축삭돌기는 세포들의 소통에 사용된다. 쉽게 비유하자면 회백질은 여러 대의 컴퓨터로, 백질은 컴퓨터들 사이에 신호를 전달하는 케이블로 생각하면 된다. 백질이 백색으로 보이는 것은 축삭돌기를 감싸고 있으며 많은 지방을 포함한 미엘린(myelin)이라는 절연 물질 때문이다. 미엘린은 세포 사이의 신호 전달이 원활하게 이뤄지도록 돕는다.

회백질과 백질 모두 뇌의 기능에 필수적 역할을 한다. 힘든 작업 대부분을 수행하는 것은 회백질이지만, 만일 축삭돌기가 성능이 떨어져 신호를 전달하지 못하면 회백질도 제대로 작동할 수 없다. 모든 부품이 제대로 연결돼야 컴퓨터가 돌아가는 것과 같은 이치다. 그렇다면 신체 활동을 활발히 하는 아동의 뇌에서 더 크게 변하는 것은 어느 쪽일까? 회백질일까, 백질일까? 답은 '둘 다' 이다! 운동을 하면 해마에서 회백질의 성장이 먼저 눈에 띈다. 하지만 백질 역시 운동으로 강화된다.

규칙적으로 운동하는 아동의 뇌에서는 특히 백질의 변화가 나타나는데, 회백질과 마찬가지로 더 두꺼워지고 밀도가 높아진다.

그렇다면 성능도 더 좋아진다는 의미가 분명하다. 생물학에서는 이를 '백질 완전성(white matter integrity)'이라고 부른다. 백질이 컴퓨터들을 연결하는 케이블과 같다고 했던 비유를 떠올려보라. 운동하는 아동은 이 연결이 더 효과적으로 일어난다. 즉 여러 뇌 영역 사이에 정보가 더 효율적으로 전달되어 전체 뇌 성능이 좋아지는 것이다.

회백질이 인지 기능에 필수적이라는 사실에는 의심의 여지가 없지만 백질 역시 중요한 역할을 하는 듯하다. 실제로 백질은 학업 성취도와 연결되는 것으로 드러났다. DTI(Diffusion Tensor Imaging, 확산텐서영상)로 초등학생들의 뇌를 촬영해보니 뇌 왼쪽 반구의 백질이 수학적 능력과 연관된 것으로 드러났다. 건강한 아동이 성적이 더 좋은 이유가 백질의 강화 때문인지는 확실히 알 수 없지만 영향을 미친다고 볼 만한 근거가 많다.

뇌의 케이블 시스템인 백질에 운동이 미치는 이로움은 아동만 얻는 것이 아니다. 운동은 연령에 상관없이 모든 사람의 백질을 강화하는 것으로 보인다. 나이 든 사람의 백질 상태와 활동량 사이에는 매우 강한 상관관계가 존재한다. 백질을 강화하기 위해 고강도 운동을 할 필요는 없다. 일상생활에서 활동을 늘리고 오래 앉아 있는 습관을 피하면 된다. 무리해서 마라톤을 할 필요는 없는 것이다.

뇌 성능을 높이는 스탠딩 책상

사무실에서 스탠딩 책상을 쓰는 사람이 많아졌다. 대개는 일하는 동안 칼로리 소비량을 늘리고 싶어서 사용한다. 앉아 있을 때보다 서 있을 때 에너지를 더 소비하는 것은 맞지만(거의 두 배) 칼로리 소비 증가는 뇌에서 일어나는 변화에 비하면 장점 축에도 못 낀다. 결론부터 말하면 학교에서든 일터에서든 서 있으면 뇌의 성능이 좋아진다.

한 연구에서 7학년 학생들의 학업 능력을 검사하기 위해 인지 검사를 시행했는데, 이 학생들은 학교에서 스탠딩 책상을 사용한 후로 집중력이 높아졌고 작업 기억과 실행 기능도 향상되었다. 인지 검사에서는 독해력, 기억력, 문제 해결 능력 등 좋은 성적을 받는 데 필요한 특성들을 측정했다. 스탠딩 책상을 사용하기 전과 후를 비교해보니 인지 검사 점수가 평균 10퍼센트 높아졌다.

연구팀은 인지 검사에 그치지 않고 뇌 MRI 촬영도 진행했다(지금쯤이면 이런 종류의 연구에 나타나는 패턴을 알아챘을 것이다. 먼저 정신 능력 테스트를 하고 그다음에 MRI 검사로 뇌의 작동을 관찰한다). 그러자 인지 검사 결과에 부합하는 결과가 나왔다. 서서 수업을 들은 아이들은 작업 기억과 실행 기능에 중요한 전두엽의 활동성이 증가했다.

선 채로 수업을 들은 아이들에게서 관찰된 결과, 즉 전두엽의 활동 증가로 작업 기억과 집중력이 좋아지는 것은 달리기나 걷기 등의 신체 활동을 한 성인 및 아동에게서 나타나는 현상과 같았다. 그렇다면 결론은 분명하다. 서 있으면 뇌 성능이 좋아지고 서서 공부하면 집중력과 학습 능력이 올라간다.

🧠 지능이 체력에 비례한다는 증거들

몇 년 전까지만 해도 운동으로 아동과 성인의 뇌가 그토록 크게
변할 수 있다고 믿는 사람은 많지 않았다. 하지만 이제 우리는 운
동이 우울과 불안을 완화하고 스트레스 대응력을 높이며 기억력
과 창의력, 집중력을 향상한다는 것을 확실히 안다. 이를 통틀어
흔히 인지 능력 또는 정신 능력이라고 부른다. 여러 인지 능력을
종합적으로 측정한 결과가 지능이다. 만일 운동으로 인지 능력이
강화된다면 IQ도 높아져야 마땅하지 않을까? 운동하면 정말로
머리가 더 똑똑해질까? 만일 그렇다면 그보다 더 반가운 소식도
없을 것이다.

과학자들은 일찍이 1960년대부터 그 답을 찾으려고 시도했지
만 결론에 도달하기는 쉽지 않았다. 이는 닭이 먼저냐, 달걀이 먼
저냐 하는 문제와 비슷했다. 검사 결과 건강한 사람이 지능도 높은
것으로 나왔다면 인과관계를 규명해야 하는 문제가 남는다. 운동
하면 더 똑똑해지는 것일까, 아니면 원래 똑똑한 사람이 운동을 더
좋아하는 것일까?

스웨덴 남성 100만 명 이상의 데이터가 이 수수께끼를 푸는 데
중요한 역할을 했다. 최근까지만 해도 스웨덴의 모든 18세 남성

은 병역 의무를 졌다. 신병들은 하루 동안 수많은 검사를 받았는데, 지구력을 측정하기 위해 페달의 저항이 계속 올라가는 운동용 자전거에 올라 거의 탈진이 될 때까지 페달을 밟았다. 나도 이 검사를 받았는데 정말이지 토할 만큼 힘들었다. 자전거에서 내려왔을 때는 제대로 서 있기조차 힘들었다. 자전거 테스트가 끝나면 근력 테스트를 받았고 그다음에는 심리 검사를 했다. 그리고 마지막은 IQ 검사를 받았다.

26년에 걸쳐 120만 명 이상의 18세 남성이 이와 같은 검사를 받았다. 이 결과를 최근에 취합해 분석해보니 매우 분명한 상관관계가 드러났다. 평균적으로 건강한 젊은이가 더 똑똑했던 것이다. 체력 테스트에서 높은 점수를 받은 이들은 건강하지 않은 이들보다 IQ 검사 점수가 높았다.

어떻게 더 똑똑해질까

하지만 운동이 신병을 더 똑똑하게 만든 것일까, 아니면 원래 똑똑한 신병이 그렇지 않은 사람보다 운동을 더 많이 한 것일까? 이를 알아보기 위해 연구팀은 일란성 쌍둥이로 눈을 돌렸다. IQ에 영향을 미치는 중요한 요인 하나는 부모의 IQ다. 지능은 상당 부분 유전되기 때문이다. 일란성 쌍둥이는 같은 유전자를 지녔고 대개 같은 환경에서 성장한다. 일란성 쌍둥이의 IQ 검사를 해보면 일반적으로 두 명이 매우 비슷한 수준으로 나온다.

앞 사례의 신병들 중 일란성 쌍둥이는 1,432쌍이었다. 이 중 일부 쌍둥이들은 한 사람은 건강하고 다른 사람은 그렇지 않았다. 그런데 일란성 쌍둥이이므로 IQ가 비슷해야 하는데 이들은 그렇지 않았다. 대체로 건강한 쪽이 건강하지 않은 쪽보다 IQ 점수가 더 높았다. 즉 체력과 IQ 사이에 상관관계가 존재했다.

전체적으로 볼 때 모든 단서가 같은 결론을 가리킨다. 운동은 우리를 더 똑똑하게 변화시킨다는 것이다. 하지만 염두에 둘 점이 하나 있다. 지구력만이 높은 IQ와 연관성을 지닌다는 사실이다. 근력이 좋은 신병은 IQ가 더 높게 나오지 않았다. IQ 검사는 어휘 이해력, 수학적 및 논리적 추론, 입체 도형의 이해 능력 등 여러 종류의 지능을 측정한다. 이 모든 범주에서 높은 점수를 받는 것은 좋은 체력과 연관돼 있었다. 가장 강한 상관관계는 좋은 체력과 뛰어난 논리 및 어휘 이해력 사이에서 나타났다.

알다시피 논리적 사고와 어휘 이해력에 특히 중요한 부위는 해마와 전두엽이다. 방금 말한 강한 상관관계가 존재하는 것은, 운동으로 가장 큰 영향을 받는 곳이 해마와 전두엽이라는 사실과 정확히 부합한다.

건강하면 더 좋은 직업을 갖게 될까

신병들의 데이터는 흥미로운 상관관계를 찾는 과학자들에게 귀한 자료를 제공했다. 예를 들어 18세에 건강하고 체력이 좋았던 사람은 훗날(40세쯤에) 학력이 더 높았고 연봉이 더 높은 직업을 갖는 경향이 있었다. 또 그런 사람은 우울증을 앓는 비율이 낮았

모든 단서가 같은 결론을 가리킨다. 운동을 하면 더 똑똑해진다.

으며 자살하거나 자살을 시도한 경우가 더 적은 것으로 볼 때 임상적 우울증 발병도 더 낮았다. 정신 질환 측면의 통계만 있는 것이 아니다. 뇌에 미친 다른 긍정적 효과도 분명히 드러났다. 18세에 건강하고 체력이 좋았던 사람은 나중에 뇌전증이나 치매에 걸리는 비율도 낮았다.

이 모든 것이 오로지 18세에 건강했다는 이유만으로 생긴 결과라는 뜻은 아니다. 그보다는 18세에 건강한 사람은 30세나 40세에도 건강할 가능성이 더 크다고 해석하는 편이 나을 것이다.

사람들이 운동의 효과를 모르는 이유

나는 과학 논문을 꽤 많이 읽는 편이지만 가끔 이런 연구 결과를 만나면 오히려 회의감이 살짝 고개를 들곤 했다. 곧장 이해되지 않는 탓이다. 아이들이 매일 15분씩만 뛰어놀아도 독해력과 수학 실력이 좋아진다면 그것만큼 반가운 일도 없겠지만, 사실이라고 믿기에는 너무 좋은 소식인 것처럼 느껴진다.

만일 당신도 그렇다면 조금만 더 시간을 들여 이번 장에서 읽은 내용을 곰곰이 생각해보라. 신체 활동을 하면 아이의 성적이 올라갈 뿐 아니라 뇌의 전반적 성능이 향상된다. 그리고 성인의

**아이든 어른이든 운동하면 더
똑똑해진다는 사실이 놀랍지 않은가?
이는 추측이 아니라 실제로 일어나는 일이다!
그러니 아이들이 당장 태블릿 컴퓨터와
휴대전화를 내려놓고 더 뛰어놀게 해야 한다.
자녀가 더 똑똑해지고 성능 좋은 뇌를 갖게 되는 것을
어느 부모가 싫어할까?**

경우 웨이트트레이닝을 하면 근육이 발달하듯 몸을 움직이면 뇌의 회백질과 백질이 강화된다. 아이든 어른이든 운동하면 더 똑똑해진다는 사실이 놀랍지 않은가? 이는 추측이 아니라 실제로 일어나는 일이다! 그러니 아이들이 당장 태블릿 컴퓨터와 휴대전화를 내려놓고 더 뛰어놀게 해야 한다. 자녀가 더 똑똑해지고 성능 좋은 뇌를 갖게 되는 것을 어느 부모가 싫어할까?

이번 장을 읽고 깜짝 놀랐는가? 연구를 처음 접했을 때 나도 그랬다. 너무 놀란 나머지 내가 제대로 이해했는지 확인하려고 연구 결과를 몇 번이고 다시 읽었다. 이런 결과를 아는 사람이 왜 거의 없을까? 아마도 4장에서 언급한, 운동의 우울증 치료 효과가 돈의 논리 탓에 세상에 알려지지 않은 것과 같은 이유일 것이다. 만일 어떤 약이나 건강보조제가 지금까지 설명한 운동과 같은 효과가 있다는 사실이 밝혀졌다면 엄청난 마케팅과 홍보가 이뤄졌을 테고 모두가 그 사실을 알았을 것이다.

운동이 아이의 뇌에(그리고 성인의 뇌에도) 놀라운 영향을 미친다는 사실을 모르는 이들이 많아서 안타까울 따름이다. 약이나 건강 보조제, 컴퓨터 게임, 인지 훈련 기법과 달리 뛰어놀거나 걷거나 달리기를 하는 데는 돈이 전혀 들지 않는다. 공짜인 데다 그 어떤 건강보조제도 줄 수 없는 수많은 긍정적 효과까지 가져다주니 그야말로 일거양득이 아닐 수 없다.

아동과 청소년을 위한 처방전

심박수를 높이는 것은 뇌에 특히 더 이로운 것으로 보인다. 분당 최대 약 150회까지 올려보자. 움직임의 강도가 중요하다. 신체 활동이라고 해서 꼭 정식으로 하는 운동일 필요는 없으며 충분히 뛰어노는 것도 이롭다. 어른의 경우와 마찬가지로 '어떤 활동'을 하느냐가 아니라 '몸을 움직인다는 사실' 자체가 중요하다.

아동과 청소년은 최고의 효과를 얻으려면 최소한 30분 이상 움직이는 것이 좋다. 짧은 시간의 활동도 효과가 있다. 12분 동안 움직이면 독해력과 집중력이 좋아진다. 조깅과 비슷한 강도의 활동을 4분만 해도 집중력이 향상된다. 그러니 겨우 몇 분이라 해도 쉬는 시간에는 밖에 나가 뛰어놀게 하라!

10~40분쯤 지속하는 활동을 가끔 해도 작업 기억, 독해력, 주의력 지속 시간 측면에서 일시적인 향상 효과가 있다. 두세 달 동안 일주일에 몇 번씩 운동하면 수학 능력, 창의성, 실행 기능(계획, 실행, 집중, 충동 조절 능력)이 장기적으로 좋아지는 효과가 있다.

8장

영원히
늙지 않는 뇌

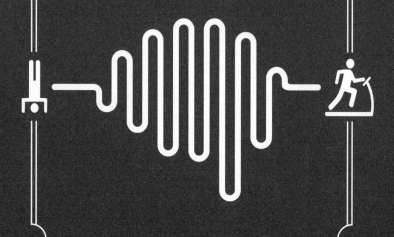

나는 하루에 적어도 네 시간은 걷거나 달린다.
이것이 내 몸과 마음을 살아 있게 한다.

파우자 싱(Fauja Singh), 현재 113세로 100세에 마라톤 완주 노화가 뇌의 기능에 큰 영향을 미치는 예는 숱하게 목격된다. 나이가 들면 기억력만 나빠지는 것이 아니라 생각하는 속도도 느려지고 집중력과 다중작업 같은 인지 기능도 떨어진다. 이제는 뇌의 작동 방식에 관한 연구를 통해 젊은 사람과 늙은 사람의 정신 능력이 다른 이유가 밝혀지고 있다.

스트룹 테스트(Stroop test)는 색깔 이름을 나타내는 단어로 이뤄진 인지 능력 검사다. 단어들이 다양한 색으로 쓰여 있는데, 예를 들면 '파랑'이라는 단어가 빨간색으로 쓰여 있다. 이 검사를 받는 사람은 단어 자체가 의미하는 색(이 경우 파랑)이 아니라 단어의 색깔(빨강)을 재빨리 말해야 한다. 이때 단어를 구성하는 문자가 나타내는 색을 말하고 싶은(즉 글자를 읽고 싶은) 충동을 억누르려면 집중력과 결정 능력이 필요하다.

이 테스트에 참여한 사람들의 뇌를 검사해보면 전두엽의 앞부분인 전전두엽 피질이 활성화되는 것이 나타난다. 이는 충분히 예상 가능한 현상이다. 이 부분은 의사결정과 집중력, 충동 조절에서 핵심적 역할을 하기 때문이다.

일반적으로 나이 든 사람은 젊은 사람보다 스트룹 테스트 점수가 낮게 나온다. 그 이유는 단어의 색깔을 말하는 대신 단어를 읽으려는 충동을 억제하지 못하는 경우가 많은 탓이다. 그렇기 때문에 스트룹 테스트는 젊은 사람의 뇌와 늙은 사람의 뇌 차이를 드러내는 데 효과적이다.

이 테스트를 하면 젊은 사람의 뇌에서는 전전두엽 피질의 일부만 활성화되며 대개는 왼쪽 뇌에서만 그런 현상이 관찰된다. 반면 70세 성인은 양쪽 뇌 모두에서 전전두엽 피질의 대부분이 활성화된다. 아마도 늙은 사람은 더 많은 정신적 노력이 필요해서 뇌의 더 많은 부분이 움직여야 하기 때문일 것이다. 건장한 청년은 한 팔로 의자를 번쩍 들어 올릴 수 있지만 힘이 약한 노인은 양팔을 모두 사용해야 하는 것과 비슷하다.

과학자들은 뇌의 양쪽 반구를 동시에 사용하는 이런 현상을 '노년기의 반구 비대칭성 감소(Hemispheric Asymmetry Reduction in Older adults, HAROLD)'라고 부른다. 흥미로운 사실은 이런 경향을 보이지 않은 70세 성인들 일부가 신체적으로 건강한 사람이었다는 점이다. 이들은 스트룹 테스트를 할 때 한쪽 뇌에서 전전두엽 피질의 훨씬 더 작은 범위만 활성화되었다. 마치 젊은 사람의 뇌처럼 말이다.

체력이 왕성한 70세 성인이 의자를 한 팔로 들어 올리는 것처럼, 건강한 노인은 스트룹 테스트에서 한쪽 뇌만 사용했다. 이들은 같은 과제를 하더라도 뇌를 더 적게 사용했을 뿐 아니라 같은 연령대의 평균치보다 테스트 결과가 훨씬 좋았다.

🧠 뇌 노화, 막을 수 있을까

70세 성인을 대상으로 한 HAROLD 실험은 운동이 뇌의 노화 프로세스를 중단한다는 것을 보여주는 수많은 연구 중 하나에 불과하다. 앞서 살펴봤듯이 신체 활동을 활발히 하는 사람은 해마가 수축되지 않고 오히려 늘어난다. 이는 뇌의 사령관인 전두엽도 마찬가지다. 전두엽도 나이가 들수록 줄어들고 정신적 능력이 떨어진다. 하지만 신체 활동은 전두엽의 수축도 막아준다.

실제로 전두엽이 줄어드는 양은 우리가 소비하는 에너지(즉 칼로리)의 양과 연관돼 있다. 활발히 활동하면서 많은 에너지를 소비하는 사람은 나이가 들어도 전두엽이 더 느리게 줄어드는 것으로 보인다. 가장 고차원적 인지 기능을 담당하는 뇌 부위인 전두엽이 노화에서 멀어지는 것이다!

반면 칼로리를 많이 태우지 않는 사람, 즉 잘 움직이지 않는 사람은 전두엽이 훨씬 빨리 수축한다. 달리기 코스를 두세 번 잠깐 뛰는 것은 별로 차이를 만들지 못한다. 몇 년, 심지어 몇십 년에 걸쳐 칼로리 소비량이 축적돼야 의미가 있다. 그저 어쩌다 한 번씩 조깅하는 것으로는 전두엽의 노화를 막을 수 없다.

의학 연구에서 대규모 피험자는 언제나 바람직하다. 잘못된 결론을 도출할 가능성을 줄여주기 때문이다. 한 연구에서 70~80세 여성 2만 명을 20년에 걸쳐 추적 관찰했는데, 규칙적으로 운동하는 여성이 별로 움직이지 않는 여성보다 기억을 훨씬 더 오래 유지한다는 사실이 드러났다. 게다가 집중하는 능력도 더 좋았다. 두 집단의 차이는 대단히 확연했으며 꾸준히 운동하는 여성의 뇌는 3년 더 젊은 것처럼 작동했다. 정신적 측면에서 이들은 생물학적 나이보다 평균 3년은 젊어 보였다. 물론 그렇다고 해서 엄청난 수준의 노력을 해야 하는 것은 아니다. 날마다 20분씩 걷는 것으로도 충분하다.

◗ 뇌가 늙지 않는 돌연변이 유전자

어떤 사람에게는 온전한 인지 기능의 유지가 정상적인 일상생활을 위해서만이 아니라 직업을 위해서도 꼭 필요하다. 나이가 들면서 집중력과 여러 작업을 동시에 처리하는 능력 그리고 정확한 판단력이 점차 약해지면 직업을 더는 유지하기 힘들 수도 있다. 그 대표적인 직업이 비행기 조종사다.

스탠퍼드 대학교 연구팀은 해마다 시뮬레이터로 비행 기술 테스트를 받는 조종사 144명을 추적 관찰했다. 테스트에서는 그들이 여러 위험 상황에 어떻게 대응하는지 관찰했다. 예컨대 엔진이 고장 나거나, 착륙 장치가 제대로 작동하지 않거나, 상공에 갑자기 다른 항공기가 나타나 충돌 가능성이 생긴 상황 등이었다. 이런 여러 위기 상황에 대처하는 능력을 점수로 매겼다.

조종사들은 몇 년간 연이어 테스트에 참여했는데, 결과를 보니 시간이 흐를수록 비행 실력이 조금씩 떨어졌다. 시간이 흐르면 뇌도 노화하므로 그다지 특이한 현상은 아니다. 하지만 일부 조종사는 다른 조종사에 비해 두 배나 빨리 점수가 떨어졌다. 연구팀이 이들의 유전자를 검사한 결과, 뇌의 비료인 BDNF 유전자에서 돌연변이가 더 많이 일어난 것으로 나타났다. 또 이들은 그런 유전자 돌연변이가 없는 조종사에 비해 기억 중추인 해마의 크기가 더 빨리 줄어들었다.

이 돌연변이는 전체 조종사의 3분의 1에서 관찰되었다. 일반인도 이 돌연변이를 지닌 비율이 비슷하다고 추정된다. 즉 이 유전자 돌연변이를 갖고 있을 확률이 3분의 1이라는 뜻이다. 세 사람 중 한 사람은 뇌가 더 빨리 늙고 해마 크기가 더 빨리 줄어들며 정신 능력이 더 빨리 쇠퇴하는 유전자를 갖고 있다.

이를 예방할 방법은 없을까? 태어날 때 만들어진 유전자를 바꿀 수는 없으므로, 만일 우리가 이 유전자 돌연변이를 갖고 태어났다면 지금도 당연히 몸속에 있을 것이다. 하지만 우리는 뇌가 만들어내는 BDNF양에는 얼마든지 영향을 미칠 수 있다. 바로 신체 활동을 통해서다. 특히 인터벌 트레이닝 같은 고강도 운동이 최고의 효과를 낸다. 위 연구를 진행한 과학자들은 인터뷰에서 이렇게 말했다. "뇌 안의 BDNF양을 늘리는 것으로 입증된 확실한 방법은 바로 신체 활동이다."

운동은 나이가 들어서도 지적 능력을 발휘할 수 있도록 뇌의 제반 환경을 향상한다. 우리는 운동으로 뇌의 노화와 정신 능력의 쇠퇴를 막을 수 있다. 더군다나 뇌가 더 빨리 노화할 가능성이 큰 유전적 구성을 가진 3분의 1은 당장 운동을 시작해야 한다.

그렇다면 신체 활동은 조종사들의 비행 실력도 높일 수 있을까? 나는 어떤 문제에서든 확실한 결론을 내리려면 충분한 과학적 근거가 뒷받침돼야 한다고 생각한다. 그러니 이 질문에 대한 답은 '일단 지켜보자'가 될 것이다. 하지만 신체 활동이 비행 실력을 높이지 못하리라고 믿을 이유 역시 없다.

🧠 나를 나이게 하는 조건, 기억력

나이가 들면서 쇠퇴하는 인지 능력 중 가장 큰 변화를 겪는 것은 기억력이다. 좋은 기억력이란 단순히 집 열쇠를 어디에 뒀는지, 어제 뉴스 내용이 무엇이었는지 기억하는 일에만 관련된 게 아니다. 기억은 우리의 모든 행동에 맥락과 의미를 부여한다. 사실 내가 나일 수 있는 것은 기억 때문이다. 오늘 신을 양말의 색깔처럼 사소한 것부터 직업이나 살 곳을 선택하는 일에 이르기까지 우리가 하는 모든 결정은 과거의 경험과 어떤 식으로든 연결돼 있다.

우리가 어떤 상황에 있든 뇌는 이를 과거의 경험과 비교·검토한다. 현재의 삶에 단단히 닻을 내리고 살 수 있는 것도 기억 덕분이며, 만일 기억하는 능력이 사라지면 우리는 전혀 다른 사람이 되어버리고 만다. 치매 환자를 떠올려보면 무슨 말인지 이해될 것이다. 기억이 사라진 사람은 과거 자신의 희미한 흔적만 지닌 존재가 된다. 그러므로 선명한 기억력을 유지한다는 건 단순히 기억력 테스트에서 단어 개수를 더 많이 떠올리는 것 이상의 의미가 있다.

신체 활동과 기억력의 관계를 논할 때 빠질 수 없는 주제는 치매에 걸릴 확률이다. 500만 명 이상의 미국인이 치매의 일종인 알츠하이머병을 앓고 있으며 전 세계적으로는 7초에 한 명꼴로 새로운 환자가 발생한다. 이 추세대로라면 2050년쯤에는 치매 환자가 1억 5,000만 명에 이를 것이라는 암울한 전망이 나온다.

치매가 늘어나면서 그동안 여러 제약 회사가 치매 연구에 돈을 쏟아부었다. 해마다 수십억 달러가 치매 약 개발에 투입된다. 하지만 안타깝게도 치료제 개발은 쉽지 않고 투자한 비용에 비해 얻은 결과는 미미하기만 하다. 현재 치매를 완치할 효과적인 치료제는 아직 없는 상태다.

🧠 치매에 걸리지 않고 건강하게 나이 들려면

치매를 위한 최고의 약, 걷기

과학자들은 제약 회사에 비하면 턱없이 적은 예산으로 치매 발병 위험을 낮출 방법에 관한 연구에 착수했다. 그리고 곧 놀라운 사실을 발견했다. 날마다 걸으면 치매에 걸릴 확률이 40퍼센트 줄어든다는 사실이 밝혀진 것이다. 언론에서 이 놀라운 소식에 별로 주목하지 않았다는 점이 애석할 따름이다.

만일 그 정도 효과가 있는 약이 개발된다면 순식간에 세계적인 인기 상품이 되는 것은 물론이거니와 항생제 이후 가장 혁신적인 발명으로 칭송받을 것이다. 약을 개발한 과학자에게는 노벨상이 주어질지도 모른다. 세상 사람 모두가 약의 이름을 기억할 것이고 치매에 걸릴 가능성을 낮추고자 너도나도 약을 처방받으려 할 것이다. 하지만 과학자들이 내놓은 소식은 약이 개발됐다는 뉴스가 아니라 그저 30분 동안 산책하라는 내용이었다. 심지어 매일 할 필요도 없고 일주일에 닷새면 충분하다.

이 중요한 연구 결과를 놓친 것은 언론뿐만이 아니었다. 의사들도 마찬가지였다. 현재 과학자와 의사들은 가장 흔한 치매 유형인 알츠하이머병을 유발하는 유전자를 찾는 것과 같은 다른 연구에 주로 집중한다. 물론 유전자 연구는 매우 흥미로운 작업이고 알츠하이머병에도 유전적 요인이 기여하며 특히 가족 중 이 병을 앓는 사람이 있으면 발병 위험이 커진다. 그러나 대부분 사람에게는 유전적 소인보다 신체 활동량이 더 중요하다. 지금까지의 연구 결과를 보면 치매를 걱정해야 하는 것은 이 병에 걸린 부모나 조부모가 있는 사람이 아니라 몸을 잘 움직이지 않는 사람임이 분명하기 때문이다.

안타깝게도 가족 중에 치매 환자가 있는 사람은 운동을 해봐야 소용없다고 믿는 경우가 많다. 어차피 자신은 치매에 걸릴 운명이라고 여기는 것이다. 이들이야말로 누구보다 운동을 시작해야 할 사람인데, 참으로 안타까울 뿐이다! 이들은 규칙적인 운동으로 유전적 운명을 극복할 수 있다는 사실을 알아야 한다.

이 사실을 사람들에게 이해시키기가 왜 그토록 어려울까? 어쩌면 최첨단 분야인 유전자 연구나 약품 개발은 대중의 관심을 자극하기 쉬우므로 언론에서 더 자주 다룬다는 점도 한몫하는지 모른다. 그에 비하면 규칙적인 산책이 놀라운 효과가 있다는 이야기는 그저 따분할 뿐이다. 사람들은 제약 회사가 그 많은 돈으로 산책보다 더 혁신적인 최첨단 치료제를 만들어내면 되지 않느냐고 말할 것이다. 하지만 그렇게 생각할 일이 아니다. 걷기를 대체할 최고의 약은 사실상 없기 때문이다.

뇌에게 이상적인 환경을 만들어주어라

걷기는 어떻게 치매 예방에 그토록 큰 효과를 낼까? 얼핏 생각하기엔 치매를 예방하려면 다리가 아니라 뇌를 운동시켜야 할 것 같다. 십자말풀이, 스도쿠 등 다양한 두뇌 훈련 게임으로 말이다. 그러나 연구에 따르면 십자말풀이보다 걷기가 훨씬 더 중요하다. 단순히 치매 예방을 위해서만이 아니라 모든 인지 기능의 쇠퇴를 막기 위해서 그렇다. 산책할 때 뇌가 작동을 멈추고 쉰다고 생각하면 오산이다. 오히려 그 반대다.

걷거나 달릴 때 뇌에서는 다양한 정신적 프로세스가 가동된다. 수많은 시각 인상을 동시에 처리하면서 균형을 잡아야 하고, 운동피질의 많은 영역은 분주하게 신체 움직임을 조정한다. 게다가 우리는 현재 자신이 있는 곳과 앞으로 갈 방향을 의식해야 하는데, 그 자체만으로도 수많은 뇌 영역을 가동해야 한다. 테니스 같은 복잡한 활동을 할 때는 뇌의 더 많은 시스템이 여차하면 작동하려고 대기 상태로 있다. 이를 주로 언어 중추만 사용하는 십자말풀이와 비교해보라. 가만히 앉아 있을 때보다 몸을 움직여 돌아다닐 때 정신적 노동량이 더 많다는 걸 알 것이다.

더욱이 뇌는 두개골 안에 진공 포장된 존재가 아니다. 뇌는 영양물질과 성장 인자로 가득한 액체에 둘러싸여 있으며, 이 액체는 매우 미세하게 조정되면서 뇌 기능에 큰 영향을 미친다. 이 액체 안에 있는 뇌에 최상의 조건이 조성되려면 혈압이 안정적으로 유지돼야 한다. 또 혈당과 혈중 지방이 균형을 이뤄야 한다. 활성산소 수치가 너무 높으면 안 되며 체내 염증 수준(우리 체내에는 늘 일정 수준의 염증이 있다) 역시 너무 높으면 안 된다. 신체 활동을 하면 이 모든 요인이 긍정적 영향을 받는다. 즉 운동하는 사람의 몸 안에서는 뇌를 위한 이상적인 환경이 만들어진다는 얘기다.

신체와 뇌는 동떨어진 별개의 존재가 아니다. 운동이 신체에 가져오는 많은 긍정적 결과(예컨대 안정적 혈당, 낮은 활성산소 수치)는 뇌도 강화한다. 튼튼한 심장은 뇌에 충분한 혈액을 보내 필요한 에너지를 공급한다. '건강한 신체에 건강한 정신이 깃든다'라는 흔하디흔한 문구에는 사실 너무나 중요한 진실이 담겨 있다.

그렇다면 치매 발병 위험을 낮추려면 몸을 얼마나 움직여야 할까? 대부분의 연구는 일주일에 총 150분 걷기나 가벼운 조깅을 하는 것과 같은 운동량을 권고한다. 주 5회, 한 번에 30분씩 하면 되는 셈이다. 주 3회, 20분씩 달리는 것도 비슷한 효과가 있다. 웨이트트레이닝이 치매에 미치는 정확한 영향은 아직 밝혀지지 않았다. 그러니 지금으로선 효과가 밝혀진 방법을 실천하자. 아령을 들어 올리기보다는 산책이나 달리기를 하라.

신체 활동이 기억력을 강화한다는 건 치매와만 관련된 얘기는 아니다. 우리 누구나 치매와 상관없이 나이가 들면 기억력이 나빠진다. 해마 크기가 줄고 뇌로 가는 혈류가 감소하며 여러 뇌 영역 간의 연결도 약해진다. 그러나 평소 몸을 많이 움직이면 그 속도를 크게 늦출 수 있다. 치매와 상관없이 운동은 뇌의 노화에 브레이크를 걸고 기억력을 높여준다.

신체와 뇌의 '성공적 노화'

캐나다의 스타 운동선수 올가 코텔코(Olga Kotelko)는 2014년 6월 95세를 일기로 세상을 떠났다. 37개의 세계 기록과 750회의 우승을 포함한 성공적인 커리어를 쌓은 뒤였다. 이름이 생소하게 들리는가? 당연히 그럴 것이다. 코텔코는 무려 77세에 육상 경기에 입문했다. 가장 좋아한 종목은 멀리뛰기와 100미터 달리기였으며 90번째 생일이 지난 후 세계 최고령 멀리뛰기 선수가 되었다. 말년으로 갈수록 그녀와 경쟁할 수 있는 비슷한 연령대의 선수들이 줄었다. 실제로 출전 종목에 경쟁 선수가 아무도 없을 때도 많았으며, 경기에 참여했다는 이유만으로 금메달을 받기도 했다.

75세가 넘어서 훈련을 시작해 스포츠 대회에 참가하는 사람은 극히 드물다. 특히 정식 운동선수로 활동한 적이 없다면 더욱 그렇다. 과학자들은 이 특별한 여성에게 뇌의 MRI 촬영을 허락해달라고 부탁했다. 그렇게 고령인 사람의 뇌가 운동으로 영향을 받았는지, 그렇다면 어떤 영향을 받았는지 알아보고 싶어서였다.

올가는 흔쾌히 허락했고, 연구팀은 그녀의 뇌를 평범한 90대 노인들(대부분 시간을 쉬면서 보내고 스포츠 경기에 참여할 생각은 꿈에도 하지 않는)의 뇌와 비교했다. MRI 결과를 보니 올가의 뇌는 전반적으로 더 건강했으며 해마가 더 크고 백질 상태도 더 좋았다. MRI 촬영 결과만 좋은 것이 아니라 기억력도 비슷한 연령대의 노인들보다 훨씬 더 뛰어났다.

올가의 뇌 상태가 오로지 운동 때문에 좋아졌다고 단정할 수는 없다. 어쩌면 애초에 뇌가 남들과 달랐을 가능성도 있다. 하지만 그녀가 평소에 활발한 신체 활동을 한 것이 뇌를 건강하게 만든 요인이라고 보는 것은 타당한 설명이다.

올가는 과학자들이 말하는 신체와 뇌의 '성공적 노화(successful aging)'를 보여주는 완벽한 사례다. 그녀는 뇌의 관점에서 볼 때 운동을 시작하기에 너무 늦은 나이란 없다는 사실을 보여준다. 아무리 늦은 나이에 운동을 시작해도 뇌는 더 강해진다. 그리고 운동의 효과를 얻기 위해 세계 기록을 깨거나 메달을 따는 것을 목표로 삼을 필요도 없다.

블루 존의 장수 비결

올가 코텔코의 나이까지, 심지어는 더 오래 살면서 치매에 걸리지 않는 인구 비율이 유독 높은 지역들이 있다. '블루 존(blue zone)'이라고 불리는 이런 장수 지역으로는 이탈리아 사르데냐, 일본 오키나와, 코스타리카, 스웨덴 스몰란드 등이 꼽힌다.

그들의 비결은 무엇일까? 어째서 100세까지 살면서 치매에도 걸리지 않을까? 과학자들이 이들 지역의 공통점을 찾아보니 흥미로운 사실이 드러났다. 먼저 이들 블루 존은 대도시가 아니라 소규모 지역사회나 멀리 떨어진 섬에 위치한다. 주민들은 끈끈한 사회적 유대 관계를 유지하면서 여러 세대가 함께 사는 경우가 많으며 혼자 사는 경우는 거의 없다. 그리고 이들은 과식하지 않고 저칼로리의 소박한 식사를 하는 경향이 있다(그렇다고 극단적으로 적게 먹지는 않는다). 또 다른 공통점은 신체 활동을 매우 많이 한다는 사실이다. 고강도 운동을 한다기보다는 일상생활 속의 움직임이 많다.

과학자들도 정확히 어떤 요인 때문에 이들이 치매 없이 장수하는지는 알지 못한다. 아마도 여러 요인이 함께 작용했을 것이다. 흥미로운 점은 공부를 많이 하고 학력이 높으면 치매에 걸릴 확률이 낮다고 흔히들 생각하지만 블루 존 주민들은 평균 교육 수준이 낮다는 사실이다. 그렇다면 신체 활동이 장수에 기여한다는 건 단순한 추측이 아니라 사실일 가능성이 크다. 이들이 고강도 운동을 하지 않음에도 치매 없이 오래 살면서 신체 활동이 주는 온갖 이로움을 누린다는 것도 주목할 만한 부분이다. 일상 속 활동이 건강을 지켜주는 것이다. 그러니 우리도 날마다 산책하고, 엘리베이터 대신 계단을 이용하고, 목적지에서 한두 정거장 먼저 내려 걸어가는 습관을 들여야 한다.

뇌의 노화를 막는 처방전

어떤 식으로든 몸을 움직이는 것이 중요하다! 뇌의 노화를 막는 데는 한 걸음, 한 걸음이 소중하다. 한 번에 20~30분씩 적어도 일주일에 닷새는 걸어라. 또는 일주일에 사흘, 20분씩 달려라. 운동 강도가 비슷하다면 수영이나 자전거 타기도 좋다.

웨이트트레이닝은 신체의 원활한 기능과 기동성을 위해 중요하지만 뇌의 노화 방지에 효과가 있는지는 아직 모른다. 웨이트트레이닝의 효과가 밝혀지기 전까지는 우선 심혈관계를 튼튼하게 하는 유산소 운동을 할 것을 권장한다.

9장

디지털 시대를 사는
석기 시대의 뇌

진화의 관점에서 보지 않는다면 생물학의
그 어떤 것도 이해할 수 없다.

테오도시우스 도브잔스키(Theodosius Dobzhansky),
유전학자

지금까지 운동과 신체 활동이 집중력을 높이고 우울증을 치료하며 불안과 스트레스를 줄인다는 사실을 살펴봤다. 또 운동은 기억력을 강화하고 창의성을 높이며 심지어 지능 향상에도 도움이 된다. 우리는 달리기가 정신 능력을 업그레이드하는 메커니즘도 살펴봤다. 물론 이런 연구 결과는 대단히 놀랍고 흥미롭지만 내가 개인적으로 가장 큰 흥미를 느끼는 것은 신체 활동이 뇌에 '어떤' 영향을 미치는지가 아니라 '왜' 그런 현상이 일어나는가 하는 점이다.

자동차를 문제없이 훌륭하게 작동시킬 방법을 알고 싶다면 자동차의 구조와 원리를 알아야 한다. 뇌도 마찬가지다. 뇌의 성능을 높이고 싶다면 먼저 뇌의 작동 원리를 알아야 한다. 그렇다고 신경과학자나 정신의학자가 될 필요는 없다. 뇌를 이해하는 가장 좋은 방법은 그동안 뇌가 발달해온 과정을 살펴보는 것이다. 시간을 거슬러 올라가 뇌의 역사를 들여다보자.

1970년대에 에티오피아에서 발견된 여성 루시(Lucy)는 가장 오래된 인류 화석으로 여겨진다. 루시는 약 320만 년 전에 살았으며 뇌 부피는 약 0.5리터였던 것으로 추정된다. 오늘날 인간 뇌의 평균 부피인 1.3리터의 3분의 1을 약간 넘는 정도다. 루시로부터 100만 년이 조금 넘는 시간이 흐른 후 호모 에렉투스(Homo erectus)가 등장했다. 호모 에렉투스는 직립보행을 했으며 루시보다 뇌가 컸다. 호모 에렉투스의 뇌 부피는 1리터에 살짝 못 미쳤고 행동 방식도 이전 인류와 달랐다. 이들은 불을 이용했고 도구와 무기, 옷을 만들어 사용했다.

🧠 생존에서 우주여행까지, 인지 혁명의 역사

뇌의 크기는 약 100만 년 전부터 빠른 속도로 커지기 시작했다. 이는 단백질을 비롯한 영양분 섭취가 늘어나면서 생긴 결과일 것이다. 그리고 10만 년 전쯤 인간의 지적 능력이 크게 도약했다. 흔히 '인지 혁명(cognitive revolution)'이라고 불리는 이 변화는 엄청난 결과를 가져왔다.

역사적 관점에서 볼 때 우리 선조들은 대단히 짧은 기간에 지구 곳곳으로 퍼져나가 많은 지역에 자리를 잡았다. 동아프리카에 사는 별 볼 일 없는 종이었던 이들은 곧 먹이 사슬의 최상단을 차지하며 지구의 지배자가 되었다. 그리고 그 과정에서 다른 여섯 종의 인간을 멸종시켰다.

그렇게 유일하게 살아남은 종이 바로 현생 인류인 호모 사피엔스(Homo sapiens)다. 호모 사피엔스는 어떻게 최종 승리자가 되었을까? 확실히 말하기는 힘들지만 단순히 뇌가 더 컸기 때문이라고 볼 순 없다. 호모 사피엔스가 물리친 여섯 인간 종 중 하나인 네안데르탈인은 호모 사피엔스보다 뇌가 더 컸다.

한 가지 가능한 설명은 이것이다. 호모 사피엔스가 지구의 지배자가 된 것은 뇌 표면인 대뇌피질의 차이 덕분이었을 것이다. 대뇌피질은 여섯 개 층으로 이뤄져 있으며 고등한 인지 기능을 담당하는 핵심 부위다. 수학, 논리, 언어, 창의적 사고가 모두 이곳에서 이뤄진다. 한마디로 뇌 안에서 마법이 일어나는 장소라고 할 수 있다. 미국의 천문학자 칼 세이건은 "문명은 대뇌피질의 산물이다"라고 말했다.

대뇌피질(특히 전두엽의 앞부분인 전전두엽 피질)이 더 크고 정교해지면 여러 처리 능력이 향상되고 행동의 유연성이 높아진다. 이는 선조들의 생존에 유리한 강점이 되었다. 그들은 더 뛰어난 사냥꾼이 되었고, 적을 만났을 때 자신을 더 잘 보호했으며, 타인과 협력하는 능력도 발달했다. 이 모든 것은 단백질과 비타민 등 더 풍부한 영양분 섭취를 가능하게 했고 이는 다시 대뇌피질이 고등하게 진화할 조건을 만들었다. 인간은 점점 더 똑똑해졌고 생존과 먹이 확보 능력도 갈수록 좋아졌다.

오늘날 우리 뇌는 마치 긴 소시지를 구겨서 뭉쳐놓은 것처럼 생겼다. 이런 형태로 되어 있으면 대뇌피질의 표면적이 넓어진다. 만일 뇌 표면이 당구공처럼 굴곡 없이 매끈했다면 대뇌피질의 전체 표면적이 더 작았을 테고 우리는 훨씬 원시적인 동물이 됐을 것이다.

뇌의 가장 중요한 기능

원칙적으로 뇌는 움직이는 생명체에만 있다. 식물은 걸어 다니지 않으므로 뇌가 없다. 최초의 뇌세포는 약 6억 년 전에 만들어졌으며 주로 원시 동물의 움직임을 조정하는 역할을 한 것으로 보인다. 즉 지구상에 등장한 최초의 뇌세포가 맡은 가장 중요한 기능은 움직임을 관리하는 일이었다. 당시 뇌세포는 집중력 같은 정교한 기능을 수행하지 않았고, 생명체가 먹이를 찾아 여기저기 이동하게 하는 단순한 반사적 동작을 도왔다.

인간의 경우도 마찬가지다. 몸의 움직임을 조정하는 것이 뇌의 가장 중요한 기능이었을 가능성이 크며 지금도 여전히 그렇다. 뇌의 가장 중요한 임무가 몸을 움직이는 것이라면 신체 활동이 뇌에 중요하지 않다는 것은 아무래도 말이 안 된다. 신체가 뇌 없이 움직일 수 없는 것도 맞지만, 우리가 신체를 움직이지 않으면 뇌가 본래의 목적에 맞게 기능할 수 없는 것도 맞다.

유전자 복제 실수가 낳은 인간의 지능

인간의 뇌는 가장 가까운 친척인 침팬지보다 약 세 배 더 크다. 인간은 600만 년 전쯤 같은 조상으로부터 침팬지와 갈라져 독자적인 종이 되었으며 그 후 침팬지의 뇌는 더 발달하지 않은 것으로 보인다. 하지만 같은 기간에 인간의 뇌는 세 배나 커졌다. 게다가 우리의 대뇌피질은 다른 동물에 비해 훨씬 더 커졌다. 특히 전전

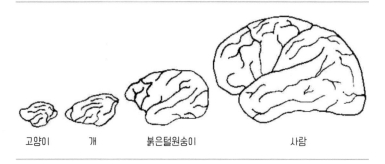

고양이   개   붉은털원숭이   사람

사람과 일부 동물 뇌 크기 비교

두엽 피질을 비롯한 전두엽의 발달이 두드러졌다.

그런데 우리 조상들이 뇌가 커지고 더 정교한 대뇌피질을 갖춰서 다른 종보다 우월해질 수 있었던 이유는 무엇일까? 많은 과학자가 유전자에 그 답이 있다고 본다. 2015년 막스플랑크 연구소의 과학자들은 우리가 사바나 초원에서 사냥감을 쫓아다니는 대신 책을 읽는 존재가 되는 데 기여했을 것으로 추정되는 유전자를 찾아냈다.

유전자는 복잡한 이름이 붙는 경우가 많은데 이 유전자 역시 'ARHGAP11B'라고 불린다. 이 유전자는 인간에게만 있고 침팬지 같은 다른 영장류 동물에게는 없다. 흥미롭게도 이 유전자는 우연히 생겨난 것으로 보인다. 우리 조상 중 누군가에게서 유전자가 복제되는 과정에서 문제가 발생해 유전자 전체가 아닌 일부만 복제되었고, 그 일부에 해당하는 ARHGAP11B는 대뇌피질의 성장을 촉진하는 특성을 지녔던 것이다.

우연히 불완전하게 복제된 유전자를 갖게 된 조상은 조금 더 큰 대뇌피질을, 따라서 더 뛰어난 인지 능력을 갖게 되었고 이는 생존에 유리한 강점이 되었다. 이후 이 유전자를 물려받은 자손들의 대뇌피질도 더 커졌고, 그런 식으로 인간의 뇌는 계속 발달해왔다.

우리가 지금과 같은 지능을 갖게 된 건 우연한 행운 덕분인 듯하다. 만일 유전자 복제 실수가 일어나지 않아 ARHGAP11B가 생기지 않았다면 인간이 달에 가거나 상대성 이론을 발견하거나 시스티나 성당의 천장화를 그리는 일은 없었을지 모른다. 아마 여전히 사바나 초원을 누비고 있었을 것이다.

하지만 뇌의 팽창을 만들어낸 것이 ARHGAP11B라는 걸 어떻게 알까? 인간의 유전자 수는 2만 3,000개이므로 대뇌피질을 늘린 유전자가 그중 어느 것이라도 될 수 있지 않을까? 물론 100퍼센트 확실하다고 말할 수는 없다. 그러나 ARHGAP11B가 인간 진화에 결정적 역할을 한 변화를 가져온 유전자일 가능성이 크다는 증거가 동물 실험에서 나왔다.

이 실험에서 과학자들은 ARHGAP11B가 원래 없는 쥐에게 이 유전자를 주입했다. 쥐는 몸 크기에 비해 대뇌피질이 작고 뇌에 주름이 없다. 하지만 ARHGAP11B를 주입한 쥐에서 놀라운 변화가 일어났다. 뇌 크기가 커졌을 뿐 아니라 일부 경우 대뇌피질에 주름도 생긴 것이다! 물론 이때 중요한 질문은 쥐가 더 똑똑해졌느냐 하는 점이다. 아직은 그 답을 알지 못하지만 꾸준히 연구가 진행 중이다.

집중하는 뇌는 왜 운동을 원하는가

많이 움직일수록 뇌도 커진다

인간은 몸에 비해 큰 뇌를 가지고 있다. 몸무게가 60킬로그램쯤 되는 포유동물의 뇌 부피는 평균 0.2리터인 반면 인간 뇌의 부피는 대략 1.3~1.4리터다. 우리의 뇌는 다른 동물보다 평균 여섯 배 큰 것이다. 또한 과학자들은 다양한 동물의 뇌 크기를 검사해 흥미로운 상관관계를 밝혀냈는데, 체력이 좋은(즉 멀리까지 달릴 수 있는) 동물이 뇌가 큰 경향이 있다는 것이다. 쥐와 개는 체력이 좋은 동물이고, 이 동물들도 인간처럼 몸에 비해 상대적으로 큰 뇌를 지니고 있다.

아마도 이는 BDNF(신체 활동을 할 때 만들어진다)가 뇌를 자라게 하고 새로운 뇌세포 생성 속도를 높이기 때문일지 모른다. 먼 옛날 조상들 중 신체 활동을 활발히 하는 사람은 식량을 확보하고 생존할 가능성이 컸으며 따라서 자식을 낳아 유전자를 퍼트릴 가능성도 컸다. 그들이 몸을 움직일 때 많은 양의 BDNF가 만들어졌고 따라서 뇌도 커졌다. 이후 그들이 낳은 자식의 뇌도 컸고, 그중에서 신체 활동량이 많은 이들이 살아남았다. 이들 역시 BDNF 덕분에 뇌가 조금 더 커졌다. 이런 식으로 신체 활동은 뇌의 진화와 성장을 이끌어왔다. 다시 말해 우리가 현재와 같은 지능을 갖게 된 것은 일부는 신체 활동 덕분이다.

거대한 변화, 게으른 진화

컴퓨터와 스마트폰 사용 시간이 늘면서 사람들은 몸을 점점 덜 움직이게 됐다. 이런 추세는 우려스러운 동시에 중요하게 주목해야 할 현상이다. 그런데 과거로 눈을 돌려보면 더 흥미로운 변화를 발견할 수 있다. 우리 선조들은 수백만 년 동안 수렵채집인으로 살다가 약 1만 년 전 농사를 짓기 시작했다. 먹을 것을 구하러 끊임없이 돌아다니다 한곳에 정착해 살게 된 것이다. 물론 농사를 짓는다고 해서 종일 앉아서 지내는 것은 아니지만 수렵채집 사회였을 때보다는 신체 활동량이 줄어들었을 게 분명하다.

당시 수렵채집 사회에서 농업 사회로 이동하면서 신체 활동량이 줄어든 사실은 최근 200년 사이에 일어난 일에 비하면 하찮은 변화일지 모른다. 이 기간에 우리의 활동 습관은 엄청나게 변했다. 200년 남짓한 기간 동안 우리는 농업 사회에서 산업 사회로 (그리고 지금은 디지털 사회로) 이동했다. 이제는 대다수 사람이 먹을 것을 확보하려고 몸을 열심히 움직일 필요가 없다.

인류 역사 대부분의 기간에 가장 중요한 일과였던 무언가가 이제는 별로 신경 쓸 필요가 없는 일이 되었다. 우리는 음식을 얻기 위해 힘들게 몸을 움직이지 않는다. 슈퍼마켓에 가거나 인터넷에 접속하면 언제든 먹을 것을 살 수 있다. 심지어 한 발짝도 움직이지 않아도 배달을 시키면 현관 앞으로 음식이 도착한다.

걸음 수가 절반으로 줄다

이런 변화는 우리의 신체 활동량에 엄청난 영향을 미쳤다. 오늘날 아무리 몸을 많이 움직이는 사람이라 해도 200년 전 사람들의 평균 활동량보다는 적을 것이다. 그렇다면 우리의 활동량은 '얼마나' 줄었을까? 우리 조상에게는 걸음 수를 세는 보수계가 없었으므로 정확히 파악하기는 힘들다. 하지만 현재도 여전히 수렵채집 생활을 하는 사람들과 농사짓는 사람들의 활동 패턴을 조사해보면 어느 정도 추측이 가능하다.

탄자니아 북부에 사는 하드자(Hadza) 부족은 부족 구성원이 약 1,000명이며 그중 절반이 수렵채집 생활을 한다. 이들은 가축도 키우지 않고 농사도 짓지 않으며 영구 정착지도 없다. 대신 사냥을 하고 임시 거처를 만들어 생활한다. 이들이 쓰는 독특한 언어는 지구상에서 가장 오래된 언어 중 하나일 것이다. 하드자족의 생활 방식은 1만 년 전 살던 조상과 크게 다르지 않다. 이들은 지구상에서 수렵채집 생활을 하는 가장 마지막 부족이며 조상들의 생활을 보여주는 귀중한 연결 고리다.

하드자족은 얼마나 몸을 움직일까? 주민들에게 보수계를 착용시키고 살펴봤더니 남성은 하루에 평균 8~10킬로미터를 걸었다. 이는 1만 1,000~1만 4,000걸음에 해당하는 활동량으로(여성은 더 적게 걸었다) 과거 우리 조상들이 걸었다고 추정되는 걸음 수와 비슷하다.

그렇다면 농사짓는 사람은 어떨까? 미국의 아미시(Amish) 공동체는 200년 전과 상당히 흡사한 농경 생활을 한다. 이들은 현대 문명의 편의를 거부한 채 살아간다. 텔레비전과 인터넷도 없고 전기도 쓰지 않는다. 이들은 우리보다 훨씬 더 활동량이 많다. 남성은 하루에 약 1만 8,000걸음을 걷고, 여성은 하드자족처럼 남성보다 조금 덜 걷는다. 반면 미국인과 유럽인은 하루에 평균 6,000~7,000걸음을 걷는다. 즉 하드자족과 아미시 공동체 주민은 서구 사회 사람보다 두 배 또는 그 이상을 걷는다. 우리는 수렵채집 사회에서 현대 문명 사회로 이동하면서 신체 활동량이 절반으로 줄어든 것이다.

우리는 여전히 수렵채집인이다

인류가 농경 사회로 진입한 후 1만 년이란 세월은 영겁처럼 길게 느껴질지 모른다. 그러나 생물학적 관점에서 보면 굉장히 짧은 시간이다. 우리가 농사를 지으며 살았던 기간은 인류 전체 역사의 1퍼센트 정도밖에 안 된다. 산업 사회가 도래한 후 흐른 약 200년도 대단히 긴 세월 같을지 모른다. 1800년대라고 하면 머나먼 과거로 느껴지니 말이다. 하지만 진화의 관점에서 보면 눈 깜짝하는 찰나에 불과하다.

만일 인류의 전체 역사를 24시간으로 압축한다면 우리는 오후 11시 40분까지 수렵채집인으로 살았다.

그리고 산업 사회는 자정을 불과 20초 남겨둔 오후 11시 59분 40초에 등장했다. 인터넷이 등장해 디지털 사회가 된 것은 자정

**인류의 전체 역사를 24시간으로 압축한다면
우리는 오후 11시 40분까지 수렵채집인으로 살았다.
산업 사회는 자정을 불과 20초 남겨둔
오후 11시 59분 40초에 등장했다.
인터넷이 등장해 디지털 사회가 된 것은
자정이 되기 1초 전인 11시 59분 59초다.**

이 되기 1초 전인 11시 59분 59초다.

진화는 대단히 느리게 진행되는 프로세스다. 어떤 종에 주요한 변화가 일어나는 데는 1만 년이나 그보다 더 긴 시간이 걸리는 경우가 허다하다. 다시 말해 현재의 우리는 100년이나 1,000년, 심지어 1만 년 전에 살았던 사람과 유전적으로 거의 동일하다.

그런데 인류 역사에서 찰나에 불과한 기간 동안 우리의 생활 방식은 신체 활동량이 절반으로 줄어들 만큼 어마어마하게 변했다. 이를 인간이라는 종의 진화 속도(수만 년 정도의 단위로 생각해야 할 만큼 매우 느리다)와 비교해보면, 생활 방식의 변화 속도가 우리의 신체와 뇌가 진화하는 속도를 훨씬 앞질렀다는 사실을 알 수 있다. 한마디로 진화는 변화의 속도를 따라가지 못했다.

생물학적으로 볼 때 우리의 신체와 뇌는 여전히 사바나 초원에 살고 있으며 우리는 농부보다 수렵채집인에 가깝다. 게다가 지금까지 이 책에서 읽은 내용을 떠올려보라. 운동하면 뇌가 강화되고, 우울증이 치료되고, 불안과 스트레스가 줄고, 창의력과 집중

력이 좋아진다는 사실, 반대로 신체 활동이 부족하면 불안과 우울
이 증가하고 집중력이 떨어질 수 있다는 사실 말이다. 결국 오늘
날 사람들이 겪는 많은 심리적 문제가 신체 활동이 부족한 탓이
라는 결론이 자연스레 나온다. 현재 우리는 신체 및 뇌의 생물학
적 발달 상태와 조화되지 않는 삶을 살고 있다.

우리는 게으르게 진화했다

신체와 뇌가 현재 우리가 움직이는 것보다 훨씬 더 많은 활동량
을 감당하도록 진화한 사실은 분명하다. 그런데 역설적인 사실은
우리는 게으른 존재가 되도록 진화하기도 했다는 점이다.

바깥에 나가 걷거나 달리는 활동이 그렇게 이롭다면 감자 칩을
먹으면서 소파에서 뒹굴뒹굴하고 싶은 유혹은 왜 그토록 강한 것
일까? 이는 인류 역사의 대부분 기간에는 요즘처럼 칼로리가 넘
쳐난 것이 아니라 칼로리 부족에 시달렸기 때문이다. 수렵채집인
조상들에게는 칼로리 높은 음식이 매우 귀했고, 음식이 생기면 남
에게 빼앗기기 전에 얼른 먹어버리는 것이 현명했다. 그래서 지금
도 고칼로리 음식이 그토록 맛있는 것이다. 뇌는 에너지 저장고를
채우기 위해 우리가 눈앞의 음식을 최대한 먹어치우길 바란다.

요즘은 초콜릿 상자를 받으면 하나만 먹고 남겨두는 행동이 바
람직하게 여겨지겠지만 과거 사바나 초원의 조상들은 달랐다. 달
고 열량 높은 과일이 주렁주렁 달린 나무를 발견했을 때 하나만
따 먹고 나머지는 나중을 위해 남겨두는 것은 똑똑한 행동이 아

니었다. 소중한 칼로리를 조금이라도 놓치지 않으려면 그 자리에서 다 먹어치워야 했다. 다음 날까지 놔두었다면 과일은 다른 누군가가 가져가서 전부 사라졌을 것이다.

그런 욕구가 현재의 우리에게도 여전히 있다. 따라서 초콜릿 상자를 보면 뇌는 우리에게 이렇게 말한다. '당장 전부 먹어치워. 그러지 않으면 다른 사람의 차지가 될 거야! 혹시 내일 먹을 것이 없을지도 모르니 미리 칼로리를 채워둬야 해.' 그래서 초콜릿을 전부 먹어버리고 싶은 충동이 드는 것이다.

신체의 에너지 비축량은 얼마나 먹느냐만이 아니라 에너지를 얼마나 소비하느냐에 따라서도 달라진다. 식량 구하기 힘들 때를 대비해 에너지를 다 써버리지 않고 몸 안에 저장해두는 것은 생존을 위한 비장의 카드였다. 궁핍한 시기가 오면 헤쳐나갈 수 있도록 활동을 줄여 에너지를 비축하려는 본능적 욕구인 것이다. 따라서 우리가 운동 계획을 취소할 핑계를 꾸역꾸역 생각해내면서 소파에 누워 텔레비전을 볼 때, 그러라고 시키는 것은 우리 안에 있는 수렵채집인의 뇌다. '가만히 앉아서 에너지를 아껴야 해. 먹을 게 없어지면 저장해둔 에너지를 써야 하니까.'

칼로리를 절약하려는 이런 본능적 욕구가 초래하는 결과는 자명하다. 실감이 잘 안 난다면 한때 개발도상국이었다가 급속한 경제 성장이 일어난 나라에서 어떤 일이 생기는지 생각해보라. 이런 나라의 국민은 짧은 시간 내에 패스트푸드와 단 음식, 소파에서 종일 텔레비전을 보는 생활 방식에 빠지고 비만율이 치솟는다.

**현재 우리는 신체 및 뇌의 생물학적 발달 상태와
조화되지 않는 삶을 살고 있다.**

이런 생활 습관이 체중 증가를 가져온다는 사실은 누구나 알지만
그것이 뇌에 미치는 결과를 아는 사람은 많지 않다.

🧠 진화의 역사가 알려주는 건강의 비결

지난 수십 년간 이뤄진 엄청난 기술 발전 덕분에 우리는 인터넷
과 스마트폰의 편리함을 누리고 손가락으로 한 번만 터치하면 음
식을 배달시켜 먹을 수 있다. 그리고 한편으로 인류 진화의 배경
이 됐던 세상의 삶과 점점 멀어지고 있다. 삶은 더 풍족하고 편해
졌지만 우리는 불안과 우울에 시달리곤 한다. 다시 이 질문을 던
져보자. 몸을 잘 움직이지 않으면 왜 정신적 기능에 문제가 생기
는 걸까?

이 역시 과거에서 답을 찾을 수 있다. 우리의 뇌는 1만 년 전 조
상들의 뇌와 크게 다르지 않다. 조상들은 마라톤을 하지도 않았고
수영복 입는 계절을 앞두고 멋진 몸매를 만들려고 운동하지도 않
았다. 그들의 신체 활동은 순전히 생존 때문이었다. 식량을 구하
기 위해, 위험에서 도망치기 위해, 새로운 거처를 찾기 위해 건거

나 달렸다.

뇌는 몸을 움직이면 도파민이 분비돼 기분이 좋아지도록 프로그램되어 있다. 그 이유는 사냥 같은 신체 활동이 생존 확률을 높이기 때문이다. 또 위험에서 도망치거나 거주할 새로운 지역을 발견하면 생존 확률이 더 올라간다. 뇌는 1만 년 동안 거의 변하지 않았기에 이는 오늘날의 우리에게도 적용된다. 우리가 조상들의 생존 확률을 높였던 행동을 하면 뇌는 그 행동을 또 하도록 즐거운 기분이라는 보상을 준다.

달리기나 산책을 하고 나면 뇌는 그 활동을 음식이나 살 곳을 찾으려고 열심히 몸을 움직인 것으로 해석하고 도파민이나 세로토닌, 엔도르핀을 분비한다. 우리가 기분이 좋아지는 건 건강 잡지를 읽어서 운동이 몸에 좋다는 사실을 알기 때문이 아니다. 우리가 생존 확률을 높였다고 뇌가 생각하기 때문이다. 그렇다면 몸을 잘 움직이지 않을 때 부정적 감정이나 우울함 같은 '벌'을 받는 이유도 이해가 간다. 종일 앉아만 있어서는 사냥감을 하나도 잡지 못하고 새로운 거주지도 찾을 수 없다. 움직이지 않는 것은 인간의 생존에 전혀 도움이 안 됐다. 그래서 지금도 우리는 움직이지 않으면 기분이 저조해지는 것이다.

이런 관점에서 보면 신체 활동이 여러 뇌 기능을 강화하는 이유도 이해하기 쉽다. 조상들은 사냥에 나섰을 때 집중력을 발휘하는 것이 무척 중요했다. 초원에서 사냥감을 발견하고 살금살금 다가갈 때 성공 가능성을 높이려면 최대한 집중하면서 아주 작은 움직임에도 재빨리 반응해야 했다. 그래서 지금의 우리도 몸을 움직일 때 집중력이 좋아지는 것이다.

그리고 운동은 기억력도 높인다. 아마도 이는 조상들이 몸을 움직여 활동할 때 새로운 장소와 환경을 발견했다는 점과 관련될 것이다. 새로운 것을 경험할 때는 기억 능력을 가동하는 동시에 경계심을 잔뜩 높여야 한다. 한 장소에만 머무르면서 움직이지 않으면 뇌는 우리가 새로운 것을 전혀 경험하거나 목격하지 않았다고 해석하고, 따라서 기억력을 향상할 이유도 사라진다. 뇌는 우리가 휴대전화나 컴퓨터를 통해 새로운 것을 경험하도록 진화하지 않았다. 뇌는 가만히 앉아서 스마트폰 화면을 보는 걸 새로운 경험으로 간주하지 않는다.

우리 뇌는 여전히 사바나에 살고 있다

우리의 뇌는 현재의 세상이 인간이 진화해온 배경이었던 세상과 완전히 달라졌다는 사실에 전혀 관심이 없다. 뇌는 여전히 사바나에 살고 있다고 믿는다. 그리고 우리가 실제로 그런 것처럼 행동하면 더 효과적으로 작동한다.

물론 생활 습관과 환경에 일어난 변화 중에 신체 활동량 감소만이 뇌의 성능과 우리의 기분에 영향을 미치는 유일한 요인은 아니다. 환경 독소, 도시화, 현대 사회의 식습관, 완전히 달라진 사회적 구조 등도 영향을 미친다.

하지만 신체 활동이 줄어든 것이야말로 신체적, 정신적 건강 모두와 관련해 가장 중요한 변화 중 하나다.

사실 이건 꽤 쉽게 해결할 수 있는 문제다. 도시 생활을 완전히 접고 숲으로 들어가 사냥하며 살 수는 없겠지만 몸을 조금이라도 더 움직이려고 노력하면 된다. 몸을 움직이면 뇌가 진화해온 세상의 삶에 조금 더 가까워질 수 있다. 그러면 뇌는 우리에게 커다란 보상을 안겨줄 것이다.

전례 없는 물질적 풍요 속에 살고 있음에도 많은 사람이 뭔가 잘못됐다는 느낌이나 심리적 불안을 안고 살아간다. 하지만 이는 이상한 현상이 아니다. 우리가 우리에게 원래 어울리는 생활 방식으로부터 점점 멀어졌기 때문이다. 불과 몇 세대가 흐르는 사이에 일어난 변화는 우리에게 많은 놀라운 선물을 가져다줬다. 수명이 증가한 것만 봐도 그렇다. 하지만 한편으로는 우울증과 불안, 스트레스, 집중력 저하에 시달리는 사람도 많아졌다. 그 이유는 뇌가 현대의 삶의 방식을 감당하도록 진화하지 못했기 때문이다.

하지만 신체 활동을 늘림으로써 이런 문제의 상당 부분을 해결할 수 있다. 물론 달리기를 하면 모든 정신적 문제를 해결할 수 있다거나 정기적으로 테니스를 치면 모든 정신과 약물의 역할을 대체할 수 있다는 의미는 아니다. 다만 운동량과 신체 활동을 늘리면 더 건강해지고 정신 기능도 향상되어 많은 것을 얻을 수 있다는 얘기다. 울적하거나 스트레스에 시달릴 때 약이 모든 문제를 해결할 수 있다고만 생각하지 말고 자신의 생활 습관 중에 변화시킬 부분이 없는지 생각해보라.

걷기는 인간을 위한 최고의 약

내가 만일 독자라면 지금쯤 이런 생각이 들 것 같다. 운동이 정말로 그렇게 뇌에 좋다면 모두가 그 사실을 알지 않을까? 흡연이 몸에 해롭다는 사실이나 커피에 각성 효과가 있다는 사실처럼 널리 알려져 있어야 마땅하다. 내 생각에 인간은 운동이 뇌에 좋다는 것을 오래전부터 알았지만 지난 150년 동안 잊고 지낸 것 같다. '걷기는 인간을 위한 최고의 약이다.' 이 문장은 건강 잡지에 실린 상투적 문구가 아니라 의학의 아버지인 히포크라테스가 한 말이다. 지금 같은 의학 기술이 전혀 없던 2,500년 전에도 그는 몸을 움직이는 것이 신체적, 정신적 건강에 얼마나 중요한지 알았던 것이다.

지난 150년 동안 의학의 엄청난 발전으로 우리는 백신과 항생제, MRI, 분자 표적 암 치료제를 비롯한 온갖 기술과 혜택을 누리고 있다. 그래서 예전에는 모두가 당연히 알던 사실, 즉 신체와 뇌에 가장 중요한 약이 몸을 움직이는 것이라는 사실을 점차 잊어버렸다.

이런 상황에 변화가 찾아오길 소망해본다. 다행히 최근 과학계의 연구는 오래전 히포크라테스가 남긴 말이 옳음을 확인해주고 있다. 우리는 신체 활동이 얼마나 중요한지 아직 제대로 인식하지 못하고 있으며, 달리기가 정신 기능을 끌어올리는 정확한 메커니즘에 관해 더 연구해야 한다. 가장 단순하고 소박한 약인 신체 활동의 가치를 재발견하게 해준 것이 아이러니하게도 최첨단 의학 기술인 MRI인 것을 보면, 역사는 우리가 잊고 있던 사실을 따끔하게 상기시키려는 듯하다.

'기적의 운동'이 아닌 '현실적인 운동'을 하라

요즘은 건강 및 운동과 관련한 요란한 광고도 많고 신문 가판대에 진열된 잡지 두 권 중 하나는 피트니스 잡지다. 그래서인지 뉴욕 마라톤 대회나 스웨덴의 바사 크로스컨트리 스키 대회 같은 행사의 참가 티켓이 몇 시간 만에 매진되곤 한다. 하지만 여전히 많은 사람이 그런 광적인 운동 열풍에 참여하고 싶어 하지 않거나 참여할 수 없다고 생각한다. 나도 그 마음을 십분 이해한다! 그리고 그들에게 이렇게 말해주고 싶다. 장거리 달리나 피트니스 잡지, 광적인 운동 열풍은 잊어버려라, 대신 어떤 종류가 됐든 운동은 하라고 말이다.

신체 활동을 늘리라는 말은 초콜릿 복근을 가진 '몸짱'이 되라는 뜻이 아니다. 뇌가 최고의 성능을 발휘할 수 있는 가장 이로운 조건을 만들어주라는 얘기다. 이제 뇌 훈련 앱은 수십억 달러 규모의 산업이 되었다. 하지만 그런 앱은 잊어라. 뇌에 놀라운 변화를 일으킨다는 영양 보조제나 다른 '기적의 방법'도 마찬가지다. 모두 효과가 없으므로 눈길도 주지 마라.

대신 뇌 강화에 효과가 있다고 과학적으로 밝혀진 것, 즉 신체 활동에 시간을 투자하라. 게다가 신체 활동은 공짜다. 어떤 운동을 어디서 하는지는 중요하지 않다. 중요한 것은 '어떤 식으로든

신체 활동을 늘리라는 말은 초콜릿 복근을 가진 '몸짱'이 되라는 뜻이 아니다. 뇌가 최고의 성능을 발휘할 수 있는 가장 이로운 조건을 만들어주라는 얘기다.

운동을 하는 것'이다. 운동은 행복감과 정신 능력에 즉각적인 효과를 낸다. 그리고 장기간에 걸쳐 규칙적으로 운동해야 가장 큰 효과를 볼 수 있다.

만일 소파에 누워 감자 칩을 우물거리며 TV 드라마를 정주행하는 것이 뇌 건강을 위한 최고의 방법이라면 아마 누구보다도 내가 가장 기뻐할 것이다. 그리고 기민한 머리와 행복감과 집중력을 항상 유지하게 해주는 인지 훈련법이나 영양 보조제가 있다면 더할 나위 없을 것이다. 하지만 모두 현실성 없는 이야기다. 나와 당신의 뇌는 몸을 움직이기 위해 만들어졌다. 우리의 뇌는 몸을 움직일 때 훨씬 더 뛰어난 성능을 발휘한다!

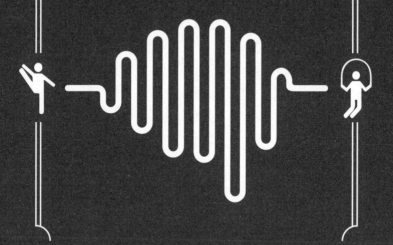

10장

뇌를 위한
최고의 처방전

어떤 의미에서 과학은 우리를 1킬로그램 조금 넘는,
못생긴 신체 기관의 생리학적 프로세스로
바꾸는 작업이다.
하지만 그 얼마나 놀라운 기관인지!

스티븐 핑커(Steven Pinker), 심리학자

이제 이 책에서 가장 중요한 부분에 이르렀다. 지금까지 운동이 뇌에 미치는 영향에 관한 다양한 연구를 살펴봤다. 그렇다면 어느 정도의 활동량이 뇌에 가장 이롭다고 정의할 수 있을까? 최고의 효과를 얻으려면 어떻게 운동해야 할까? 이 질문에 정답은 없다. 하지만 몇 가지 결론은 도출할 수 있다.

무엇보다도 이 점을 기억하라. 뇌에는 한 걸음, 한 걸음이 소중하다! 5분보다는 30분 움직이는 것이 더 낫다. 하지만 5분도 의미가 없지는 않다. 당신이 즐길 수 있는 활동을 하라! 좋은 결과를 원한다면 적어도 30분은 걸어야 한다. 뇌를 위해 가장 좋은 활동은 최소한 주 3회, 한 번에 45분씩 달리는 것이다. 심박수를 올리는 것이 중요함을 잊지 마라.

유산소 운동에 집중하라. 웨이트트레이닝도 뇌에 긍정적 영향을 주지만 유산소 운동이 더 낫다. 평소 헬스장에 가는 것을 즐긴다면 지구력 운동 세션도 반드시 포함하라. 인터벌 트레이닝은 좋은 운동이지만 뇌의 관점에서 보면 적극적으로 권장하진 않는다. 체력을 심하게 소모해 지쳐버리면 뇌에 별로 도움이 안 되기 때문이다. 인터벌 트레이닝을 한 후에는 창의성이 좋아지지 않지만 강도가 덜한 운동(예를 들면 적당한 속도로 뛰는 것) 이후에는 좋아진다. 그렇긴 해도 인터벌 트레이닝 같은 고강도 운동은 분명 장기적으로 뇌에 이롭다. BDNF 수치를 크게 높이기 때문이다.

또한 끈기 있게 계속하라! 뇌의 구조가 재편되는 변화가 일어나려면 시간이 필요하다. 이따금 걷거나 뛰면 뇌로 가는 혈액 흐름이 즉각 늘어나지만, 새로운 뇌세포와 혈관이 생기고 여러 뇌 영역의 연결이 강화되는 데는 시간이 걸린다. 몇 달 또는 그보다 더 오래 걸릴 수도 있다. 6개월 동안 일주일에 몇 번씩 규칙적으로 운동하는 사람은 커다란 변화를 체감할 수 있다.

집중하는 뇌는 왜 운동을 원하는가

우리의 두개골 안에는 우주에서 가장 복잡한 구조물이 자리 잡고 있다. 이 구조물은 우리가 태어난 날부터 숨을 거두는 순간까지 한시도 쉬지 않고 활동한다. 그리고 이 구조물은 곧 우리 자신이다. 우리가 우리로서 존재할 수 있게 해주는 것은 바로 우리 머릿속의 뇌이기 때문이다.

내가 신체 활동이 뇌에 미치는 영향에 관한 책을 쓴 이유는, 현대 신경과학이 밝혀낸 바에 따르면 뇌를 위해 우리가 할 수 있는 가장 중요한 일은 몸을 움직이는 것이기 때문이다. 이것만큼 중요한 이야기가 또 있을까? 하지만 신체 활동과 뇌의 관계를 주제로 대중 과학서를 쓰는 일은 쉽지 않다. 너무나 복잡해서 내부 원리를 완벽하게 이해하는 날이 영영 안 올지도 모르는 신체 기관을 설명하는 작업이기 때문이다.

현재 신경과학은 엄청나게 빠른 속도로 발전하고 있다. 해마다 뇌를 주제로 약 10만 편의 논문이 발표된다. 1년 내내 4~5분마다 한 편씩 나오는 셈이다. 뇌에 관한 지식은 말 그대로 시시각각 증가해 차곡차곡 쌓이고 있다. 그럼에도 우리는 이제 겨우 핵심으로 가기 위한 단서들만 찾았을 뿐이다.

과학자들이 기초적인 뇌 연구에 자주 활용해온 동물인 선충(라틴어 학명은 *Caenorhabditis elegans*다)의 뇌 전부를 온전하게 그려낸 지도를 완성하는 데는 40년이 걸렸다. 이 조그만 동물이 가진 것을 뇌라고 부르는 게 맞는지 모르겠지만 말이다. 이 선충은 뇌세포가 약 300개, 뇌세포 간 연결이 총 800개에 불과하다. 이에 비해 인간은 약 1,000억 개의 뇌세포가 있고 이들 사이에 약 100조 개의 연결이 형성된다.

다시 말해 뇌의 작동 방식에는 우리가 모르는 부분이 아직도 엄청나게 많다. 운동이 뇌에 미치는 영향에 관해서는 특히 더 그렇다. 나는 이 책에서 현재의 신경과학이 보여주는 그림을 전달하려고 노력했다. 앞으로도 신체 활동으로 뇌가 강화되는 많은 메커니즘이 새롭게 밝혀질 것이다. 하지만 이 책에 담긴 메시지가 10년이나 50년 후에는 무의미해질 것이라는 걱정은 전혀 하지 않는다. 운동이 뇌에 주는 이로움은 정말이지 엄청나다!

신경과학은 단지 뇌 질환의 원인과 치료 방법을 알아내는 학문이 아니다. 우리 자신을 더 잘 이해하게 도와주기도 한다. 때로는 누구나 알 법한 뻔한 사실이 연구를 통해 재차 확인된다. 예컨대 사람들과의 교류가 정신 건강에 중요하다는 사실, 알코올이 뇌를 망가트린다는 사실이 그렇다. 때로는 연구를 통해 뜻밖의 사실이 밝혀진다. 운동하고 나면 기분이 좋아진다는 사실은 굳이 연구가 아니더라도 누구나 직관적으로 안다. 그러나 운동이 인지 능력(창의성, 스트레스 내성, 집중력, 지능 등)에 막대한 영향을 미치며 우리가 해야 할 가장 중요한 일 중 하나라는 것은 누구나 아는 뻔한 사실이 아닌 듯하다. 실제로 이 사실을 아는 사람은 극소수다.

이 책은 나의 개인적 의견이나 소망이 아니라 과학적 사실을 담고 있다. 동시에 과학 보고서가 아니라 일반 독자를 염두에 둔 대중 과학서라는 점도 분명히 밝혀둔다. 따라서 독자들이 쉽게 이해하면서 흥미를 잃지 않도록 일부 개념은 쉽게 표현하려 애썼다. 책 내용의 토대가 된 자료는 뒤의 참고 문헌에 정리해두었으니 신체 활동이 뇌에 주는 영향에 관해 더 자세히 알고 싶은 독자는 참고하길 바란다. 하지만 그전에 먼저 이 책을 내려놓고 밖에 나가 움직여라. 당신의 뇌에는 운동이 필요하다!

먼저 나의 형제 비에른 한센에게 크나큰 고마움을 전한다. 나라면 결코 생각하지 못했을 아이디어를 제안해주었다. 늘 무한한 격려와 응원을 보내주는 어머니 반야 한센에게도 마음 깊이 감사드린다. 각자의 방식으로 소중한 아이디어와 영감을 주고 피드백을 해준 다음 분들에게 감사를 전한다. 이름의 순서는 아무 의미가 없음을 밝혀둔다. 칼 토비에슨, 시몬 캬가, 마르틴 로렌트손, 요나스 페테르손, 칼 요한 순드베리, 민나 툰베리에르, 마츠 토렌, 오토 앙카르크로나, 마티아스 올손, 다니엘 에크, 야코브 엔들러, 타히르 자밀, 요하네스 크로너, 크리스토퍼 알봄, 구스타프 발느, 안데르스 베른트손, 에리크 텔란더, 라르스 프릭. 이들과 아이디어를 주고받을 수 있었던 것은 큰 영광이었다. 아울러 레이아웃에 대한 나의 막연한 아이디어를 출발점으로 삼았음에도 최종적으로 멋진 결과물을 완성해준 그래픽 디자이너 리사 사크리손, 영화제작자 알렉스 프레이, 바르다그스풀스의 편집팀에도 고마움을 전한다.

- **감마아미노부티르산** 뇌의 활동을 진정시키는 물질.
- **노르아드레날린** 노르에피네프린(norepinephrine)이라고도 한다. 각성과 집중력 조절에서 중요한 역할을 하는 물질이다.
- **뇌하수체** 뇌에 있는 콩알 크기의 내분비 기관으로 스트레스 호르몬인 코르티솔을 비롯해 신체에 중요한 여러 호르몬을 조절한다. 스트레스 대응 시스템인 HPA 축에서 'P'는 뇌하수체(pituitary)의 P를 뜻한다.
- **뉴런** 뇌세포.
- **대뇌피질** 뇌의 가장 바깥층. 뇌에서 가장 정교한 부위이며 여러 중요한 작업이 수행되는 곳이다. 주로 세포체로 구성돼 있다. 뇌의 나머지 부분과 달리 여섯 개 층으로 이뤄져 있다.
- **도파민** 행복감과 동기부여, 욕구, 보상감에 관여하는 물질. 집중력과 운동 기능에서도 중요한 역할을 한다.
- **백질** 뇌세포 사이에 정보를 전달하는 통로 역할을 한다. 회백질 안쪽에 있으며 덩굴처럼 생긴 긴 축삭돌기들로 이뤄져 있다. 백질의 흰색은 축삭돌기를 감싸고 있는 지방성 물질인 미엘린 때문이다. 미엘린은 세포 간 신호 전달의 속도를 높인다.
- **세로토닌** 기분에 큰 영향을 미치는 신경전달물질. 특히 심리적 안정과 자신감을 위해 중요하다.
- **소뇌** 대뇌 뒤쪽 아래에 있으며 운동 기능을 조절하고 몸의 균형을 잡는 데 중요하다. 소뇌는 뇌 전체 부피의 10퍼센트를 차지한다.
- **시냅스** 두 뇌세포 사이의 좁은 공간으로 여기서 뇌세포의 소통이 이뤄진다. 뇌세포는 직접 접촉하는 것이 아니라 도파민, 세로토닌, GABA 등의 신호 물질을 서로에게 보낸다.

- **시상** 뇌의 안쪽 중앙에 있으며 수많은 정보가 이곳을 통과한다. 의식이 정보에 압도당하지 않게 막아주는 필터 역할을 한다.
- **시상하부** 뇌의 중심부에 있으며 혈압, 심장 박동, 체온, 체내 대사의 조절에서 중요한 역할을 한다.
- **신경발생** 새로운 뇌세포가 만들어지는 것. 과거에는 아이에게만 새로운 뇌세포가 생긴다고 믿었지만 현재는 성인이 된 후에도 평생 만들어지는 것으로 밝혀졌다.
- **실행 기능 또는 인지 기능** 충동 조절과 집중력, 현재 상황에 맞춰 행동을 변화시키고 적응하는 능력 등을 칭하는 포괄적 용어.
- **안와전두피질** 이마 안쪽에 있는 대뇌피질의 일부. 의사결정과 보상 체계에서 중요한 역할을 한다.
- **엔도르핀** 내인성 모르핀(endogenous morphine)을 뜻하며 내인성은 '몸 안에서 생기는'이라는 의미다. 뇌에서 분비되는 호르몬으로서 진통 효과와 행복감을 일으킨다.
- **엔도카나비노이드** 통증을 잠재우고 행복감을 일으키는 내인성 물질. 대마초의 주성분인 THC(테트라히드로칸나비놀)와 같은 수용체에 결합한다.
- **전두엽** 뇌의 앞쪽 부위. 논리적, 추상적 사고와 감정 통제를 담당한다. 뇌에서 가장 발달한 부위다.
- **전전두엽 피질** 전두엽의 앞부분. 앞일을 예측하고 변화에 적응하거나 따르고 보상을 유예하고 사회적 행동을 조정하는 등 가장 복잡한 지적 기능을 담당한다.
- **축삭돌기** 뇌세포에서 덩굴처럼 뻗어 나온 가지. 세포 사이에 신호를 전달한다.
- **측두엽** 관자놀이 안쪽의 뇌 부위. 특히 기억과 관련해 중요한 역할을 한다.
- **측좌핵** 보상 체계와 행동 조절에 중요한 뇌 부위. 이곳에서 도파민 수치가 높아지면 쾌감을 느낀다.
- **코르티솔** 양쪽 신장의 윗부분에 있는 부신에서 분비되는 스트레스 호르몬. 심박과 혈압을 높이며 위험 앞에서 싸우거나 도망치도록 몸을 준비시킨다. 장기적으로 볼 때 높은 코르티솔 수치는 뇌, 특히 그중에서도 해마를 손상시킨다.
- **파충류 뇌** 진화 초기부터 지금까지 보존되었으며 인간뿐 아니라 다른 포유류

동물에게도 있는 뇌 부위. 투쟁-도피 반응 같은 원초적 기능을 담당한다. 파충류 뇌는 우리가 위험에 반응하게 하지만 위험을 예측하게 하진 못한다.

- **편도체** 아몬드 크기의 뇌 부위로 두려움을 느끼고 감정 반응을 촉발하는 데 중요한 역할을 한다. 뇌의 왼쪽과 오른쪽 반구에 각각 하나씩 두 개가 있다. 진화 초기부터 지금까지 보존된 원시적 뇌 부위인 '파충류 뇌'에 속한다. 신체를 재빨리 경계 태세로 만들어 투쟁-도피 모드로 돌입시키는 역할을 한다.

- **해마** 엄지손가락 정도의 크기이며 양쪽 뇌에 하나씩 두 개가 있다. 기억을 관장하지만 감정 조절과 공간지각 능력에도 중요하다. 신체 활동에서 가장 큰 영향을 받는 뇌 부위로 보인다.

- **회백질** 주로 신경세포체로 이뤄져 있다. 회색은 사망 후에 나타나는 색이다. 살아 있는 뇌의 회백질은 분홍빛을 띤다.

- **BDNF(뇌유래신경영양인자)** 뇌에서 만들어지는 단백질로 새로운 뇌세포 생성, 기억력, 전반적인 행복감 등 여러 뇌 기능에서 중요한 역할을 한다.

- **HPA 축** 시상하부-뇌하수체-부신 축. 뇌의 가장 중요한 스트레스 대응 시스템이다. 시상하부가 뇌하수체로 신호를 보내면 다시 뇌하수체가 부신으로 신호를 보내 부신에서 스트레스 호르몬인 코르티솔이 분비된다.

- **MRI** 자기공명영상(magnetic resonance imaging). 신체 기관을 고해상도로 보여주는 정밀한 의학 영상 기술. 기능성 자기공명영상(functional MRI, fMRI)은 다양한 뇌 영역으로 가는 혈류 변화를 측정해 해당 영역의 활성화 상태를 촬영한다. 혈류가 늘어난다는 것은 그 영역의 활동이 증가함을 의미한다. MRI 기계는 소형 자동차 크기이며 피검사자가 작은 터널처럼 생긴 공간으로 들어가 검사를 받는다. 이 터널 안에 자석에 의한 강한 자기장이 형성되는데, 이 자석을 액체 질소를 이용해 영하 200도로 냉각해야 한다.

- **PET** 양전자방출단층촬영. 방사성 물질을 체내에 투여하는 정밀한 촬영 기술. 연구실과 의료 현장에서 사용하며 특히 종양 검사에서 크게 활용한다.

- **SSRI** 선택적 세로토닌 재흡수 억제제. 우울 장애 치료에 가장 흔히 사용하는 약물이다. 신경전달물질인 세로토닌양을 증가시키는 작용을 하지만 노르아드레날린과 도파민에도 영향을 미친다.

1장

Lunghi, C et al. (2015). A cycling lane for brain rewiring. *Current Biology*, DOI:10.1016/j.cub.2015.10.026.

Smith, S et al. (2015). A positive-negative mood of population covariation links brain connectivity, demographics, and behavior. *Nature Neuroscience*, 18:565-7, DOI: 10.1038/nn.4125.

Voss, M et al. (2010). Plasticity of brain networks in a randomized intervention trial of exercise training in older adults. *Frontiers in Aging Neuroscience*, DOI:10.3389/fnagi.2010.00032.

2장

Agudelo, L et al. (2014). Skeletal muscle PGC-1a1 modulates kynurenine metabolism and mediates resilience to stress-induced depression. *Cell*, 159(1):33-45.

American Psychological Association, 2015. Stress in America: paying with our health.

Bonhauser, M et al. (2005). Improving physical fitness and emotional well-being in adolescents of low socioeconomic status in Chile: results of a school-based controlled trial. *Health Promotion International*, DOI: 10.1093/heapro/dah603.

Colcombe, S, Erickson KI., Scalf, PE et al. (2006). Aerobic exercise training increases brain volume in aging humans. *J Gerontol A Biol Sci Med Sci*, 61:1166-70.

Dishman, R et al. (1996). Increased open field locomotor and striatal GABA binding after activity wheel running. *PhysiolBehav*, 60(3):699-705.

Eriksson, K et al. (2010). Physical activity, fitness, and gray matter volume in late adulthood. *Neurology*, 75(16):1415-22, DOI:10.1212/WNL.0b013e3181f88359.

Feinstein, J et al. (2011). The human amygdala and the induction and experience of fear. *Current Biology*, DOI:http//dx.doi.org/10.1016/j.cub.2010.11.042.

Hassmen, P et al. (2000). Physical exercise and psychological well-being: a population study in Finland. *Prev Med*, 30(1):17-25.

Kim, M et al. (2009). The structural integrity of an amygdala-prefrontal lobe pathway predicts trait anxiety. *Journal of Neuroscience*, 29(37):11614-18.

Monk, S et al. (2008). Amygdala and ventrolateral prefrontal cortex activation to masked angry faces in children and adolescents with generalized anxiety disorder. *Arch Gen Psychiatry*, 65(5):568-76.

Ströhe, A et al. (2009). The acute antipanic and anxiolytic activity of aerobic exercise in patients with panic disorder and healthy control subjects. *Journal of Psychiatric Research*, 43:1013-17.

Trom, D et al. (2012). Reduced structural connectivity of a major frontolimbic pathway in generalized anxiety disorder. *Archives of General Psychiatry*, 69(9):925-34.

Zschuncke, E et al. (2015). The stress-buffering effect of acute exercise: Evidence for HPA axis negative feedback. *Psychoendocrinology*, 51:414-25, DOI:10.1016/j.psyneuen.2014.10.019.

3장

Beak, D et al. (2014). Effect on treadmill exercise on social interaction and tyrosine hydroxylase expression in the attention-deficit/hyperactivity disorder rats. *Journal of Exercise Rehabilitation*.

Bubl, A et al. (2015). Elevated background noise in adult attention deficit hyperactivity disorder is associated with inattention. *PLOS One*, DOI:10.1371/journal.pone.0118271.

Colcombe, S et al. (2014). Cardiovascular fitness, cortical plasticity, and aging. *PNAS*.

Eun Sang, J et al. (2014). Duration-dependence of the effect of treadmill exercise on hyperactivity in attention deficit hyperactivity disorder rats. *Journal of Exercise Rehabilitation*, 10(2):75-80.

Hillman, C et al. (2014). Effects of the FITKids randomized controlled trial on executive control and brain function. *Pediatrics*, 134:e1063-71.

Hoang, T et al. (2016). Effect of early adult patterns of physical activity and television viewing on midlife cognitive function. *JAMA Psychiatry*, 73(1):73-79, DOI: 10.1001/jamapsychiatry.2015.2468.

Hoza, B et al. (2015). A randomized trial examining the effects of aerobic physical activity on attention-deficit/hyperactivity disorder symptoms in young children. *J Abnorm Child Psychol*, 43:655-77.

Silva, A et al. (2015). Measurement of the effect of physical exercise on the concentration of individuals with ADHD. *PLOS One*, DOI:10.1371/journal.pone.0122119.

Smith, A et al. (2013). Pilot physical activity intervention reduces severity of ADHD symptoms in young children. *Journal of Attention Disorders*, 17(1):70-82.

Volkow, N et al. (2009). Evaluating dopamine reward pathway in ADHD. *JAMA*, 302(10):1084-91.

4장

Arai, Y et al. (1998). Self-reported exercise frequency and personality: a population-based study in Japan. *Percept mot skills*, 87:1371-75.

Blumenthal, J et al. (1999). Effects of exercise training on older patients with major depression. *Arch Intern Med*, 159(19):2349-56.

Dwivedi, Y et al. (2003). Altered gene expression of brain-derived neurotrophic factor and receptor tyrosine kinase B in postmortem brain of suicide subjects. *Arch Gen Psychiatry*, 60:804-15.

Fernandes, M et al. (2015). Leptin suppresses the rewarding effects of running via STAT3 signaling in dopamine neurons. *Cell Metabolism*.

Gustafsson, G et al. (2009). The acute response of plasma brain-derived neurotrophic factor as a result of exercise in major depressive disorder.

Psychiatry Res, 169(3):244-48.

Hassmen, P et al. (2000). Physical exercise and psychological well-being: a population study in Finland. Prev Med, 30:17-25, DOI:10.1006/pmed.1999.0597.

Lang, U et al. (2004). BDNF Serum concentration in healthy volunteers are associated with depression-related personality traits. *Neuropsychopharmacology*, 29:795-98. DOI:10.1038/sj.npp.1300382.

Mammen, G et al. (2013). Physical activity and the prevention of depression: a systematic review of prospective studies. *J Prev Med*, 45(5):649-57.

Numakawa, T et al. (2014). The role of brain-derived neurotrophic factor in comorbid depression: Possible linkage with steroid hormones, cytokines, and nutrition. *Frontiers in Psychiatry*, DOI:10.3389/fpsyt.2014.00136.

Potgeiter, JR et al. (1995). Relationship between adherence to exercise and scores on extraversion and neuroticism. *Percept mot skills*, 81:520-22.

Rothman, S et al. (2013). Activity dependent, stress-responsive BDNF-signaling and the quest for optimal brain health and resilience throughout the lifespan. *Neuroscience*, 239:228c40.

5장

Chapman, S et al. (2010). Shorter term aerobic exercise improves brain, cognition, and cardiovascular fitness in aging. *Frontiers in Aging Neuroscience*, DOI:10.3389/fnagi.2013.00075.

Ericson, K et al. (2010). Exercise training increases size of hippocampus and improves memory. *PNAS*, DOI:10.1073/pnas.1015950108.

Eriksson, P et al. (1998). Neurogenesis in the adult human hippocampus. *Nature Medicine 4*, 1313-17.

Fastenrath, M et al. (2014). Dynamic modulation of amygdala-hippocampal connectivity by emotional arousal. *The Journal of Neuroscience*, 34(42):13935-47. DOI:10.1523/JNEUROSCI.0786-14.2014.

Kohman, R et al. (2011). Voluntary wheel running reverses ageinduced changes in hippocampal gene expression. *PLOS One*, DOI:10.1371/journal.pone.0022654.

Leraci, A et al. (2015). Physical exercise and acute restraint stress differentially modulate hippocampal BDNF transcripts and epigenic mechanism in mice. *Hippocampus*, DOI:10.1002/hipo.22458.

O'Keefe, J et al. (1976). Place units in the hippocampus of the freely moving rat. *Experimental Neurology*, 51:78-109.

Pereira, A et al. (2007) An in vivo correlate of exercise-induced neurogenesis in the adult dentate gyrus. *PNAS*, DOI:10.1073/pnas.0611721104.

Rhodes, J et al. (2005). Neurobiology of mice selected for high voluntary wheel-running activity. *Integr Comp Biol*, 45:438-55.

Roig, M et al. (2012). A single bout of exercise improves motor memory. *PLOS One*, DOI:10.1371/journal.pone.0044594.

Schmidt-Kassow, M et al. (2013). Physical exercise during encoding improves vocabulary learning in young female adults: A neuroendocrinological study. *PLOS One*, 8(5):e64172.

Smith, C et al. (2009). Medial temporal lobe activity during retrieval of semantic memory is related to the age of the memory. *Journal of Neuroscience*, DOI:10.1523/JNEUROSCI.4545-08.2009.

Winter, B et al. (2007). High impact running improves learning. *Neurobiology of Learning and Memory*, DOI:10.1016/j.nlm.2006.11.003.

6장

모차르트의 편지가 가짜라는 사실은 미국의 작가 케빈 애슈턴(Kevin Ashton)의 《창조의 탄생(How to fly a horse)》 그리고 2015년 5월 〈다겐스 인더스트리 (Dagens Industri)〉에 실린 얀 그라드발(Jan Gradvall)의 에세이에 나와 있다.

Colzato, L et al. (2013). The impact of physical exercise on convergent and divergent thinking. *Frontiers in Neuroscience*, DOI:10.3389/fnhum.2013.00824.

Oppezzo, M et al. (2014). Give your ideas some legs: the positive effect of walking on creative thinking. *Journal of Experimental Psychology: Learning, Memory, and Cognition 2014*, 40;(4):1142-52.

Steinberg, H et al. (1997). Exercise enhances creativity independently of mood. *Br J Sports Med*, 31:240-45.

7장

Åberg, M et al. (2009). Cardiovascular fitness is associated with cognition in young adulthood. *PNAS USA*, Dec 8; 106(49):20906-11.

Burzynska, A et al. (2014). Physical activity and cardiorespiratory fitness are beneficial for white matter in low-fit older adults. *PLOS One*, DOI:10.1371/journal.pone.0107413.

Castelli, D et al. (2007). *J Sport Exerc. Psychol*, Apr; 29(2):239-52 [sic].

Chaddock, C et al. (2010). A neuroimaging investigation of the association between aerobic fitness, hippocampal volume, and memory performance in preadolescent children. *Brain Res*, 1358:172-83.

Chaddock-Hayman, L et al. (2014). Aerobic fitness is associated with greater white matter integrity in children. *Frontiers in Human Neuroscience*, DOI:10.3389/fnhum.2014.00584.

Davis, C et al. (2011). Exercise improves executive function and achievement and alters brain activation in overweight children: A randomized controlled trial. *Health Psychology*, vol. 30(1):91-98.

Hillman, C et al. (2009). The effect of acute treadmill walking on cognitive control and academic achievement in preadolescent children. *Neuroscience*, 159(3):1044-54.

Ma, J et al. (2015). Four minutes of in-class high-intensity interval activity improves selective attention in 9 to 11-year-olds. *Applied Physiology Nutrition and Metabolism 2014*, DOI:10.1139/apnm-2014-0309.

Martikainen, S et al. (2013). Higher levels of physical activity are associated with lower hypothalamic-pituitary-adrenocortical axis reactivity to psychosocial stress in children. *J Clin Endocrinol Metab*, 98(4):e619-27, DOI:10.1210/jc.2012-3745.

Metha, R et al. (2015). Standing up for learning: A pilot investigation on the neurocognitive benefits of stand-biased school desks. *Int. J. Environ. Res. Public Health*, 13, 0059. DOI:10.3390/ijerph13010059.

Nyberg, J et al. (2013). Cardiovascular fitness and later risk of epilepsy: a Swedish population-based cohort study. *Neurology*, 81(12):1051-7, DOI:10.1212/WNL.0b013e3182a4a4c0.

Rasberry, C et al. (2011). The association between school-based physical activity, including physical education, and academic performance: a systematic review of the literature. *Prev. Med*, DOI:10.1016/j.ypmed.2011.01.027.

Raine, L et al. (2013). The influence of childhood aerobic fitness on learning and memory. *PLOS One*, DOI:10.1371/journal.pone.0072666.

Rauner, R et al. (2013). Evidence that aerobic fitness is more salient than weight status in predicting standardized math and reading outcomes in fourth-through eighth-grade students. *The Journal of Pediatrics*, DOI:10.1016/j.jpeds.2013.01.006.

Tine, M et al. (2014). Acute aerobic exercise: an intervention for the selective visual attention and reading comprehension of low-income adolescents. *Frontiers in Psychology*, DOI:10.3389/fpsyg.2014.00575.

Van Eimeren et al. (2008). White matter microstructures underlying mathematical abilities in children. *NeuroReport*, DOI:10.1097/WNR.0b013e328307f5c1.

8장

Colcombe, S et al. (2006). Aerobic exercise training increases brain volume in aging humans. *J Gerontology A Biol Sci Med Sci*, 61:1166-70.

Hyodo, K et al. (2015). The association between aerobic fitness and cognitive function in older men mediated by frontal lateralization. *Neuroimage*, DOI:10.1016/j.neuroimage.2015.09.062.

Rovio, S et al. (2005). Leisure-time physical activity at midlife and the risk of dementia and Alzheimer's disease. *Lancet Neurology*.

Sanchez, M et al. (2011). BDNF polymorphism predicts the rate of decline in skilled task performance and hippocampal volume in healthy individuals. *Translational Psychiatry (2011) I*, e51, DOI:10.1038/tp.2011.47.

Tan, Q et al. (2016). Midlife and late-life cardiorespiratory fitness and brain volume changes in late adulthood: Results from the Baltimore longitudinal study of aging. *Gerontol A Bio Sci Med Sci*, DOI:10.1093/gerona/glv041.

Wueve, J et al. (2004). Physical activity, including walking, and cognitive function in older women. *JAMA*, DOI:10.1001/jama.292.12.1454.

9장

Florio, M et al. (2015). Human specific ARHGAPIIB promotes basal progenitor amplification and neocortex expansion. *Science*, DOI:10.1126/science. aaa1975.

Raichlen, D et al. (2011). Relation between exercise capacity and brain size in mammals. *PLOS One*, 6(6):e20601.

Raichlen, D et al. (2013). Linking brains and brawn: exercise and the evolution of human neurobiology. *Proc Biol Sci*, DOI:10.1098/rspb.2012.2250.

뇌 효율을 200% 높이는 운동의 힘

집중하는 뇌는 왜 운동을 원하는가

제1판 1쇄 발행 | 2024년 12월 19일
제1판 3쇄 발행 | 2025년 2월 21일

지은이 | 안데르스 한센
옮긴이 | 이수경
펴낸이 | 김수언
펴낸곳 | 한국경제신문 한경BP
책임편집 | 박혜정
교정교열 | 김순영
저작권 | 박정현
홍 보 | 서은실·이여진
마케팅 | 김규형·박도현
디자인 | 이승욱·권석중

주   소 | 서울특별시 중구 청파로 463
기획출판팀 | 02-3604-590, 584
영업마케팅팀 | 02-3604-595, 562   FAX | 02-3604-599
H | http://bp.hankyung.com   E | bp@hankyung.com
F | www.facebook.com/hankyungbp
등   록 | 제 2-315(1967. 5. 15)

ISBN 978-89-475-4987-5 03180